KB236583

항공사
승무원 합격
비밀노트

- 완결편 -

「이 도서의 국립중앙도서관 출판예정도서목록(CIP)은
서지정보유통지원시스템 홈페이지(http://seoji.nl.go.kr)와
국가자료공동목록시스템(http://www.nl.go.kr/kolisnet)에서 이용하실 수 있습니다.
(CIP제어번호 : CIP2017016039)」

항공사
승무원 합격
비밀노트
- 완결편 -

2017년 7월 25일 초판 1쇄 발행

지은이 박미화, 윤수진
펴낸이 이미자
펴낸곳 밝은누리
주 소 서울시 금천구 가산동 550-1 롯데IT캐슬 2동 1105호
전 화 02)884-8459
팩 스 02)867-1484
등 록 제317-2007-000031호(1994.10.28)

ISBN 978-89-8100-136-0 13320

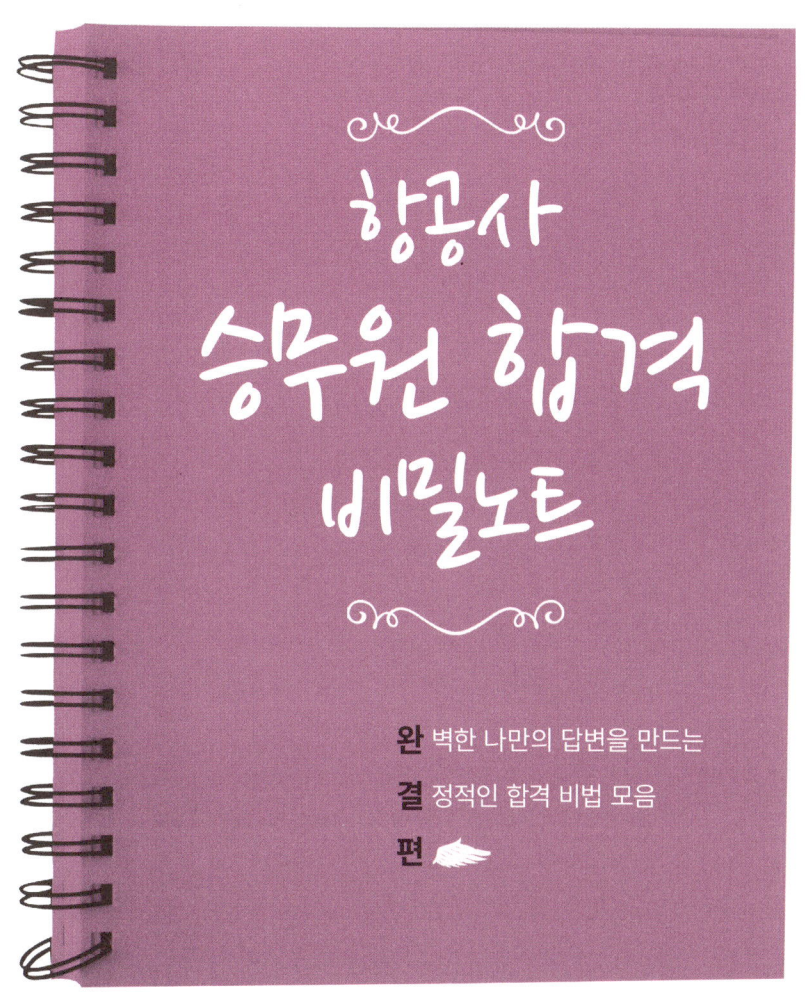

항공사
승무원 합격
비밀노트

완 벽한 나만의 답변을 만드는

결 정적인 합격 비법 모음

편

박미화 • 윤수진 지음

밝은누리

비행기, 공항, 승무원, 유니폼

중학생이던 제게 별 이유 없이 가슴 떨리게 다가왔던 단어들입니다. 이후 고등학교와 대학을 거쳐, 어느덧 한 아이의 엄마가 된 지금도 제게는 그 시절의 가슴 떨림 이상을 의미하는 말입니다.

승무원 컨설턴트가 되어 만난 학생들에게 "정말 솔직하게, 왜 승무원이 되고 싶나요?"라고 물으면, 의외로 많은 학생들에게서 "확실한 이유는 저도 모르지만, 예쁜 유니폼을 입은 승무원 언니들만 보면 그냥 멋있고, 왠지 모르게 가슴 떨리는 기분이 돼요."라는 대답이 돌아옵니다. 승무원 준비생 시절의 저도 이와 크게 다르지 않았기에 그 막연한 대답의 의미를 누구보다 제대로 이해할 수 있습니다. 그냥 좋아서, 그냥 되고 싶으니까……

하지만 학생들 한 명 한 명과 보다 시간을 두고 이야기하다 보면, 막연하다 싶은 각각의 대답 속에 저마다의 이유가 숨어 있다는 사실을 알게 됩니다. 성격을 고려한 것이든, 서비스 계통의 일 경험 때문이든, 본인도 미처 깨닫지 못한 이유가 분명히 존재한다는 것을 말합니다. 그런 면에서 승무원 입사 면접 자리는 상당히 얄궂다 하겠습니다. 까놓고 말해 실제 면접에서는 '깊은 대화'를 할 시간이 없습니다. 면접관은 지원자가 말하지 않는 승무원이 되고 싶은 이유건, 한눈에 들어올 리 없는 업무에 필요한 숨은 자질 등을 캐낸답시고 시간을 투자하지도 않고, 시간을 투자할 수도 없습니다. 면접은 지원자가 확신하고 있는 본인의 대답에 대한 이유와 증거를 면접관에게 제시하는 자리인 까닭입니다. 면접관이 지원자가 보여 준 것에 제대로 공감하고 설득된다면 그 사람은 선택을 받고 윙을 달게 되겠지요.

그러므로 그 준비 단계에서 여러분이 해야 할 일은 분명합니다. 면접 질문에 대한 대답을 준비할 때는 해당 답변에 이른 이유와, 이를 증명할 경험의 증거를 찾아야 합니다. 저는 이 책을 통해 그 탐색 과정을 도울 생각입니다.

책에는 '나합격', '최창공'이라는 가상의 두 지원자가 나옵니다. 두 사람의 이력서를 모델로 지원자 본인의 에피소드와 키워드를 찾아내고, 이를 활용해 나만의 답변을 만드는 방법을 상세히 알아볼 것입니다. 나합격, 최창공의 답변만으로는 부족한 부분은 '비밀노트 4 내 답변에 골라 쓰는 문장'을 통해 답변을 보다 풍성하게 만들 수 있도록 구성했습니다. 더불어 영어 문형 연습 코너에서 필수 문형을 익히고 이를 답변에 활용할 수 있습니다.

외국 항공사 면접에서 필수 과정으로 자리 잡은 에세이와 토론에 대해서도 알아봅니다. 최근 도입된 '사진 묘사하기'에 대한 예시와 답변 요령도 살펴보겠습니다.

승무원이 될 수 있다고 확신한다면, 열심히 준비하세요. 이 책으로 학습하고 자신의 강점과 잠재력을 면접장에서 자신 있게 펼쳐 보이세요. 그리고 합격해 비행하세요. 승무원이 되어 비행하는 특별한 경험! 이를 목표로 삼았다면 꼭 손에 넣기를 기원합니다.

2017년 7월 아름다운 제주도에서
박미화

Contents

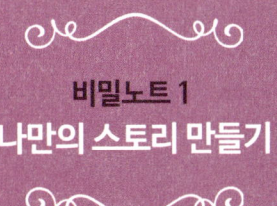

비밀노트 1
나만의 스토리 만들기

비밀노트1에서는 두 지원자의 이력서를 통해서 이력서 작성 방법, 이력서에서 경험 1줄과 에피소드를 뽑아낸 후, 자신만의 키워드를 찾아내는 방법을 소개합니다. 두 지원자의 이력서와 답변 구성 방법의 예를 통해 베껴 쓰는 답변이 아닌, 내 경험에서 우러나온 온전한 나만의 답변을 만들 수 있도록 합니다. 면접 답변의 기초는 내가 쓴 이력서이며, 그 이력서를 통해 나만의 스토리를 일관성 있게 만들어야 하겠습니다.

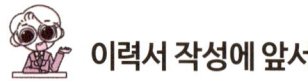 **이력서 작성에 앞서**

인터뷰 준비는 이력서를 써보는 것에서부터 시작합니다. 이력서는 깔끔한 형식을 바탕으로 항목별로 중복되는 내용 없이 기재합니다. 오탈자 확인 등 최종 검토는 컴퓨터 화면이 아닌, 해당 이력서를 출력한 인쇄본으로 하도록 합니다.

본인의 스펙이 부족하다는 생각이 들어도 너무 걱정할 필요는 없습니다. 그때는 **스펙에 집중하기보다 인성과 경험을 강조**하면 됩니다. 대신 설득력이 필요합니다. 자격증이나 어학 점수, 학교 성적 같은 눈으로 확인 가능한 부분이 부족하므로 과거 경험을 근거로 들어야 합니다. 경험을 말하는 데 있어 **본인의 역할이나 기여도를 보다 설득력 있게 표현하려면 철저한 경험 분석이 필요**하다는 것을 명심하세요.

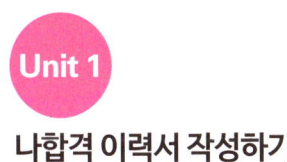

Unit 1

나합격 이력서 작성하기

활발하고 적극적이며 어학에 관심이 많은 지원자

나합격

대학교에서 영어영문학을 전공하고 있는 4학년 여학생입니다.

어릴 때부터 항공사 승무원을 동경했지만, 본격적으로 항공사 승무원직 입사를 준비한 기간은 6개월 정도입니다.

전공 공부, 아르바이트, 다양한 대외 활동 등 매사에 최선을 다하는 자세로 임하며, 평소 외국어에 관심이 많아 교환학생으로 영국 어학연수를 다녀왔습니다.

영어로 대화하는 것은 좋아하지만, 문법이 약한 편이라 토익 점수는 항상 기대에 못 미쳐 그 점을 보완하려 노력 중입니다.

적극적이고 새로운 도전을 좋아해 유럽계 또는 중동계 항공사 입사를 희망합니다.

나합격

성별 : 여   생년월일 : 0000.00.00
대한민국 서울시 00구 00동 ABC아파트 103동 501호
연락처: +82-10-999-0000   이메일: flightattendant@email.com

학력

0000년 0월 ~ 현재　　　　　**한국대학교**, 서울, 대한민국
　　　　　　　　　　　　　　영어영문학과 학사 이수 예정(학점 평균 3.2/4.5)
　　　　　　　　　　　　　　한국대학교 장학금 수여(0000년도)

경력

0000년 0월 ~ 0000년 0월　　**김앤정 법률사무소**, 서울, 대한민국
　　　　　　　　　　　　　　서류 정리, 업무 지원
0000년 0월 ~ 0000년 0월　　**아웃컴스테이크하우스**, 서울, 대한민국
　　　　　　　　　　　　　　레스토랑/ 파트타이머/ 고객 응대, 서빙, 청소
0000년 0월 ~ 0000년 0월　　**제주국제공항**, 제주, 대한민국
　　　　　　　　　　　　　　공항 도우미/ 외국인을 대상으로 영어, 중국어 통역 안내
0000년 0월 ~ 0000년 0월　　**스위트커피**, 서울, 대한민국
　　　　　　　　　　　　　　커피숍/ 파트타이머(매니저)/ 고객 응대, 파트타이머 관리, 물품 정리

대외 활동

0000년 0월 ~ 0000년 0월　　**사랑의 밥차**, 서울, 대한민국
　　　　　　　　　　　　　　독거노인 무료 급식 지원 활동
0000년 0월 ~ 0000년 0월　　**사랑보육원**, 서울, 대한민국
　　　　　　　　　　　　　　어린이 무료 영어 교육 봉사

해외 활동

0000년 0월 ~ 0000년 0월　　**본머스 칼리지**, 본머스, 영국
　　　　　　　　　　　　　　어학연수, ESL 과정 이수
0000년 0월 ~ 0000년 0월　　**캐나다 BCIT 칼리지**, 밴쿠버, 캐나다
　　　　　　　　　　　　　　교환학생, ESL 과정 이수

언어 및 자격증

영어/ TOEIC 660 (2016)
중국어/ 학습 중(작문 및 회화 능숙)

기타 사항

제주포럼 통역 자원 봉사
대한민국 자연보전 아이디어 공모전 PPT 발표회 금상
서비스 매너 교육 이수

1) 학력 경험 1줄
① 장학금을 받았다.
② 댄스 동아리 활동 멤버였다.
③ 축제에 참가하였다.

2) 경력 경험 1줄
① 꼼꼼하다는 칭찬을 들었다.
② 다소 지루한 일이었다.
③ 직원도 많고 바쁜 일이었다.
④ 실수로 당황한 적이 있다.
⑤ 영어를 활용하는 일이라 더 재미있었다.
⑥ 한 선배에게 많은 것을 배울 수 있었다.
⑦ 서비스는 쉬운 일이 아니다.
⑧ 인생의 친구를 사귀게 되었다.

3) 대외 활동 경험 1줄
① 고등학교 때부터 두 달에 한 번씩 봉사하고 있다.

② 기억나는 한 아이가 있다.

4) 해외 활동 경험 1줄
① 3년 동안 영어가 늘지 않은 언니의 이야기를 듣고 충격을 받았다.
② 주말마다 외국인 친구들과 비치발리볼을 하면서 영어가 많이 늘었다.
③ 교환학생 선발 인터뷰 준비 당시 아르바이트와 병행하느라 힘들었다.
④ 친한 룸메이트와 헤어지는 게 힘들었다.

5) 자격증 경험 1줄
① 캐나다 교환학생 시절 사귄 중국인 룸메이트와 서로의 언어에 대해 공부하자고 약속했다.

6) 기타 사항 경험 1줄
① 팀 프로젝트 당시 어려움이 많았다.
② 승무원의 모습에 더 가까워지고 싶었다.

1. 이력서에서 경험 1줄 메모하기

이력서 작성을 마쳤습니다. 이제는 아래 작업을 시작으로 자기소개서 및 답변의 바탕이 될 에피소드와 강점(키워드)을 찾아보겠습니다. 아래 예시와 같이 **이력서 내용 중 시기별로 기억에 남는 것에 '경험 1줄 메모(경험에 대한 fact 또는 느낀 점 1줄 메모)하기'를 합니다.** '경험 1줄 메모'를 하기가 어려울 수 있습니다. 간혹 과거 경험에 대한 기억이 사라지거나 특별한 경험이 없다고 말하는 지원자들이 있기는 하지만, 특별하지 않더라도 그 시기를 경험하면서 본인이 느꼈던 점을 1줄로 요약해 보는 것도 한 방법입니다.

반드시 모든 항목에 메모하도록 합니다. 메모할 때는 아래에 제시한 상황에 해당하는 질문을 참고하면 도움이 될 것입니다.

그 당시 가장 기분 좋았던 순간/힘들었던 순간은 무엇이었나

무엇을 느꼈나, 무엇을 배웠나

내가 맡은 역할은 무엇이었나

나에 대한 타인의 (긍정적 또는 부정적) 평가가 있었나

칭찬/꾸중을 들었던 경험이 있는가

가장 기억에 남은 순간은

2. '경험 1줄 메모'로부터 자세한 에피소드와 키워드 끌어내기

경험에 대한 1줄 메모가 되었다면, 해당 경험에 살을 붙여 말할 거리를 만들어 봅니다. 아래 해당 내용을 참고하여 1줄 메모에 대한 상세한 에피소드를 작성하면 됩니다.

그 당시 **상황과 문제**(issue)가 무엇인지 표현하기
> 나의 **역할**은 무엇이었나
> 내가 **느꼈던 점, 배운 점**이 있다면
> 내가 **잘한 점/잘못한 점**은
> 내가 **반성한 점**이 있다면

에피소드 작성 시 핵심은 그 경험의 주인공은 바로 '나'여야 한다는 점입니다. 그룹이나 팀에서의 경험을 에피소드로 택했다면 그 그룹 속에 있는 내가 주인공이 되어야 하므로, 그 단체 안에서 나의 역할 또는 나의 기여도가 두드러져야 하는 점을 유념하세요.
이제 에피소드를 바탕으로 나의 장점을 찾아 볼 차례입니다. 경험 속에 표현된 본인의 장점, 즉 키워드를 뽑아내면 됩니다. 승무원이라는 직업에 요구되는 자질이 담긴 키워드는 다음과 같은 것이 되겠습니다.

> 근면, 성실, 추진력, 적극성, 리더십, 봉사 정신, 창의력, 꼼꼼함, 배려심, 문제 해결 능력, 시간관념, 체력, 긍정적 마인드, 활발함, 친화력, 적응력, 커뮤니케이션 스킬, 자기계발 의지, 목표 의식, 설득력, 참을성, 끈기, 포용력, 이해심, 글로벌 마인드, 언어 능력(외국어), 센스, 눈치, 통찰력, 기억력, 팀워크, 융통성, 책임감, 규범을 잘 지키는, 서비스 마인드, 도전 정신

1) 학력 에피소드

① 장학금을 받았다
근면, 성실, 추진력
아르바이트를 병행하면서 장학금을 타기가 쉽지는 않았지만, 계획했던 유럽 배낭여행 경비를 혼자 힘으로 마련하기 위해 꾸준히 노력하였다.

② 댄스 동아리 활동 멤버였다
적극성
댄스 동아리 '무브MOVE'의 멤버였다. 강의가 없는 시간을 이용해 유행하는 K-pop 댄스를 배우기도 하고 후배들에게 가르치기도 하였다. 매년 교

내 동아리 댄스 발표회에 참가하기 위해 회원을 모집하고 팀을 꾸려 열심히 준비한 결과, 전국 댄스 동아리 발표회 참가 기회를 얻기도 하였다. 축제 준비와 자격증 시험 기간이 겹쳐 낮게 예상된 참여도를 높이는데 큰 역할을 하였다.

친화력, 적응력, 추진력, 리더십, 문제 해결 능력

③ 축제에 참가하였다

매년 학교 축제에서 친구들과 함께 음료나 액세서리를 판매해 모은 돈으로 동아리가 후원하는 보육원에 기부하였다. 특히 식혜는 외국인 학생들이 좋아해 인기를 끌었고 액세서리의 경우 2+1 행사를 통해 판매량을 높이기도 했다.

봉사 정신, 창의력

2) 경력 에피소드

① 꼼꼼하다는 칭찬을 들었다

교수님께 소개받은 사무실 파트타임 일이었다. 서류를 정리하거나 직원들의 작은 심부름을 도맡아 했다. 일이 많지 않은 편이라 자리에 앉아만 있는 시간이 늘자 나중에는 일을 찾아서 했다. 직원들이 무엇을 필요로 하는지, 어떤 음료를 좋아하는지 눈치 빠르게 파악하고 메모해, 부탁하기 전에 일을 처리해 놓아 직원들이 좋아했고, 특히 서류 정리에 라벨을 사용해 꼼꼼하다는 말을 들었다.

적극성, 꼼꼼함, 배려심

② 다소 지루한 일이었다

가장 크게 느낀 점은, 사람을 상대하는 활동적인 일이 역시 내게 더 맞다는 사실이다.

활발함

③ 직원도 많고 바쁜 일이었다

번화가에 위치한 레스토랑이어서 항상 바빴다. 숙지할 메뉴도 많았고 그릇도 무거운 데다 까다로운 고객의 불만도 많았다. 하지만 다양한 사람들과 만나면서 활동적으로 일할 수 있었기에 힘들지는 않았다.

긍정적인 마인드

④ 실수로 당황한 적이 있다

일을 시작하고 며칠 되지 않을 무렵, 아랍인 손님이 오셔서 '할랄' 음식을 찾았는데 당시에는 할랄 음식이 뭔지도 모르고 들었던 기억이 없어 메뉴에 없다고 설명했더니, 나중에 매니저님이 이 이야기를 듣고 할랄 음식에 대해 설명해 주시고 주문도 가능하다고 해서 당황한 적이 있다. 이후 메뉴에 대해 완벽하게 숙지해야 한다는 것을 깨닫고 음식 문화에 대해 더 관심을 가지게 되었다.

자기계발 의지

⑤ 영어를 활용하는 일이라 더 재미있었다

공항과 컨벤션센터를 오가며 MICE 행사 통역 아르바이트를 했다. 영어와 한국어를 기본으로 외국인을 안내하고 도움을 제공했다. 많은 문의가 들어오는 내용은 미리 따로 엽서에 메모해 나누어 드렸고, 간단한 중국어 회화가 가능했던 부분이 큰 이점이 되어 앞으로 중국어를 더 공부해야겠다고 느꼈다. 여러 언어를 활용하는 일이 나에게는 활력소가 된다는 사실을 다시 한 번 실감했다.

언어 능력(외국어),
적극성

⑥ 한 선배에게 많은 것을 배울 수 있었다

행사를 진행하는 회사에서 통역 아르바이트생을 관리하러 온 한 선배가 특히 기억에 남았다. 선배는 언어 실력도 뛰어났지만 태도며 말투, 밝은 표정과 긍정적인 분위기가 일하는 사람을 보다 프로답게 만들어 준다는 깨달음을 주었다. 나는 이 점을 본받아야겠다고 생각했다.

자기계발 의지

⑦ 서비스는 쉬운 일이 아니다

커피를 만들어 드리고 간단한 물품 정리를 하는 일이었다. 사실 너무 간단하고 여유 시간이 많은 일이라 쉽다고 여기고 있었다. 그러나 한 손님이 맛이며 향기며 이런 맛없는 커피는 처음이라는 컴플레인을 하셔서 손님이 원하는 대로 커피를 만들어 드리다 보니 결국 열 번 넘게 만들어야 했던 경험이 있다. 사람을 상대하는 서비스라는 일은 쉽지 않다는 것을 다시 한 번 느꼈다.

문제 해결 능력,
서비스 마인드

⑧ 인생의 친구를 사귀게 되었다

매일 단골로 오는 손님이 있었는데, 내가 가장 재미있게 읽었던 책을 읽고 계셔서 그것을 계기로 인사를 나누었고, 현재도 아주 친하게 지내는 인생의 친구가 되었다. 서비스는 언제고 새로운 사람을 만날 수 있는 홍

친화력, 적극성

미로운 일이다.

3) 대외 활동 에피소드

① 고등학교 때부터 두 달에 한 번씩 봉사하고 있다

고등학교 담임 선생님을 따라 시작한 '사랑의 밥차' 봉사 활동은 독거노인 무료 급식을 지원하는 활동이다. 초반에는 어르신들이 친근하게 대해 주시지 않았으나 시간이 흐를수록 마음을 여시고 손녀 생각이 난다며 나를 예뻐해 주셨고, 주머니에 소중히 넣고 계시던 사탕을 나누어 주시던 분도 있었다.

봉사 정신, 친화력

② 기억나는 한 아이가 있다

보육원에 어린이 영어 교육 봉사를 다닐 때였다. 영어가 너무 싫고 재미없다며 수업에 참여하지 않고 개인 활동을 하는 한 아이 때문에 다른 봉사자들이 힘들어할 때, 그 아이와 둘만의 대화를 시도하였다. 알고 보니 영어가 싫었던 게 아니라, 선생님들이 한 번만 오고 다시는 오지 않을 것으로 알고 마음을 주는 것을 두려워한 것이었다. 마음이 아팠던 나는 그 아이에게 자주 올 것을 약속했고, 아이는 수업에 잘 참여하기로 했다. 현재도 이 교육 봉사 팀에서 주기적으로 활동하며, 그 아이와도 만남을 이어가고 있다.

친화력,
커뮤니케이션 스킬,
책임감

4) 해외 활동 에피소드

① 3년 동안 영어가 늘지 않은 언니의 이야기를 듣고 충격을 받았다

영어를 좀 더 배우고자 영국으로 어학연수를 다녀왔다. 그곳에서 만난 한 한국인 언니는 연수 기간이 3년이나 지났음에도 영어 실력이 그리 좋지 않았다. 영어 공부보다는 다른 한국인 친구들과 어울려 다니기를 좋아하는 모습이었다. 충격을 받은 나는 스스로를 다그쳐 영어 실력 향상, 외국 문화 경험이라는 목표를 위해 더욱더 열심히 생활하게 되었다.

목표 의식,
자기계발 의지

② 주말마다 외국인 친구들과 비치발리볼을 하면서 영어가 많이 늘었다

주말에 본머스 해변을 걷다가 비치발리볼을 하는 외국인들을 보고 나도

적응력

친화력

함께 하자고 제안했다. 운동도 하고 친구도 사귄 즐거운 기억이다.

③ 교환학생 선발 인터뷰 준비 당시 아르바이트와 병행하느라 힘들었다

어학연수를 마치고 돌아와 외국 생활에 대한 그리움이 느껴질 즈음, 교내
교환학생 선발 공고를 보게 되었다. 당시 아르바이트를 하던 중이었고 3
개월 동안은 꼭 일을 하겠다고 약속해 둔 터라 일과 동시에 교환학생 지
원 준비를 해야 했다. 힘은 들었지만 시간을 효율적으로 쪼개 쓰고 잠을
줄이며 열심히 한 결과 캐나다 단기 연수생으로 선발되어 큰 기쁨과 보람
을 느꼈다.

근면, 성실, 끈기,
도전 정신

④ 친한 룸메이트와 헤어지는 게 힘들었다

친화력

한 달 동안 함께 지낸 중국인 룸메이트와 처음에는 다소 서먹한 관계였지
만 한국 드라마라는 공통의 관심사로 마음을 열었고 시간이 지나면서 많
이 친해졌다.

5) 자격증 에피소드

① 캐나다 교환학생 시절 사귄 중국인 룸메이트와 서로의 언어에 대해 공부하자고
약속했다

친화력,
언어 능력(외국어)

한국으로 돌아오던 날 울면서 꼭 다시 만나기로, 서로의 언어를 꼭 공부
하기로 그 친구와 약속했다. SNS를 통해 약속을 지키고 있는지 서로 확
인하고 있으며, 다음 달 그 친구가 한국에 오기로 돼 있어 그 날이 기다려
진다.

6) 기타 에피소드

① 팀 프로젝트 당시 어려움이 많았다

커뮤니케이션 스킬

교수님께서 학교 수업 때 친구들과 그룹 과제로 발표한 내용을 전국 아
이디어 공모전 PPT 발표 대회에 추천해 주셔서 참가한 일이 있다. 6명 팀
원이 각자 역할을 분담하여 내용을 준비하였다. 그런데 준비할 내용이
늘면서 그중 2명이 중도 포기하겠다며 미팅에 나오지 않았다. 알고 보니
그 두 친구가 싸운 뒤 사이가 좋지 않아 함께 작업해야 하는 환경이 싫었

던 게 이유였다. 이를 알게 된 우리 6명은 함께 대화를 시도했고, 그 둘은 서로에 대한 감정을 풀고 결국 화해하게 되었다. 시작이 늦어진 만큼 우리는 더 열심히 준비에 임했으며, 비록 수상은 하지 못했지만 뿌듯한 경험이었다.

문제 해결 능력,
팀워크, 추진력

② **승무원의 모습에 더 가까워지고 싶었다**
승무원이라는 직업에 관심을 가지면서 서비스와 서비스 매너 분야에도 자연스럽게 눈길이 갔다. 학교에서 진행한 서비스 매너 수업 특강을 듣고 수료하였다.

적극성
자기계발 의지

3. 키워드 분석하기

나를 표현하는 장점 및 키워드

친화력 6회	근면, 성실 2회	창의력 1회
적극성 5회	봉사 정신 2회	배려심 1회
자기계발 의지 4회	적응력 2회	꼼꼼함 1회
문제 해결 능력 3회	긍정적인 마인드 1회	도전 정신 1회
추진력 3회	리더십 1회	서비스 마인드 1회
언어 능력(외국어) 2회	끈기 1회	활발함 1회
커뮤니케이션 스킬 2회	목표 의식 1회	

나합격 지원자 분석

나합격 지원자는 적극적이며 활발한 성격의 지원자입니다. 따라서 답변할 때 이 같은 본인의 성향을 상기한 에피소드에 녹여내 면접관을 설득하면 됩니다. 다만 이 장점에만 치우치지 않게 답변을 구성해 자신의 다른 키워드 역시 보여 주도록 합시다. 자기소개서 역시 항목별로 위 키워드가 반복되지 않도록 잘 배분하여 작성합니다. 본인이 지원하는 항공사의 인재상과 키워드를 연결시키면 더욱 좋습니다. Unit 3에 항공사별 인재상을 정리해 놓았으니 참고하시기 바랍니다.

HabGyuk Nah

Personal Details
Gender: Female
Date of Birth (DOB): 00. 00. 0000
00Dong 00Gu ABC apt. 103-501, Seoul, South Korea
Contact Info: ☎+82-10-999-0000
Email address: flightattendant@email.com

Education
- HankookUniverstiy, Seoul, Korea - 0000, 0 ~ 0000, 0
    ▶ BA anticipated with a major in English language and literature (GPA 3.2/4.5)
- Scholarship granted by Hankook University - 0000, 0 ~ 0000, 0

Work Experiences
- **Kim & Jung Law Firm**, Seoul, Korea – 0000, 0 ~ 0000, 0
    ▶ documentary work and support for task
- **Outcom Steak House**, Seoul, Korea – 0000, 0 ~ 0000, 0
    ▶ in charge of dealing with customers, serving, and cleaning as a part-time
- **Jeju International Airport**, Jeju, Korea – 0000, 0 ~ 0000, 0
    ▶ assistant and interpreter in English and Chinese for foreigners
- **Sweet Coffee**, Seoul, Korea – 0000, 0 ~ 0000, 0
    ▶ in charge of customer reception, organizing part-time workers, and organizing goods as a part-time
    manager at the coffee shop

Volunteering Activities
- **SarangeBobcha (Food Truck)**, Seoul, Korea – 0000, 0 ~ 0000, 0
    ▶ volunteered in providing free meals for senior citizens
- **Sarang Child Care**, Seoul, Korea – 0000, 0 ~ 0000, 0
    ▶ volunteered in teaching children English

Overseas Experiences
- **Bournemouth College**, Bournemouth, UK – 0000, 0 ~ 0000, 0
    ▶ language program, certified on ESL program
- **Canadian BCIT College**, Vancouver, Canada – 0000, 0 ~ 0000, 0
    ▶ exchange student, completed ESL program

Language Skills and Certifications
- English
    ▶ TOEIC (660/990) - 2016
- Chinese
    ▶ proficient in written and spoken Chinese

Others
- volunteered in interpretation at Jeju Forum
- Gold award at Korean Natural Conservation Presentation Contest
- Completed Service Manner Training

Unit 2

최창공 이력서 작성하기

어학 실력은 부족하나 서비스직 적성을 갖춘 지원자

최창공

토목환경공학을 전공한 남학생입니다.
학과 공부와 적성에 괴리감을 느껴 학점을 신경 쓰지 못하고 아르바이트
에 전념하였습니다. 제주 출신 지방 학생으로 승무원 취업에 대한 정보도
부족하고 걱정도 많지만 1년째 열심히 준비 중입니다.
적성을 고려한 직업을 선택하기 위해 방황하던 시간도 있었지만, 그만큼
진지하게 생각하고 준비한 만큼 승무원이라는 직업에 확신을 가지고 있
습니다.
적성과 다양한 아르바이트, 전국 배낭여행 경험을 살려 부족한 언어 실력
을 보완해 줄 수 있는 답변을 구성하는 데 중점을 두고 면접을 준비 중입
니다.

최창공

지원 분야
객실 승무원

개인 정보
생년월일 : 0000.00.00
성별 : 남자
주소: 대한민국 제주특별자치도 00동 0000번지
연락처 : 010-0000-0000
이메일 : cabincrew@email.com

학력
0000년 0월 ~ 0000년 0월 　**한라산대학교**, 제주, 대한민국
　　　　　　　　　　　　　토목환경공학과 졸업(학점 평균 3.05/4.5)

경력
0000년 0월 ~ 0000년 0월 　**Y햄버거**, 제주, 대한민국
　　　　　　　　　　　　　패스트푸드점/ 파트타이머/ 웨이터
　　　　　　　　　　　　　메뉴 안내 및 식사 제공, 고객 불만 사항 응대 및 해결,
　　　　　　　　　　　　　물품 정리 및 매장 청소
0000년 0월 ~ 0000년 0월 　**신선 초밥**, 제주, 대한민국
　　　　　　　　　　　　　일식 레스토랑/ 파트타이머/ 웨이터
　　　　　　　　　　　　　메뉴 안내 및 식사 제공, 전화 응대 및 예약 받기,
　　　　　　　　　　　　　고객 불만 사항 응대 및 해결, 물품 정리 및 매장 청소
0000년 0월 ~ 0000년 0월 　**완벽어학원**, 제주, 대한민국
　　　　　　　　　　　　　영어학원/ 파트타임
　　　　　　　　　　　　　학부모 및 학생 상담, 교육 커리큘럼 기획 및 보완,
　　　　　　　　　　　　　통학 버스 코스 및 시간 관리, 전화 상담,
　　　　　　　　　　　　　서류 정리 및 학생 시험지 채점, 교실 및 강사실 청소

자격증
컴퓨터 활용 능력 2급

기타 사항
6개월간 전국 배낭여행
여행 관련 블로그 운영(2016 파워 블로거 선정)

1. 이력서에서 경험 1줄 메모하기

이력서 작성을 마쳤습니다. 이제는 아래 작업을 시작으로 자기소개서 및 답변의 바탕이 될 에피소드와 강점(키워드)을 찾아 보겠습니다. 아래 예시와 같이 **이력서 내용 중 시기별로 기억에 남는 것에 '경험 1줄 메모(경험에 대한 fact 또는 느낀 점 1줄 메모)하기'를 합니다.** '경험 1줄 메모'를 하기가 어려울 수 있습니다. 간혹 과거 경험에 대한 기억이 사라지거나 특별한 경험이 없다고 말하는 지원자들이 있기는 하지만, 특별하지 않더라도 그 시기를 경험하면서 본인이 느꼈던 점을 1줄로 요약해 보는 것도 한 방법입니다.

반드시 모든 항목에 메모하도록 합니다. 메모할 때는 아래에 제시한 상황에 해당하는 질문을 참고하면 도움이 될 것입니다.

1) 학력 경험 1줄
① 고등학교 재학 중 환경 관련 직종의 전망이 밝다고 들었다.
② 학교를 성실히 다녔으나 학점에 신경을 쓰지 못했다.

2) 경력 경험 1줄
① 번호표 아이디어를 내 손님들에게서 긍정적 반응을 얻었다.
② 야채 패티 햄버거를 제안하였다.

③ 기분 좋은 서비스를 해 주어 고맙다는 이야기를 들었다.
④ 그릇을 깨 손가락을 다쳤다.

⑤ 영어 공부에 대한 관심이 생겨 일과 공부를 병행할 수 있는 아르바이트를 찾았다.
⑥ 대화와 경청의 중요성을 깨달았다.
⑦ 학생들의 결석률을 줄였다.

3) 자격증 경험 1줄
① 컴퓨터 자격증의 필요성을 느꼈다.

4) 기타 사항 경험 1줄
① 세상과 세계에 대한 관심이 생겼다.
② 블로그를 통한 세상과의 소통이 즐겁고 영어의 필요성을 느꼈다.

그 당시 가장 기분 좋았던 순간/힘들었던 순간은 무엇이었나

무엇을 느꼈나, 무엇을 배웠나

내가 맡은 역할은 무엇이었나

나에 대한 타인의 (긍정적 또는 부정적) 평가가 있었나

칭찬/꾸중을 들었던 경험이 있는가

가장 기억에 남은 순간은

2. '경험 1줄 메모'로부터 자세한 에피소드와 키워드 끌어내기

1) 학력 에피소드

① 고등학교 재학 중 환경 관련 직종의 전망이 밝다고 들었다

목표 의식,
활발함

그 당시 나의 꼼꼼한 성격과 자연과학 실험 등에 흥미를 느껴 토목환경공학을 전공으로 선택하였으나, 아르바이트 경험을 거치며 활발하게 사람들을 만나는 일이 내게 더 맞다는 결론을 내렸다.

② 학교를 성실히 다녔으나 학점에 신경을 쓰지 못했다

자기계발 의지,
긍정적 마인드

성적에 미련은 남지만 대학 생활을 통해 얻은 사회 경험과 학과 친구들 또한 소중한 자산이다. 뭐든 나에게 주어진 상황에 최선을 다해야 한다는 배움도 얻었다.

2) 경력 에피소드

① 번호표 아이디어를 내 손님들에게서 긍정적 반응을 얻었다

배려심, 창의력, 적극성

소규모 햄버거 점포지만 맛집으로 소문난 곳이었다. 그만큼 항상 기다리는 손님이 많았다. 긴 시간 무작정 줄서서 기다리는 손님을 배려해 번호표를 드리는 아이디어를 냈다. 이후 손님들에게서 기다리는 시간이 전보다 편해졌다는 긍정적인 반응을 얻었다.

② 야채 패티 햄버거를 제안하였다

창의력, 적극성,
도전 정신,
문제 해결 능력,
책임감

경쟁 햄버거 가게가 생기면서 매출이 떨어지는 것을 걱정하는 사장님을 보며 뭔가 좋은 방법이 없을까 고민하다가, 여학교 근처인 점을 고려, 미용에 관심 있는 손님이 많다는 데 착안해 야채 패티 햄버거를 만들자는 의견을 냈고, 이후 20% 정도 매출이 상승해 사장님에게 특별 보너스를 받았다.

③ 기분 좋은 서비스를 해 주어 고맙다는 이야기를 들었다

배려심, 적극성

아기를 데리고 오신 손님이 음식을 흘리는 아이 때문에 어렵게 식사하는 모습을 보았다. 아기와 함께 밥을 먹을 때면 항상 아기에게 턱받이를 둘러 주고 편하게 밥을 먹던 이모가 떠올라 그 손님께 냅킨을 접어 아기 턱받이를 만들어 드렸더니 정말 고마워하셨다.

창의력, 서비스 마인드

④ 그릇을 깨 손가락을 다쳤다

바쁜 시간 신속하게 서비스를 하려던 성급한 마음에 욕심을 부려 그릇을 한꺼번에 들다 떨어뜨려 모두 깨뜨린 적이 있다. 손가락까지 다쳐 오히려 서비스도 지연되고 식당 사장님께도 걱정을 끼쳐 드렸다. 바쁠수록 더 침착해져야 한다는 것을 깨달았다.

자기계발 의지

⑤ 영어 공부에 대한 관심이 생겨 일과 공부를 병행할 수 있는 아르바이트를 찾았다

영어 공부를 하기 위해 학원을 알아보던 중 어학원에서 아르바이트를 하면 학원 영어 수강료를 지원받을 수 있다는 것을 알고 어학원 아르바이트를 시작하게 되었다. 시간과 비용 모두 아낄 수 있었던 좋은 기회였다.

자기계발 의지, 적극성

⑥ 대화와 경청의 중요성을 깨달았다

학원에서 상담을 하다 보니, 서로의 입장을 잘 알고 대화하는 것이 문제 해결에 큰 도움이 된다는 사실을 알 수 있었다. 성적이 떨어져 걱정하는 부모님 마음을 이해하고, 학생의 성적 부진 원인을 함께 찾아보고, 선생님의 교육 방법이나 커리큘럼에 대한 피드백을 들어 보고, 최선의 방법이 무엇인지 함께 고민해 학생들 성적을 올리는 데 도움을 주었다.

적극성, 문제 해결 능력, 커뮤니케이션 스킬, 책임감

⑦ 학생들의 결석률을 줄였다

간혹 학생이 결석하면 이를 소홀히 여기지 않고 일일이 그 이유를 확인해 결석률을 줄였다. 이후 학생 관리를 잘하는 학원으로 유명해졌다.

적극성, 문제 해결 능력, 책임감

3) 자격증 에피소드

① 컴퓨터 자격증의 필요성을 느꼈다

학원 아르바이트 당시 좀 더 효율적인 서류 정리를 위해 컴퓨터 자격증이 필요함을 느끼고 자발적으로 컴퓨터 자격증을 취득하였다. 이를 활용해 학원 자료를 정리하여 선생님들의 작업 편의성과 효율성을 높여 칭찬을 들었다.

자기계발 의지, 책임감, 도전 정신

4) 기타 사항 에피소드

① 세상과 세계에 대한 관심이 생겼다

목표 의식,
자기계발 의지,
도전 정신, 적응력,
체력

소집 해제 후 불투명한 미래와 직업에 대한 고민을 할 시간이 필요하다고 느꼈고, 세상을 알고 싶어 여행 계획을 세웠다. 결국 여행을 통해 내린 결론은, 다양한 아르바이트 경험을 통해 '프로페셔널한 서비스인'이 되고 싶다는 것이었다. 우리나라 곳곳을 돌아다니며 다양한 사람과 만나면서 세계에 대한 관심이 생겼고, 이러한 생각이 모여 승무원이 되겠다는 목표를 세우게 되었다. 전국을 누비며 보낸 6개월이라는 시간 동안 궂은 날씨, 불편한 잠자리, 배고픔 등은 큰 문제가 되지 않았다.

② 블로그를 통한 세상과의 소통이 즐겁고 영어의 필요성을 느꼈다

활발함, 적극성,
언어 능력(외국어),
자기계발 의지,
목표 의식

전국 배낭여행을 다니며 느낀 점 등을 블로그에 올리기 시작한 것이, 현재 파워블로거로 선정되는 영광을 안겨 주었다. SNS에서 한국에 관심 있는 외국인들과의 교류도 많은데, 내가 정보를 줄 수 있어 기뻤고 그만큼 영어를 배워야 할 필요성을 느꼈다. 영어 실력이 형편없는 나였지만 흥미와 필요성을 느끼고 영어 공부에 매진한 바, 1년 후인 지금의 내 영어 실력은 스스로 놀랄 정도로 향상되었다. 앞으로 1년 후의 실력이 기대되고 그만큼 더 열심히 공부할 계획이다.

3. 키워드 분석하기

나를 표현하는 장점 및 키워드

적극성 7회	창의력 3회	언어 능력(외국어) 1회
자기계발 의지 6회	목표 의식 3회	커뮤니케이션 스킬 1회
책임감 4회	배려심 2회	적응력 1회
도전 정신 3회	활발함 2회	체력 1회
문제 해결 능력 3회	서비스 마인드 1회	긍정적 마인드 1회

최창공 이력서 분석

나합격, 최창공 두 지원자를 이력서만으로, 스펙과 관련된 면을 비교하자면 최창공 지원자에게서 다소 부족한 부분이 더 보인다 하겠습니다. 하지만 경험에서 끌어낸 키워드를 놓고 보면 절대 다른 지원자에 뒤지지 않을 훌륭한 면접을 치를 수 있다는 것을 알 수 있습니다.

최창공 지원자는 문제에 부딪치면 적극적으로 이를 해결하기 위한 방법을 강구하는 창의력을 가진 지원자입니다.

어떤 힘든 과업이 주어져도 능히 헤쳐 나갈 능력을 지녔음을 경험을 근거로 보여 줄 수 있을 것이며, 특히 6개월간의 전국 배낭여행 경험은 외국 체류 경험이 전무함에도 외국 항공사에서도 잘 적응해 나갈 수 있으리라는 지원자의 답변에 설득력을 실어 줄 것입니다.

이렇게 자신이 지닌 장점을 잘 파악했으니, 지금부터 자기소개서를 작성해 보도록 하겠습니다. 다양한 키워드 가운데 자기소개서에 넣을 키워드를 선택하는 방법에는 두 가지가 있습니다.

하나는 나의 에피소드에서 어느 키워드가 가장 많이 표현되었는지 확인하는 것.

가장 많이 표현된 키워드가 나를 가장 잘 보여 줄 키워드가 됩니다.

다른 하나는 나의 에피소드에서 내 역할과 기여도가 가장 설득력 있게 표현된 것은 어느 것인지 파악하는 것.

다양한 에피소드 중 나의 역할 또는 기여도가 가장 잘 드러난 경험을 자기소개서에 효과적으로 배치해 여기에서 표현된 키워드를 나를 대표하는 키워드로 선택해도 됩니다.

 *Chang-gong Choi*

Application Field
- Cabin Crew

Personal Details
Date of Birth (DOB): 00, 00, 0000
Gender: Male
Address: 123-4, 00 dong, Jeju, Korea
Telephone: +82-10-0000-0000
Email: cabincrew@email.com

Education
0000, 0 ~ 0000, 0 **Hanlasan University**, Jeju, Korea
graduated in the Dept. of Civil Engineering (GPA 3.05/4.5)

Work Experiences
0000, 0 ~ 0000, 0 **Y Hamburger**, Jeju, Korea
fast food restaurant / part-timer / server
introducing Menu and serving, dealing with customer service
arrangement of goods and cleaning

0000, 0 ~ 0000, 0 **Shinsun Sushi**, Jeju, Korea
Japanese restaurant / part-timer / server
introducing menu and serving, responding via telephone and organizing appointments
dealing with customer service, and arrangement of goods and cleaning

0000, 0 ~ 0000, 0 **Wanbyuk Language Institute**, Jeju, Korea
English language institute / part-time
Consulting parents & students, curriculum organization and backups
arrangement in shuttle bus courses and time, consulting by phone
arrangement in documentation and grading, cleaning classrooms and instructor rooms

Certifications
Computer Specialist in Spreadsheet & Database Level - 2

Others
6 months of backpacking all over Korea
running travel blog (awarded as Power blogger, 2016)

Unit 3

항공사별 인재상과 키워드

드디어 나의 키워드를 찾았다! 그렇다고 내 키워드에만 집중해 면접 답변을 정리하면, 당신이 그토록 원하던 항공사의 승무원직에 합격할 수 있을까? 여기서 중요한 것은 내가 얼마나 뛰어난가가 아닌, 내가 그 항공사에 맞는 인재이며, 그 항공사가 과연 나를 필요로 하겠는가 하는 부분이다. 회사가 어떤 인재를 원하는가 하는 부분은 각 항공사 홈페이지를 방문해 인재상을 검색해 보면 확인할 수 있다.

외국 항공사의 경우 홈페이지에서 인재상을 알기는 어려운 부분이 많다. 여기서는 국내 항공사의 예를 주로 다루며, 외국 항공사는 대략적인 키워드만 제시한다. 더불어 2008년에서 2016년까지 외국 항공사별 채용 횟수를 싣는다.

1. 국내 항공사

1) 대한항공

① 진취적 성향의 소유자

항상 무엇인가 개선하려는 의지를 갖춘, 변화를 통해 새로운 가치를 창조해 내고자 하는 진취적인 성향의 소유자.

⇒ 진취성, 적극성, 도전 정신, 자기 개선 의지

② 서비스 정신과 올바른 예절을 지닌 사람

단정한 용모와 깔끔한 매너, 따뜻한 가슴으로 고객을 배려하는 예의 바른 사람.

⇒ 배려심, 서비스 마인드, 친절함

③ 국제적 감각의 소유자

자기중심적 사고를 탈피하여 세계의 다양한 문화를 이해할 수 있는 세계인으로서의 안목과 자질을 갖춘 국제적인 감각의 소유자.

⇒ 글로벌 마인드, 적응력, 수용력, 융통성

④ 성실한 조직인

작은 일이라도 책임감을 가지고 완수하며 원만한 대인관계를 유지해 나가는 성실한 조직인.

⇒ 근면, 성실, 책임감, 포용력, 친화력

⑤ Team Player

일하는 동료의 의견을 경청하고 서로 화합해 업무를 수행할 수 있는 사람.

⇒ 커뮤니케이션 스킬, 팀워크

2) 아시아나

① 성실하고 부지런한 사람

정직하고 근면하며, 조직과 자신의 발전을 위해 매사에 꾸준히 노력하고 행동이 빠른 사람.

⇒ 성실함, 부지런함, 근면함, 정직함, 영리함

② 연구하고 공부하는 사람

조직과 자신의 발전을 위해 깊이 생각하고 연구하며 공부함으로써 개선과 변화를 추진하는 사람.

⇒ 자기계발 의지, 언어 능력(외국어)

③ 진지하고 적극적인 사람

책임감과 진지한 자세로 조직과 자신의 발전을 위해 매사에 솔선수범하며 열정적으로 목적한 바를 끝까지 추진하는 사람.

⇒ 책임감, 적극성, 추진력

3) 제주항공

① 신뢰 - 신뢰하고 신뢰받는 것

⇒ 신뢰

② 안전 - 무엇과도 타협할 수 없는 기본

⇒ 규범을 잘 지키는, 원칙을 잘 지키는

③ 팀워크 - 서로를 사랑하고 존경하는 하나의 팀이 되는 것

⇒ 팀워크, 배려심, 친화력

④ 도전 - 개인과 회사 모두가 성공하는 원동력

⇒ 도전 정신, 목표 의식

⑤ 저비용 - 이기는 최상의 수단

⇒ 주인 정신, 책임감

4) 진에어

① 변화와 창조를 즐기는 사람

창의성과 열린 사고를 가지고 있다.

⇒ 도전, 창의, 오픈 마인드

② **고객에게 가치와 감동을 주는 사람**

고객지향적인 기업인 마인드를 가지고 있다.

⇒ 배려심, 책임감

③ **끊임없이 학습하는 사람**

자기계발에 힘쓰며, 글로벌 지향적이다.

⇒ 자기계발, 글로벌 마인드, 언어 능력(외국어)

④ **일에 몰입하는 열정을 가진 사람**

열정을 가지고 성과를 낼 수 있다.

⇒ 진취성, 적극성

5) 에어부산

① **고객 중심** - 고객을 위해 최선을 다하는 에어부산인

⇒ 책임감, 서비스 마인드

② **협동** - 배려하며 솔선수범하는 에어부산인

⇒ 배려심, 팀워크

③ **열정** - 열과 성의를 다하는 에어부산인

⇒ 적극성

④ **도전과 창의** - 끊임없이 연구하고 도전하는 에어부산인

⇒ 도전 정신, 창의력

6) 이스타항공

① **고객에게 짜릿함을 주는 젊은 항공사**

비행 안전을 최고의 가치로 여기고 최고의 저비용 항공사를 실천할 수 있는 인재

⇒ 책임감, 주인 정신

② 비행 안전을 최고의 가치로 여기는 항공사

서비스 마인드를 잘 갖추고 있으며 비행 안전 가치를 최고로 실현할 수 있는 인재

⇒ 서비스 마인드, 규범을 잘 지키는, 원칙을 잘 지키는

③ 국내 최고의 대중화된 항공사

바쁜 일상 속 고객들에게 잊었던 추억을 찾고 꿈과 희망을 펼칠 수 있도록 책임을 다할 수 있는 인재

⇒ 배려심, 활발함, 친화력, 창의력

④ 아시아 최고의 저비용 항공사

아시아를 넘어 세계인의 사랑을 받는 그날까지 이스타항공 그룹인으로서 모든 도전과 혁신을 함께 할 수 있는 인재

⇒ 도전 정신, 끈기

7) 티웨이항공

티웨이항공은 인재상을 따로 언급하지 않았으나 항공사의 서비스 전략, 인사 담당자의 인터뷰 등을 통해 아래와 같이 유추해 보았습니다.

① 발랄하고 유쾌한 성격을 가진 지원자

⇒ 활발함, 친화력

② 강한 책임감과 애사심을 지닌 지원자

⇒ 주인 정신, 책임감

③ 글로벌 마인드를 갖춘 지원자

⇒ 글로벌 마인드, 언어 능력(외국어)

2. 외국 항공사

1) 합격 키워드와 면접 주안점

외국항공사의 인재상은 홈페이지에 기재되어 있지 않은 경우가 많습니다. 하지만 그들이 선호하는 인재상은 기본적으로 적응력, 친화력, 진실함, 근면, 성실함, 적극성, 문제 해결 능력, 재치, 건강함, 책임감, 도전 정신, 서비스 경험 등을 갖춘 사람입니다. 외국 항공사의 면접 주안점을 살펴보겠습니다.

① 아시아계 항공사

아시아계 항공사는 유럽, 중동 항공사들과 견줄 때 지원자의 나이와 이미지를 중요한 평가 요소로 둡니다. 간혹 항공사 이전 합격 기수의 가장 어린 지원자의 나이가 다음 합격자 나이 제한 기준이 된다는 말이 있을 정도입니다.

싱가폴 또는 말레이시아 항공 유니폼은 몸에 딱 맞는 라인이 강조되므로 이러한 유니폼에 잘 어울릴 수 있는 신체 조건도 중시됩니다. 기본적으로 요구되는 언어인 영어, 한국어 외 다른 언어를 하는 지원자도 선호됩니다. 중국어, 일본어 등의 언어를 추가로 구사할 수 있는 지원자만 따로 모은 그룹 면접을 진행했던 적도 있습니다.

동남아계 항공사 : 싱가포르항공, 말레이시아항공, 필리핀항공, 베트남항공, 세부퍼시픽항공, 에어아시아엑스, 팬퍼시픽항공
일본계 항공사 : JAL, 아나항공
중국계 항공사 : 동방항공, 남방항공, 에어차이나, 에어마카오, 캐세이퍼시픽

② 유럽계와 중동 항공사

유럽계/중동계 항공사는 다른 요소들보다 어학 능력과 국제적 감각을 지닌 친근한 성향을 지닌 지원자인지 평가하는 것이 면접의 가장 큰 주안점입니다. 지원자의 성격을 파악해야 하기 때문에 아시아계 항공사보다 면접 시간이 길고 면접 질문 또한 상세하다고 볼 수 있습니다.

특히 유럽계/중동계 항공사의 한국인 승무원 취항 노선은 아시아계 항공사보다 다양하며 전 노선에 투입되는 경우도 있으므로, 다양한 국적의 외국인 동료 또는 승객과 문제없이 소통하고 기내에서 발생하는 예상 밖 상황에도 잘 대처할 수 있는 언어 능력이 필수입니다. 중동계 항공사는 피부 상태가 곧 건강 상태라고 여기기 때문에 피부가 좋은 지원자를 선호합니다. KLM(네덜란드항공사)의 경우, 한국인 승무원을 뽑는 이유가 언어적인 문제도 있지만 이들이 한국인 승객을 가

장 잘 보살필 수 있기 때문이라고 합니다.

따라서 한국인 승객을 다른 국적의 승무원보다 어떻게 더 잘 서비스할 수 있을지에 대한 대답도
준비한다면 면접관에게 큰 호감을 얻을 수 있겠습니다.

유럽계 항공사 : 에어프랑스, KLM, 루프트한자, 핀에어, 에어칼린
중동계 항공사 : 에미레이트, 카타르, 걸프, 에티하드, 사우디항공, 플라이두바이

3. 나는 어느 국적 항공사 합격률이 높을까?

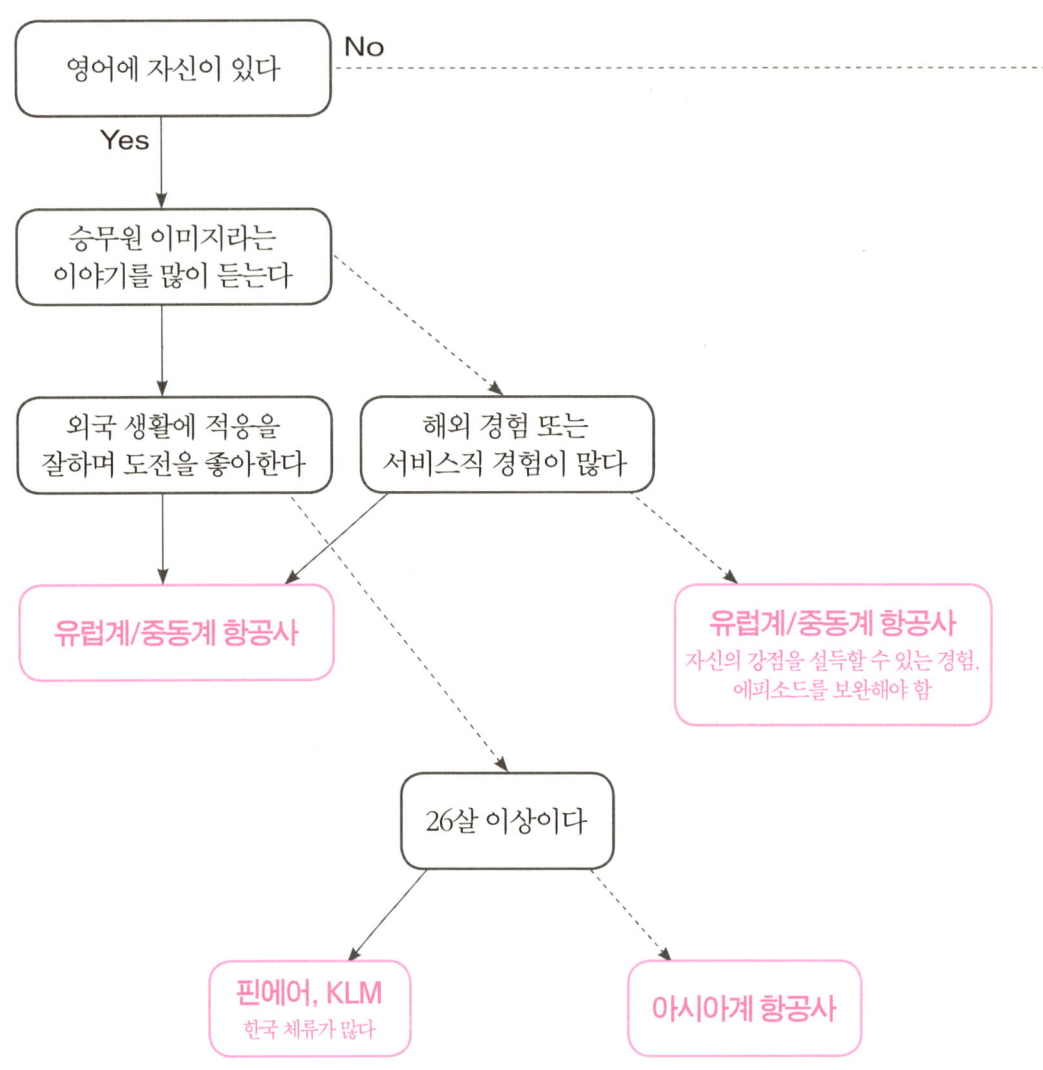

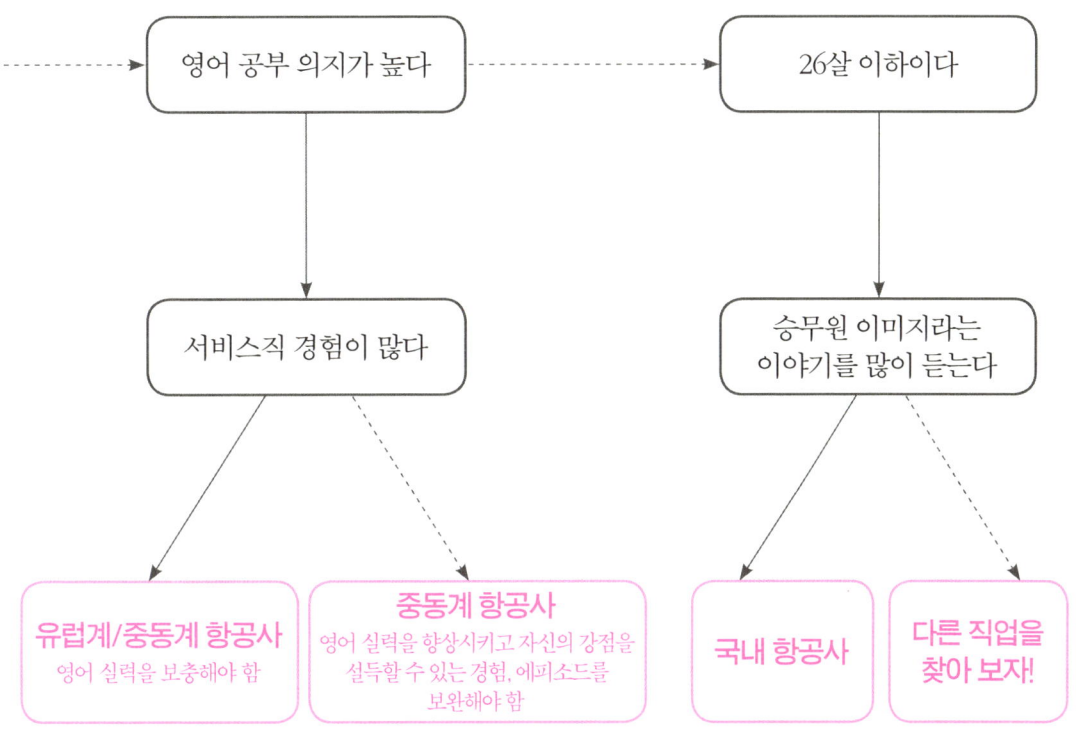

영어 공부 의지가 높다

26살 이하이다

서비스직 경험이 많다

승무원 이미지라는
이야기를 많이 듣는다

유럽계/중동계 항공사
영어 실력을 보충해야 함

중동계 항공사
영어 실력을 향상시키고 자신의 강점을
설득할 수 있는 경험, 에피소드를
보완해야 함

국내 항공사

**다른 직업을
찾아 보자!**

* Yes or No 표는 가볍게 하는 자가진단이므로, 결과를 맹신하지 않길 바랍니다. 지원자 본인에게 부족한 점과 각 항공사가
  중요시하는 점이 무엇인지 파악하고, 지원자에게 맞는 항공사를 목표 삼아 그 항공사의 승무원이 되기 위해 꾸준히 노력하
  는 것이 중요합니다.

4. 2008~2016년도 외국 항공사 월별 승무원 채용

상자 안 숫자는 해당년도 채용 월

분류	국가	항공사	2008	2009	2010	2011	2012	2013	2014	2015	2016
아시아	홍콩	드래곤			10			4		11	4, 11
		캐세이퍼시픽	7				3				
		홍콩익스프레스							9		
		홍콩	9						8	10	8, 9(전용기)
	필리핀	씨에어							8		
		팬퍼시픽									5
		제스트					11			10	
		필리핀			2,4,5,8	3,9	3,5		9		
	태국	라이언에어					5				
		오리엔트타이						11	12		
		유에어라인					6				
		타이				8		5			
	타이완	트랜스아시아						8			
	중국	남방			9			5	3	11	
		동방				6			10		
		상해								3	
		천진							3	5	3, 10
		에어차이나	7				1		2		
		해남 (하이난)	12			9			7		6
	일본	JAL			8	9		8	4		
		피치									
		아나					1,5,8	3			
	인도네시아	가루다 인도네시아		11		6		7			
		메르파티					6,9				
	싱가포르	녹 스쿠트									6
		스쿠트						3,8			
		싱가포르	3		10	9	4	4			
		타이거	2								
	베트남	베트남	6			2					
	몽골	몽골리안					5				
	몰디브	메가몰디브				7			2		9
	말레이시아	말레이시아					4			9	11
		에어아시아					10		3	3	
		에어아시아 X					7	3			
	마카오	에어마카오			9		1,4,12		3		
중동	카타르	카타르		8,11	4,11	2,4,7,11	1,3,5,6				
	요르단	요르단항공							6	6,12	
	아랍 에미레이트	에미레이트	3,5,7,9,10,12		1	11					
		에어아라비아	4				1		3		
		플라이두바이						1	8		
	사우디아라비아	사우디아라비안							4		
오세아니아	호주	젯스타				12	5				5
유럽	핀란드	핀에어				2	12				
	프랑스	에어프랑스	1,12		11		12		12		
	영국	영국					12				
	독일	루프트한자	1		7,9	3					
	뉴칼레도니아	에어칼린	1								
	네덜란드	네덜란드 (KLM)	1,6		1,4,8	9		1,6,9			
미주	미국	유나이티드항공							7	3	2
		노스웨스트	8							12	10
	채용 횟수		21	3	18	19	29	17	20	12	14
	채용 항공사 수		14	2	11	15	20	14	20	11	11

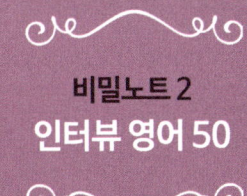

비밀노트 2
인터뷰 영어 50

앞서 작성한 나합격, 최창공의 이력서를 바탕으로 두 지원자의 에피소드를 활용해 인터뷰 답변을 만들어 보겠습니다. **비밀노트** 2의 진행 방식은 다음과 같습니다.

첫째, 면접관이 던진 질문의 의도와 지원자가 답해야
하는 답변 방향을 알려 줍니다.

둘째, 질문별로 제시된 합격비법을 통해 답변을
구성하는 방법을 알려 줍니다.

셋째, 질문마다 답변에 활용할 빈도가 높은 문형을 실어,
지원자 스스로 문형을 연습하고 답변에 활용할 수
있게 합니다.

지금부터 본격적인 나만의 답변을 만들어 봅시다.

비밀노트 2 구성 보기

대표 질문

6. How do you keep yourself healthy?

건강관리는 어떻게 합니까?

유사 질문

How do you try to stay healthy?
Do you have your own way to get yourself healthy?

해당 질문에 대한 Tip

승무원 업무는 스케줄 또는 비행 상황에 따라 당사자에게 신체적인 무리를 줄 수 있습니다. 또한 승무원 개인의 건강 상태를 배려해 스케줄을 조정하기 힘든 경우도 있으며, 이때는 본인의 상태가 다른 크루에게 피해를 줄 수 있습니다. 비행을 하다 보면 겪는 시차나 기착지 환경, 베이스가 외국인 경우 해당국의 날씨나 음식 등에 따라 건강을 관리하기 힘들어지기도 합니다. 건강 역시 지원자의 역량이 될 수 있는 만큼 스스로 건강관리에 신경 쓰고 있으며 승무원 직무를 수행하는 데 문제가 없음을 설득할 수 있어야 합니다. 생각보다 많은 현직 승무원이 건강 문제로 병가를 내거나 퇴사를 결심하기 때문입니다.

나만의 답변 작성을 위한 답변 순서 정리

합격비법 1 충분히 건강함을 어필

합격비법 2 현재 건강한 증거와 건강 유지 비결 부연

해당 질문 답변에 활용할 수 있는 문형 소개

✎ **문형 연습**

Walking frequently makes me stay healthy and strong.
자주 걷다 보니 체력도 좋아지고 건강해지는 것을 느낍니다.

활용하기

괄호 안 단어로 문장 완성하기

1. 잘 먹다 보니 체력도 좋아지고 건강해지는 것을 느낍니다. (eating, well)
   _____ makes me stay healthy and strong.

2. 자주 조깅을 하다 보니 체력도 좋아지고 건강해지는 것을 느낍니다. (jogging, frequently)
   _____ makes me stay healthy and strong.

+ 같은 뜻 다른 표현

Walking frequently helps me keep healthy and strong.
자주 걷다 보니 체력도 좋아지고 건강해지는 것을 느낍니다.

나합격 지원자의 답변

걷기를 통해 건강을 유지한다

합격비법 1 저는 건강합니다.

합격비법 2 평소 걷기를 좋아해 대중교통을 이용할 때는 일부러 한두 정거장 앞서 내려 목적지까지 걸어 갑니다. 걷는 동안 음악도 듣고 커피를 마시며 주위를 둘러보기도 합니다. 자주 걷다 보니 체력도 좋아지고 건강해지는 것을 느낍니다.

합격비법 1 I'm healthy.

합격비법 2 Because I like to walk, I get off one or two stops ahead of the destination in order to walk when I use public transportation. While walking, I listen to music, drink a coffee or look around. Walking frequently makes me stay healthy and strong.

문형 연습 예문을 활용해
답변 구성

최창공 지원자의 답변

배드민턴을 치며 건강관리를 한다   p.30 에피소드 4-1 활용

답변에 활용한 에피소드 보기

합격비법 1 저는 충분히 건강합니다.

합격비법 2 저는 배드민턴을 치다 보니 건강해졌습니다. 6개월 동안 배낭여행을 하며 느꼈던 궂은 날씨, 불편한 잠자리, 배고픔 등은 아무 문제가 되지 않았습니다. 어디를 가든 서틀콕과 라켓을 챙겨 갈 정도로 공간만 충분하면 친구들과 배드민턴을 칩니다. 땀을 흘리고 나면 기분이 상쾌해지고 몸도 가벼워집니다.

합격비법 1 I'm healthy enough.

합격비법 2 I have played badminton and playing badminton makes me stay healthy. I didn't have any troubles with poor weather, uncomfortable accommodation, and hunger while backpacking for about 6 months. With some space where I can bring a shuttlecock and a racket, I play badminton with friends. When I work out, I feel much better and refreshed by sweating.

나합격, 최창공의 에피소드를 활용한 답변이 아닌 경우 캐릭터를 넣지 않음

정답   1. Eating well   2. Jogging frequently

활용하기 정답

자기소개

1. Can you tell me about yourself?
   자기소개를 해 주세요.

2. What is your strong point?
   장점을 말해 주세요.

3. What is your weakness?
   단점을 말해 주세요.

1. Can you tell me about yourself?

자기소개를 해 주세요.

What kind of person are you?
Why don't you tell us about yourself?

면접관이 첫 질문으로 가장 많이 물어보는, 지원자에 대한 면접관의 첫인상이 결정되는 중요한 질문 중 하나입니다. 1분 남짓한 짧은 시간 동안 면접관에게 자신을 보여 주어야 하는 만큼 이력서에 이미 기술된 불필요한 내용은 생략합니다. 지원자는 우선 자신의 성격과 장점을 확실히 파악하고 있어야 합니다. "자신을 소개해 보세요"나 "본인의 장점을 이야기해 주세요"는 거의 같은 질문이기 때문입니다. 모든 답변은 면접관의 흥미를 유발하고 전달력을 높일 수 있는 두괄식(결론을 가장 첫 문장에 두는 구성 형식)으로 구성합니다. 자신에 대해 제대로 파악하기 위해 앞 장에서 다룬 것처럼 본인의 이력서에 기초해 시기별 경력 또는 경험을 정리해 두도록 합니다. 답변 구성이 수월해질 것입니다. 자기소개 답변은 경험식과 나열식으로 구성할 수 있습니다.

경험식 답변 구성

합격비법 1 첫 문장에서 자신의 장점/키워드를 드러낸다.
    1) 나를 평가한 타인의 말을 인용
    2) 나의 장점을 직접적으로 표현
    3) 특정 대상에 나를 비유

합격비법 2 이를 뒷받침할 경험을 예로 든다.

합격비법 3 승무원에 지원하는 이유 또는 지원자 본인과 승무원의 자질을 연결하여 마무리한다.

경험식 답변의 장단점 및 유의점 : 나만의 경험을 통해 구성하였기에 답변이 흥미롭게 들리며 다른 지원자와 답변 표현의 중복 가능성이 거의 없다는 장점이 있으나 하나의 사례로부터 '나는 이러이러한 사람'이라는 결론을 끌어내는 형식이 되기에 '성급한 일반화의 오류'를 범할 우려가 있다. 그러므로 설득력 높은 사례, 즉 나의 역할과 기여도가 높은 사례를 들어 답변을 구성한다.

 **문형 연습**

Some people call me an outgoing person.
주변에서 저를 적극적인 사람이라고 합니다.

활용하기

1. 주변에서 저를 친절한 사람이라고 합니다. (kind)
    Some people call me _____.

2. 주변에서 저를 부지런한 사람이라고 합니다. (diligent)

    Some people call me _____.

+ 같은 뜻 다른 표현

I was told that I am an outgoing person

저는 적극적인 사람이라는 이야기를 듣습니다.

주변에서 나를 평가한 문장을 활용한다

p.20 에피소드 2-5 활용

합격비법 1   주변에서 저를 적극적인 사람이라고 합니다.

합격비법 2   한 달간 컨벤션센터에서 통역 아르바이트를 하던 당시 이런 제 성격을 잘 발휘한 적이 있습니다. 성격도 국적도 다양한 많은 외국인을 접하며 늘 적극적으로 먼저 다가가 도움을 드렸습니다. 각 나라의 인사말을 공부해 외국인이 오면 먼저 다가가 인사하고, 한국 지도가 그려진 엽서에 영어로 응급 상황 발생 시 필요한 연락처를 적고 컨벤션센터 행사장 지도를 그려 넣어 방문객이 행사 기간 동안 불편을 겪지 않도록 했습니다. 교대 근무 시 스스로 작성한 근무 일지를 다음 근무자에게 넘겨주기도 하였습니다.

합격비법 3   이런 저의 적극성은 귀사 승무원으로서 꼭 필요한 자질이라고 생각합니다.

합격비법 1   Some people call me an outgoing person.

합격비법 2   I think my personality helped me a lot when I was doing a part-time job as an interpreter at the convention center for about a month. I have tried to help people with many different nationalities, and personalities approaching them wholeheartedly. What I did for the visitors not to get involved with any inconvenience was that I said hi to them with their native languages, and I wrote down emergency contact numbers and the map of the convention center on the postcards with the map of Korea on the other side. When I was doing shiftwork, I passed the work journal over to the next person in charge.

합격비법 3   I strongly believe that my outgoing personality will be necessarily helpful for your company.

나의 장점을 부각시킨다

p.28 에피소드 2-3 활용

합격비법 1   저는 배려심을 지닌 사람입니다.

합격비법 2   일식당에서 아르바이트한 경험이 있습니다. 일의 특성상 다양한 손님을 만나고 응대하게 됩

정답   1. a kind person   2. a diligent person

니다. 언젠가 한 손님의 아이가 음식을 계속 흘려 어렵게 식사하는 모습을 보게 되었습니다. 어떻게 도와드릴 방법이 없을까 고민하다가 제 이모가 조카와 함께 외식할 때를 떠올렸습니다. 턱받이를 해 주면 아이가 음식을 먹기가 훨씬 쉬워진다는 이모의 말이 기억났습니다. 그래서 주방에 비치된 깨끗한 키친타월을 접어 그 손님께 아기 턱받이를 만들어 드렸습니다. 그 손님은 크게 기뻐하시며 배려 깊은 직원이라는 말씀을 해 주셨습니다.

합격비법 3 이런 저의 장점을 바탕으로 귀사에서 배려심 있는 승무원이 될 수 있으리라 확신합니다.

합격비법 1 I have consideration for others.

합격비법 2 I have worked in a Japanese restaurant as a part-time server. I got to deal with a variety of people at the restaurant. One day I saw one of the customers' baby was having a hard time eating because she kept spilling. Thinking over how I could assist them, the time when I was having a dinner with my aunt and niece came up to my mind. My aunt told me that a bib can help children eat better. I found out a towel, folded like a bib and gave it to the customer with a baby. She was so pleased and told me I am really considerate.

합격비법 3 With this advantage of mine, I think I will be a considerate flight attendant for your company.

✏️ 문형 연습

I have many experiences in the fields like office and restaurant.
사무직, 레스토랑 서빙 등 다양한 현장 경험이 있습니다.

활용하기

1. 공항, 컨벤션센터 등 다양한 현장 경험이 있습니다. (airport, convention center, and)
   I have many experiences in the fields like _____.
2. 편의점, 패스트푸드점 등 다양한 현장 경험이 있습니다.
   (convenience store, and, fast food restaurant)
   I have many experiences in the fields like _____.

+ 같은 뜻 다른 표현

I have many hands-on experiences like office and restaurant.
사무직, 레스토랑 서빙 등 다양한 현장 경험이 있습니다.

정답   1. airport and convention center   2. convenience store and fast food restaurant

나의 장점을 부각시킨다

합격비법 1 저는 긍정적이며 적극적인 사람입니다.

합격비법 2 사무직, 레스토랑 서빙 등 다양한 현장 경험이 있습니다. 특히 제가 일한 레스토랑은 번화가에 자리한 터라 매시간 바빴습니다. 이에 다른 직원들은 숙지할 메뉴 가짓수가 너무 많다거나 그릇이 무겁다거나 손님의 컴플레인을 두고 불평하기 일쑤였습니다. 저도 처음엔 그들과 함께 불평하는 편이었으나, 곧 이런 부정적인 감정은 일을 도리어 힘들게 만든다는 것을 깨달았습니다. 웃으며 일할수록 일을 더 즐길 수 있었습니다.

합격비법 3 이런 저의 장점은 귀사 승무원이 되는 데 꼭 필요한 자질이라고 생각합니다.

합격비법 1 I am a positive and outgoing person.

합격비법 2 I have many experiences in the fields like office and restaurant. Specifically the restaurant that I have worked in was located at downtown and it was very busy all the time. Other workers complained a lot due to the menu they had to be aware of, heavy containers or customers' complaints. I used to complain with them but I came to realize that those complaints made work only harder. The more smiles I have, the more enjoyed I become.

합격비법 3 I strongly believe that my personality will help me to be a great flight attendant for your company.

✎ 문형 연습

I would like to tell you that I am like water.
저는 물과 같은 사람이라고 말씀드리고 싶습니다.

활용하기

1. 저는 나무와 같은 사람이라고 말씀드리고 싶습니다. (a tree)
   I would like to tell you that I am like _____.

2. 저는 소금과 같은 사람이라고 말씀드리고 싶습니다. (salt)
   I would like to tell you that I am like _____.

+ 같은 뜻 다른 표현

I am a person like water.
저는 물과 같은 사람이라고 말씀드리고 싶습니다.

정답 1. a tree   2. salt

자신을 특정 대상에 비유한다

p.18 에피소드 1-2 활용

합격비법 1　저는 물과 같은 사람이라고 말씀드리고 싶습니다.

합격비법 2　대학 시절 다양한 경험을 한 저는 댄스 동아리 리더로서 학교 축제 때 성공적인 공연을 이끌었습니다. 축제 준비와 전공 자격증 시험 기간이 겹쳐 구성원들의 참여도가 낮았을 때도 리더십을 발휘해 이를 해결했습니다. 요점 정리 노트를 공유하고 축제 준비를 위한 구성원들 간의 공평한 작업 시간을 배분하자는 제 아이디어로 축제 참여도를 높였습니다. 또한 봉사 활동 단체에서는 조력자로서 단체 리더와 함께 제가 준비한 자료를 바탕으로 총장님과 미팅을 갖고 해외 봉사 활동에 대한 우리 단체의 열정과 의지를 피력해 봉사 활동을 추진할 수 있도록 했습니다. 리더면 리더, 조력자면 조력자 어떤 그릇에서든 유연하게 제 형태를 바꾸는 물처럼 저의 이런 적응력은 다양한 활동에서 강점으로 작용하였습니다.

합격비법 3　이런 저의 장점은 귀사 승무원으로서 꼭 필요한 자질이라 생각합니다.

합격비법 1　I would like to tell you that I am like water.

합격비법 2　I had so many experiences that I could lead the dance concert as a captain in the college festival. When the team members' participation was low because the festival preparation and qualification test were at the same time, I took care of it with my leadership. My own idea that was about getting assigned the same amount of time for the task and sharing notes with other members for impartial preparation for test increased the participation of the team members. As a helper in the volunteering group, I had a meeting with the president of the university with the materials that the team leader and I had prepared and presented the enthusiasm and will of the group so that the volunteering abroad program was possible to push ahead. Like water which changes flexibly in any bowls, my adaptation was advantageous in many different activities as a leader or helper.

합격비법 3　I strongly believe that these advantages of mine will be essential to work for your company as a flight attendant.

52 비밀노트 2 인터뷰 영어 50

나열식 답변 구성

합격비법 1 자신의 전공 또는 공부했던 분야에 대해 간략히 표현

합격비법 2 아르바이트 또는 경력 설명 (자신의 포지션, 담당했던 일, 배운 점 등)
+ (있다면) 외국 생활 경험 또는 어학연수 등 드러내고자 하는 경험

합격비법 3 승무원에 지원하는 이유 또는 지원자 본인과 승무원의 자질을 연결하여 마무리

나열식 답변의 장단점 및 유의점 : 이력서에 이미 기술된 내용을 말하게 되므로 자칫 답변이 단조로워질 수 있으나, 전반적인 본인에 대한 정보를 면접관에게 전달할 수 있다. 답변하는 화법 자체에 보다 전달력을 실어야 한다.

✎ 문형 연습

I learned how to deal with customers from many part-time jobs .
다양한 아르바이트 경험을 통해 고객을 대하는 방법을 배울 수 있었습니다.

활용하기

1. 저는 과거 일 경험을 통해 예민하고 요구사항이 많은 고객들을 대하는 방법을 배울 수 있었습니다.

   (from my past work experiences, sensitive, and demanding customers)

   I learned how to deal with _____ .

2. 손님과 서비스 제공자 사이에 일어날 수 있는 문제들을 대하는 방법을 배울 수 있었습니다.

   (from between customer, and service provider, any matters)

   I learned how to deal with _____ .

+ 같은 뜻 다른 표현

Many part-time jobs that I had taught me how to deal with customers.
다양한 아르바이트 경험을 통해 고객을 대하는 방법을 배울 수 있었습니다.

정답　1. sensitive and demanding customers from my past work experiences
　　　2. any matters from between customer and service provider

나열식 답변

합격비법 1 저는 한국대학교에서 영문학을 전공하고 있습니다. 영어문학에 대한 전반적인 이해뿐 아니라 영어회화 또한 공부하고 있습니다.

합격비법 2 다양한 아르바이트 경험을 통해 고객을 대하는 방법을 배울 수 있었습니다. 또한 영국과 캐나다에서 ESL를 수료하면서 어학 능력과 외국 생활에 대한 적응력을 키웠습니다. 아르바이트와 외국 생활 경험으로부터 제 적성이 서비스 직종에 맞다는 사실을 알게 되었고, 이에 승무원이 되고자 결심했습니다.

합격비법 3 이런 저의 장점은 귀사의 승무원으로서 꼭 필요한 자질이라 생각합니다.

합격비법 1 I am studying English literature for a degree in Hankook University. I am not only studying overall comprehension on English literature, but also daily English conversation.

합격비법 2 I learned how to deal with customers from many part-time jobs. ESL certification in UK and Canada improved my language skills and the time I stayed abroad helped me adapt to living abroad. I have decided to apply for a flight attendant because I have realized my personality would fit into the service field with my various experiences of part-time jobs and living abroad.

합격비법 3 I strongly believe that these advantages of mine will be essential to work for your company as a flight attendant.

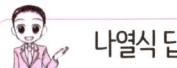 **나열식 답변**

합격비법 1   저는 한라산대학교에서 토목환경공학을 전공했습니다. 학업을 수행하면서 꼼꼼한 사람으로 거듭날 수 있었습니다.

합격비법 2   이뿐만 아니라 다양한 서비스 분야 아르바이트 경험도 있습니다. 해당 분야 아르바이트를 통해 항상 적극적으로 문제를 해결하려는 제 능력을 발휘할 수 있었으며, 마음에서 우러난 서비스는 반드시 보람으로 되돌아온다는 것을 배웠습니다. 또한 학원에서 일한 경험은 사람과 사람 간의 문제는 대화와 경청으로 해결할 수 있음을 깨달은 소중한 시간이었습니다.

합격비법 3   이렇게 적극적이며 열린 사고라는 장점을 지닌 저는 귀사의 성장에 공헌할 수 있으리라 확신합니다.

합격비법 1   I have a degree in Civil and Environmental Engineering at Hallasan University. While I was studying for a degree, I became precise.

합격비법 2   Not only with that, I have many part-time work experiences in the service fields. By doing the part-time jobs, I could present the ability to solve problems and also learned that genuine service will come back with rewards. The experience that I had in an academy made me realize that issues between people could be taken care of by listening carefully.

합격비법 3   I'm pretty sure that I could be a part of your company because I am positively open-minded.

2. What is your strong point?

장점을 말해 주세요.

What is your strength?

What are you good at in a personality way?

면접은 각 지원자가 면접관에게 '나는 귀사에서 오랫동안 열심히 일을 잘 해낼 사람이다'라는 것을 설득하는 자리니만큼, 자신의 장점을 말하는 답변에서 가장 중요한 것은 설득력입니다. 이 답변에서 우리가 이미 준비해 둔 에피소드들이 큰 힘을 발휘할 것입니다. 자기소개에서 설명한 장점이 아닌 다른 장점을 보여 주는 것도 요령입니다.

합격비법 1 장점/키워드 드러내기

합격비법 2 이에 설득력을 부여할 에피소드 소개

외항사인 경우 에피소드와 관련해 상세한 질문을 함으로써 진실성(지어낸 에피소드인가 아닌가?), 표현력 및 설득력(커뮤니케이션 스킬), 영어 능력, 침착성을 평가합니다. 이를 평가하는 꼬리질문에 대해서도 준비해 두어야 합니다. 에피소드에 대한 자세한 내용과 당시 상황에 대해 미리 정리해 두는 것이 좋습니다.

✏️ 문형 연습

With this advantage of mine, I think I will be a considerate flight attendant for your company.

이런 저의 장점을 바탕으로 귀사에서 배려심 있는 승무원이 될 수 있으리라 확신합니다.

활용하기

1. 이런 저의 장점을 바탕으로 귀사에서 헌신적인 승무원이 될 수 있으리라 확신합니다.

   (devoted, flight attendant)

   With this advantage of mine, I think I will be a _____.

2. 이런 저의 장점을 바탕으로 귀사에서 서비스를 지향하는 승무원이 될 수 있으리라 확신합니다.

   (flight attendant, service-oriented)

   With this advantage of mine, I think I will be a _____.

+ 같은 뜻 다른 표현

Based on my advantage, I think I will be a considerate flight attendant for your company.

이런 저의 장점을 바탕으로 귀사에서 배려심 있는 승무원이 될 수 있으리라 확신합니다.

꼼꼼함이 장점인 경우

p.19 에피소드 2-1 활용

합격비법 1 꼼꼼함이 저의 장점입니다. 저는 꼼꼼한 성격으로 깔끔한 일처리를 돕고 동료의 요구 사항을 눈치 빠르게 파악할 수 있습니다.

합격비법 2 사무실에서 일을 할 때도 직원이 무엇을 필요로 하는지, 어떤 음료를 좋아하는지 눈치 빠르게 파악하고 메모해, 그들이 부탁하기 전 일을 처리해 놓아 직원들이 좋아했습니다. 특히 누구도 정리하지 않아 쌓여 있던 서류를 라벨을 사용해 정리함으로써 누구나 필요할 때 쉽게 찾을 수 있도록 해 주어 고맙다는 말을 듣기도 했습니다. 이런 저의 장점을 바탕으로 귀사에서 배려심 있는 승무원이 될 수 있으리라 확신합니다.

합격비법 1 My strong point is that I'm a meticulous person. So I would be able to help process the work and figure out what coworkers need with my meticulous personality.

합격비법 2 My coworkers liked me because I took care of what coworkers need before they asked me to do so by jotting down what they need or what kind of drinks they want. Specifically they appreciated what I did for them because I labeled an abandoned pile of document in order for anybody in the office to find out what they want. With this advantage of mine, I think I will be a considerate flight attendant for your company.

적극성이 장점일 경우

p.28 에피소드 2-1 활용

합격비법 1 제가 맡은 일을 함에 있어 적극적으로 행동합니다.

합격비법 2 햄버거 가게에서 아르바이트할 때 이런 저의 성격이 손님에게 큰 도움이 된 적이 있습니다. 제가 일하던 소규모의 식당은 소문난 맛집이라 항상 줄 서 있는 손님으로 꽉 차고는 했습니다. 저는 오랜 시간 기다리는 손님들을 돕고 싶어서 사장님께 번호표를 사용하자는 의견을 냈습니다. 사장님은 레스토랑에 적극적인 저의 태도에 대해 고마워하셨습니다. 이후 손님들로부터 기다리는 시간이 전보다 편해졌다는 긍정적인 반응을 얻었습니다.

합격비법 1 I act enthusiastically on what I have to do.

합격비법 2 I have helped customers with my responsible personality when I was working part-time at a hamburger restaurant. The small restaurant that I worked had reputation as a must-stop restaurant so it used to have full of customers waiting for a seat. I suggested using a tag (number ticket) to my boss because I just wanted to help customers waiting for a long time. My boss thanked me for showing him a gesture of enthusiastic involvement for the restaurant. With the tag system, I've heard that customers felt easier to wait for a seat than before.

정답　1. devoted flight attendant　　　　　　2. service-oriented flight attendant

3. What is your weakness?

단점을 말해 주세요.

What is your weak point?

Tell us what you're weak at.

면접에서 단점을 드러내는 것은 불이익으로 작용할 수 있다 여기고 단점을 장점으로 승화시켜 말하는 지원자가 있습니다. 면접 답변은 본인 위주 답변, 즉 자신이 말하고 싶은 내용이 아닌 면접관이 듣고 싶어 할 만한 내용을 들려주는 것이 목적입니다. 이 또한 커뮤니케이션 능력입니다. 면접관이 궁금해할 부분을 시원하게 긁어 주는 답변을 구성합니다. 면접관이 묻는 것은 단점이므로 단점을 말해야 합니다.

단점 그 자체도 중요하지만 이보다 더 부각돼야 할 점은 이를 극복하기 위한 본인의 노력 또는 그런 단점을 극복하게 한 깨달음을 얻은 상황을 설명하는 것입니다. 설득력 있는 극복 노력을 함께 말해야 스스로 파악한 단점을 극복한, 자기 개선 의지가 있는 지원자임을 제대로 보여 줄 수 있습니다.

가끔, 때때로(sometimes), ~하는 경향이 있다(tend to) 등의 제한적인 표현을 써서 단점을 축소시켜 말하는 것도 요령입니다.

면접관은 단점에 대해 아래와 같은 궁금증을 가지고 질문을 하는 것입니다.

지원자의 지원 직무에 큰 결점으로 작용할 만한 단점인가?

스스로 깨달은 단점을 극복하기 위해 노력을 하고 있는가?

노력을 하고 있다면 어떤 노력을 하고 있는가?

합격비법 1 단점을 말한다

합격비법 2 단점이 작용한 상황을 간단히 설명

합격비법 3 단점을 극복하기 위한 본인의 노력 또는 단점을 극복하게 만든 깨달음을 준 상황 설명

✎ 문형 연습

I tend to think about negative feedback or expression of others overdramatically.

저는 상대방의 부정적인 피드백이나 표현 방식에 대해 너무 깊이 생각하는 경향이 있습니다.

활용하기

1. 저는 말을 느리게 하는 경향이 있습니다. (talk slow)

I tend to _____.

2. 저는 한 번에 많은 일을 하려는 경향이 있습니다. (at once, do something a lot)

I tend to _____.

상대의 반응에 민감한 편이다

저는 상대방의 부정적인 피드백이나 표현 방식에 대해 너무 깊이 생각하는 경향이 있습니다.

제가 만든 쿠키에 대한 친구의 반응이 기대에 미치지 않아 실망했던 적이 있습니다.

하지만 얼마 후 제가 만든 쿠키를 칭찬하는 친구의 이야기를 듣고 제가 친구의 피드백을 오해했을 수도 있다는 생각을 했습니다. 이후 저 역시 상대에게 피드백을 줄 때 좀 더 신경을 쓰게 됐고, 상대의 반응을 너무 민감하게 받아들이지 않으려 노력하고 있습니다.

I tend to think about negative feedback or expression of others overdramatically.

I have been disappointed at myself because the cookies I made were not as good as my friend expected.

But a little later, as I heard of a story from a friend who made a compliment on the cookies I made, I thought I might get feedback from the friend wrong. I have tried to be careful when giving feedback on someone and tried not to get other's feedback on me seriously.

 메모에 집착한다

저는 일과를 수첩에 메모하는 습관이 있는데, 이 메모에 너무 집착하는 경향이 있습니다.

한번은 수첩을 잃어버린 적이 있는데, 그때 스스로 정한 일과나 목표에 대해 써 둔 메모를 기억할 수가 없었습니다. 이 일로 제가 수첩에 기입한 메모 자체를 다짐이나 실천보다 더 중요하게 생각했다는 것을 알게 되었습니다.

이후 저는 수첩에 미래에 대한 목표뿐 아니라 오늘 하루를 반성하는 일기를 쓰면서 스스로 더 나은 사람이 되려고 노력하고 있습니다.

I usually write down daily schedules on a notebook but I tend to be obsessive on this note.

I have lost the schedule book of mine before and I realized I couldn't remember what I wrote down on it such as daily schedules, or future goals. I have realized that I am more focusing on what I took a note on than what I have to do myself.

Since then, I have been trying to become a better person by keeping a diary that reflects today as well as about future goals in my notebook.

정답   1. talk slow   2. do something a lot at once

prepare vs. be ready

'준비하다'를 영어로 옮기려 할 때 어떤 단어가 먼저 떠오르나요? prepare? be ready? 한국어로는 둘 다 '준비하다'가 되는데, 그렇다면 prepare와 be ready는 어떻게 다를까요?

영어 동사에는 상태를 나타내는 것과 동작을 설명하는 것이 있습니다. ready는 형용사이므로 be ready는 상태를, prepare는 동작을 표현합니다. 더불어 prepare는 사전에 체계적인 계획을 세워 준비하는 행위까지 아우르는 단어입니다. 따라서 prepare for는 '(무엇을) 체계적으로 준비하다'를 의미하는 것입니다.

예문을 통해 알아보겠습니다.

    a. **I have been preparing for this interview for two years.**
        저는 이 인터뷰를 위해 2년 동안 준비했습니다.

위 예문은 '이미 준비된 상태'가 아닌 인터뷰를 쭉 '대비'해 왔음을 말하고자 합니다. 그러므로 문맥상 prepare를 사용하는 게 맞습니다.

    b. **I'm so ready for this interview!**
        저는 이 인터뷰에 준비가 되어 있습니다.

반면 위 예문에서는 인터뷰 준비가 완료되어 바로 인터뷰에 응할 수 있다는, 화자의 상태를 보여 주고 있습니다. 이 경우 be ready가 보다 자연스럽습니다. 많은 한국어 화자에게서 '준비하다=prepare'를 무슨 공식처럼 여기는 경우를 보게 되는데, 위 문장처럼 공식이 딱 들어맞지 않을 때도 있으므로 문맥에 맞게 사용하는 연습이 필요하겠습니다. 일상생활이나 크게 격식이 요구되지 않는 환경에서는 get ready를 보다 자주 듣는 일이 많을 것입니다.

> prepare는 동작을 나타내며, '(무엇을) 체계적으로 준비하다'
> **I have been preparing for this interview for two years.**
> ready는 형용사이므로 be ready는 상태를 나타내는 표현
> **I'm so ready for this interview.**

Unit 2

나에 대해 이야기하기

4. What is your hobby?
   취미가 무엇입니까?

5. How do you handle your stress?
   스트레스를 어떻게 풉니까?

6. How do you keep yourself healthy?
   건강관리는 어떻게 합니까?

7. Tell me about your family.
   가족 소개를 해 보세요.

8. What is your life-time goal?
   인생관에 대해 말해 보세요.

4. What is your hobby?

취미가 무엇입니까?

What do you do when you have spare time?

Is there anything particular you're doing when you're free?

취미를 묻는 것은 지원자의 성향을 파악하기 위함입니다. 뭔가에 매력을 느끼고 스스로 원해서 일부러 시간을 들여 하는 것이 취미니만큼, 면접관은 이 질문을 통해 지원자가 무엇에 적극적인 태도를 보이는지 알 수 있습니다. 간혹 지원자의 긴장을 풀어 주기 위해, 보다 부드러운 면접 분위기를 만들기 위해 면접관이 활용하는 warm-up 질문이기도 합니다. 면접관의 배려가 담긴 질문이 될 수 있는 만큼 친근한 이미지로 답변을 이끌어 가는 태도 역시 중요한 질문입니다.

낮잠을 자거나 TV를 본다는 등, 너무 가벼워 보이거나 성의 없게 들리는 취미보다는 자신의 활발한 성격이 도움이 되거나 스트레스를 풀 수 있을 만큼 즐기는 취미를 선택합니다.

합격비법 1 취미 언급

합격비법 2 취미에 대한 부연

✎ 문형 연습

I usually go to a library when I have some free time.

저는 종종 시간이 나면 친구들과 동네 도서관에 갑니다.

활용하기

1. 저는 종종 수영을 합니다. (swimming)

   I usually go _____ .

2. 저는 종종 산에 오릅니다. (hiking)

   I usually go _____ .

친구들과 도서관에 간다

합격비법 1 저는 종종 시간이 나면 친구들과 동네 도서관에 갑니다.

합격비법 2 도서관에 가면 다양한 책을 읽을 수 있고, 자기계발을 위해 공부하는 사람들로부터 동기부여를 받습니다. 요즘같이 날씨가 더울 때 도서관에 가면 시원한 것도 정말 좋습니다. 특히 도서관 근처에는 운동기구도 비치돼 있어 친구들과 간단한 운동도 하면서 수다를 떨 수 있어 좋습니다.

합격비법 1 I usually go to a library when I have some free time.

합격비법 2 Libraries give me chances to read a variety of books and also I got motivated by people developing themselves at the library. When I go to the library in the hot weather like these days, I love I could stay cool in the library. I could even do some small exercises and have a small chat with friends because exercise facilities are equipped near the library.

 등산을 한다

합격비법 1 저는 작은 배낭을 메고 집 주변 산에 오릅니다.

합격비법 2 산을 오를 때는 숨이 차고 힘들기도 합니다. 그러나 산을 오를 때 음료도 마시고 음악을 들으며 즐깁니다. 친구들과 함께 갈 때면 혼자일 때보다 정상까지 가는 길이 훨씬 쉽게 느껴져 대개 친구들과 함께 등산 약속을 잡습니다. 정상에서 느끼는 시원한 바람과 멋진 경치는 다음 등산 때까지 제가 충분히 에너지를 충전할 수 있는 에너지원입니다.

합격비법 1 I go hiking with backpack near my place.

합격비법 2 I got a little tired and a little hard to catch my breath when going hiking. But I enjoy music and drink while going hiking. Because I feel a lot easy on the way to the top when I'm with friends, I usually ask friends to go hiking with me. The breezy air and scenic view at the top are my energy sources till next hiking.

정답   1. swimming   2. hiking

5. How do you handle your stress?

스트레스를 어떻게 풉니까?

What are some ways of your own to control stress?
Do you have your own method of managing stress?

스트레스를 잘 조절할 수 있는 사람은 자신의 감정을 잘 조절할 수 있으므로 화가 나는 상황에서도 본인의 감정 때문에 일을 그르치는 일이 적을 것입니다. 승무원은 동료, 승객과의 관계 속에서 직무를 수행하는 자리며, 전혀 의도하지 않은 상황 또는 예기치 않은 컴플레인을 다루어야 합니다. 이런 문제에 유연하게 대응하는 지원자임을 보여 주려면 스트레스를 현명하게 잘 해소하는 사람이라고 대답하는 것이 요령입니다.

합격비법 1 스트레스를 잘 받지는 않는 편이나 만약 스트레스를 받으면
합격비법 2 (스트레스 해소 방법 설명) ~를 합니다.

✎ __문형 연습__

I try to keep calm while listening to his piano melody and his music helps me get unstressed.

저는 그의 피아노 선율을 들으면 마음이 차분해지고 그 음악은 제가 스트레스를 해소하는 데 도움을 줍니다.

활용하기

1. 친구와의 수다는 스트레스를 해소하는 데 도움이 됩니다. (talking with friends)

   _____ helps me get unstressed.

2. 커피를 마시면 스트레스를 해소하는 데 도움이 됩니다. (drinking a coffee)

   _____ helps me get unstressed.

찬물을 마시거나 양치질을 한다

합격비법 1 저는 쉽게 스트레스를 받지 않지만 만약 스트레스를 받는 상황에 놓이면,

합격비법 2 찬물을 마시거나 거울을 보며 숨을 깊이 내쉽니다. 양치질을 하는 것도 종종 큰 도움이 됩니다. 그동안 스트레스를 받는 상황에서 벗어나 보다 유연한 사고를 할 수 있게 됩니다.

합격비법 1 I do not get stressed easily but if I get stressed out,

합격비법 2 I usually either drink a cup of cold water or breathe out looking into a mirror. Sometimes brushing teeth is helping me a lot, too. Those help me think flexibly freeing myself out of the stressful environment.

 ## 좋아하는 음악을 듣는다

합격비법 1 저는 스트레스를 자주 받는 사람이 아니지만 만약 스트레스를 받게 되면,

합격비법 2 휴대폰으로 제가 좋아하는 곡 'Rainbow Bridge'를 듣습니다. 작곡가 Steve Barakatt을 아시는지 모르겠네요. 저는 그의 피아노 선율을 들으면 마음이 차분해지고 그 음악은 제가 스트레스를 해소하는 데 도움을 줍니다.

합격비법 1 I do not get stressed frequently but if I get stressed out,

합격비법 2 I usually listen to 'Rainbow Bridge' which is my favorite song with cell phone. I don't know if you know the songwriter Steve Barakatt. I try to keep calm while listening to his piano melody and his music helps me get unstressed.

정답 1. Talking with friends   2. Drinking a coffee

6. How do you keep yourself healthy?

건강관리는 어떻게 합니까?

How do you try to stay healthy?

Do you have your own way to get yourself healthy?

승무원 업무는 스케줄 또는 비행 상황에 따라 당사자에게 신체적인 무리를 줄 수 있습니다. 또한 승무원 개인의 건강 상태를 배려해 스케줄을 조정하기 힘든 경우도 있으며, 이때는 본인의 상태가 다른 크루에게 피해를 줄 수 있습니다. 비행을 하다 보면 겪는 시차나 기착지 환경, 베이스가 외국인 경우 해당국의 날씨나 음식 등에 따라 건강을 관리하기 힘들어지기도 합니다. 건강 역시 지원자의 역량이 될 수 있는 만큼 스스로 건강관리에 신경 쓰고 있으며 승무원 직무를 수행하는 데 문제가 없음을 설득할 수 있어야 합니다. 생각보다 많은 현직 승무원이 건강 문제로 병가를 내거나 퇴사를 결심하기 때문입니다.

합격비법 1 충분히 건강함을 어필

합격비법 2 현재 건강한 증거와 건강 유지 비결 부연

✎ 문형 연습

Walking frequently makes me stay healthy and strong.

자주 걷다 보니 체력도 좋아지고 건강해지는 것을 느낍니다.

활용하기

1. 잘 먹다 보니 체력도 좋아지고 건강해지는 것을 느낍니다. (eating, well)

   _____ makes me stay healthy and strong.

2. 자주 조깅을 하다 보니 체력도 좋아지고 건강해지는 것을 느낍니다. (jogging, frequently)

   _____ makes me stay healthy and strong.

+ 같은 뜻 다른 표현

Walking frequently helps me keep healthy and strong.

자주 걷다 보니 체력도 좋아지고 건강해지는 것을 느낍니다.

걷기를 통해 건강을 유지한다

합격비법 1 저는 건강합니다.

합격비법 2 평소 걷기를 좋아해 대중교통을 이용할 때는 일부러 한두 정거장 앞서 내려 목적지까지 걸어 갑니다. 걷는 동안 음악도 듣고 커피를 마시며 주위를 둘러보기도 합니다. 자주 걷다 보니 체력도 좋아지고 건강해지는 것을 느낍니다.

합격비법 1 I'm healthy.

합격비법 2 Because I like to walk, I get off one or two stops ahead of the destination in order to walk when I use public transportation. While walking, I listen to music, drink a coffee or look around. Walking frequently makes me stay healthy and strong.

 배드민턴을 치며 건강관리를 한다 p.30 에피소드 4-1 활용

합격비법 1 저는 충분히 건강합니다.

합격비법 2 저는 배드민턴을 치다 보니 건강해졌습니다. 6개월 동안 배낭여행을 하며 느꼈던 궂은 날씨, 불편한 잠자리, 배고픔 등은 아무 문제가 되지 않았습니다. 어디를 가든 셔틀콕과 라켓을 챙겨 갈 정도로 공간만 충분하면 친구들과 배드민턴을 칩니다. 땀을 흘리고 나면 기분이 상쾌해지고 몸도 가벼워집니다.

합격비법 1 I'm healthy enough.

합격비법 2 I have played badminton and playing badminton makes me stay healthy. I didn't have any troubles with poor weather, uncomfortable accommodation, and hunger while backpacking for about 6 months. With some space where I can bring a shuttlecock and a racket, I play badminton with friends. When I work out, I feel much better and refreshed by sweating.

정답 1. Eating well   2. Jogging frequently

7. Tell me about your family.

가족 소개를 해 보세요.

Describe your family.
Could you tell us about your family?

면접관은 지원자의 가족 구성원에 대한 정보를 알고 싶어 질문하는 것이 아닙니다. 그러므로 가족 구성원의 나이, 직업, 사는 곳, 학교 등에 대해 언급하기보다 가족의 전체적인 분위기나 성향을 언급해 지원자가 그 안에서 어떤 긍정적인 영향을 받고 자랐으리라는 예측을 할 수 있는 단서가 되는 내용으로 답변을 구성하면 됩니다.

합격비법 1 가족 구성원의 수, 성향 언급
합격비법 2 가족의 성향, 분위기 부연

✎ 문형 연습

My parents tried to support me with experiences which could encourage me much.

부모님께서는 제가 많은 것을 경험할 수 있도록 도와주셨습니다.

활용하기

1. 부모님께서는 제가 어릴 때부터 해외 경험을 할 수 있도록 도와주셨습니다.

   (overseas experiences)

   My parents tried to support me with _____.

2. 할아버지께서는 저를 심적으로 지지해 주려 애쓰셨습니다.

   (my grandfather, his own inspiration)

   _____ tried to support me with _____.

사교적인 가족

합격비법 1　저희 가족은 부모님과 여동생, 저 이렇게 4명입니다. 저희는 항상 활기차고 수다가 끊이지 않는 집입니다.

합격비법 2　저희가 어릴 적부터 부모님은 친구를 초대하는 것을 좋아하셨습니다. 그래서 저는 자연스럽게 처음 만난 사람과도 잘 이야기합니다. 저희 부모님 연배인 분들과도 잘 이야기할 정도입니다. 이번 주말에도 아버지 친구분들과 함께 하는 저녁 식사 자리가 예정되어 있습니다.

합격비법 1　There are four members in my family: parents, a sister and me. We are always full of energy and fond of talking.

합격비법 2　My parents have liked to invite people over since I was young. So I get to like talking to others and even with people whom I just meet. I could talk to someone around my parents' age. I'm going to dinner which has been organized by my father and his friends this coming weekend.

 도전을 즐기는 가족

합격비법 1　저희 가족은 부모님과 저 이렇게 세 식구입니다.

합격비법 2　부모님께서는 제가 많은 것을 경험할 수 있도록 도와주셨습니다. 외아들인 제가 외롭고 소심하게 자랄 것을 걱정하셨기 때문입니다. 어렸을 때는 거의 주말마다 캠핑과 낚시를 다녔습니다. 저희 가족은 자전거로 제주도 일주까지 했습니다. 스노클링에서 번지점프까지 다양한 경험을 하며 가족과 함께 보냈기에 그 당시를 담은 사진 앨범이 10권도 넘게 있을 정도입니다.

합격비법 1　My family has three members: my parents and me.

합격비법 2　My parents tried to support me with experiences which could encourage me much. It is because they're concerned if I grew up a lonely and timid person because I am an only child. I went camping and fishing almost every weekend when I was young. I even did a bicycle trip to Jeju Island with my family. Also I did snorkeling and bungee-jumping with my family and took photos in the amount of 10 albums.

정답　1. overseas experiences　　　　2. My grandfather, his own inspiration

8. What is your life-time goal?

인생관에 대해 말해 보세요.

What is your ultimate goal for the rest of your life?
Could you tell us about your life-time goal?

인생관을 말하는 경우 대개 어떤 문장을 인용하거나 좋은 표현을 사용하게 됩니다. 하지만 이어지는 내용에 구체적인 설명이나 경험이 부연되지 않으면 이 답변은 의도적으로 만들어진, 답변을 위한 답변이라는 인상을 줄 수밖에 없습니다. 인생관을 표현하는 방식보다 뒤따르는 부연에 신경 써야 합니다.

합격비법 1 인생관
합격비법 2 그 인생관을 선택한 계기, 인생관에 대한 생각 등을 부연

✎ 문형 연습

I try to keep it mind that '**cherish every moment**'.
'매 순간을 소중히 여기자'는 생각을 항상 머릿속에 담고 있습니다.

활용하기

1. '무엇을 하든 최선을 다하자'는 생각을 항상 머릿속에 담고 있습니다.

   (do my best, whatever I do)

   I try to keep it mind that _____ .

2. '긍정적으로 생각하자'고 항상 머릿속에 담고 있습니다.

   (think, positive)

   I try to keep it mind that _____ .

+ 같은 뜻 다른 표현

I give a thought that '**cherish every moment!**'
'매 순간을 소중히 여기자'는 생각을 항상 머릿속에 담고 있습니다.

인생관

합격비법 1 '매 순간을 소중히 여기자'는 생각을 항상 머릿속에 담고 있습니다.

합격비법 2 한번은 아버지께서 현재를 즐겨야 한다고 말씀하신 적이 있습니다. 아버지는 자신의 20대와 30대를 인생을 즐기기보다 미래만 좇으며 보내셨다고 했습니다. 그래서 가끔 기억할 만한 추억이 없는 게 마음이 아프다고 하셨습니다. "현재 자신이 살고 있는 순간을 소중히 여긴다면 현재는 물론 미래도 행복해 진다." 아버지께서 제게 해주셨던 그 말씀이 제 인생관이 되었습니다.

합격비법 1 I try to keep it mind that 'cherish every moment'.

합격비법 2 My father once told me that I should enjoy the present. My father, as he said, spent his 20s and 30s preparing for the future to come instead of enjoying his life. It is sometimes painful that he doesn't have any memories to remember. "If you can always concentrate on the present, you'll be a happy person." What my father told me has been a motto for my life.

 인생관

합격비법 1 저는 '늘 마음에 여유를 갖자'는 인생관을 갖고 있습니다.

합격비법 2 학교며 아르바이트 등 바쁘게 살면서 마음의 여유가 없었던 적이 있습니다. 그러다 보니 목표한 것을 이루고도 기쁘지 않았습니다. 전국 배낭여행을 하면서 매일매일 순간을 더 즐기면서 살자고 다짐했습니다. 그런 마음을 먹게 된 뒤부터 마음도 편안해지고 보다 긍정적인 사람이 되었습니다.

합격비법 1 I have a motto that is 'Get relaxed all the time'.

합격비법 2 There used to be a time when I wasn't relaxed because I was busy in school and part-time jobs. So I realized I didn't even feel happy once the goal I had set for was accomplished. I decided to enjoy every moment and look around by backpacking all around the country. With the decision I made, I think I have become more positive and relaxed.

정답　1. whatever I do, do my best　　　　2. think positive

endure vs. bear vs. put up with

한국어에도 상기 단어들과 유사한 관계성을 보이는 예가 많습니다. 그 한 예로 '○○소음'을 들어 보죠. 보통의 한국어 화자라면 ○○에 넣을 단어로 1) 백색 2) 흰색이 주어졌을 때 별 고민 없이 1번 '백색'을 고를 것입니다. 백색과 흰색 간에는 어떤 의미적 차이도 없습니다. 이 경우 백색을 사용할 뿐입니다. 단어가 최종적으로 전달하는 바는 같아도, 문맥과 상황에 따라 사용하는 단어는 다른 것입니다. 그렇다면 '무언가를 견디다'를 표현할 때 쓰는 bear, endure, put up with 이들 세 단어를 사용하는 환경은 각각 어떻게 다를까요? 예문을 보겠습니다.

    a. **I can endure the difficulties caused by the weather when I have to go to Middle East.**

        저는 중동에 가면 날씨로 인해 야기될 어려움을 잘 견딜 수 있습니다.

의미상으로 bear, stand, endure, tolerate, put up with 모두 가능할 듯하나 가장 잘 어울리는 단어는 endure입니다. 상기 동사 모두 한영사전 '견디다' 항목에 들어 있지만 endure는 장기간에 걸친 곤란, 불행 등을 불평 없이 견딘다는 의미가 강합니다. bear는 일반적으로 무거운 것을 들거나 어려운 일을 참는 물리적인 힘을 강조합니다. 또 중압감을 견딘다는 뜻도 갖습니다. 이들 단어를 발음하기가 다소 어렵다면 put up with를 사용해도 좋습니다. put up with는 짜증이나 불쾌감을 유발하는 것을 묵묵히 참고 수용하는 상황을 말할 때 쓸 수 있습니다. 다음 예문을 봅시다.

    b. **Flight attendants must be able to bear physical difficulties due to jet lag or irregular schedules.**

        승무원은 시차 또는 불규칙한 스케줄로 인한 신체적인 어려움을 잘 견딜 수 있어야 합니다.

    c. **I had to put up with a poor working environment while working in a small service center.**

        저는 좁은 서비스 센터에서 일하면서 열악한 근무 환경을 견뎌야 했습니다.

'육체적 어려움'을 말하는 b에는 bear를, 불평의 뉘앙스가 담긴 c에는 put up with를 쓰는 게 문맥상 적합합니다.

    endure는 장기간에 걸친 곤란, 불행 등을 불평 없이 견디다

        I can endure the difficulties caused by the weather when I have to go to Middle East.

    bear는 무거운 것을 드는 상황이나 어려운 일을 참는다, 더불어 중압감을 견디다

        Flight attendants must be able to bear physical difficulties due to jet lag or irregular schedules.

    put up with는 짜증스럽거나 불쾌한 것을 불평 없이 참거나 수용하다

        I had to put up with a poor working environment while working in a small narrow service center.

Unit 3

지원 동기와 포부

9. Why do you want to become a flight attendant?
   왜 승무원이 되고 싶습니까?

10. Why do you apply for our company?
    왜 우리 회사에 지원했나요?

11. What kind of flight attendant would you like to be?
    어떤 승무원이 되고자 합니까?

12. How long would you like to work with us?
    얼마나 오랫동안 우리 회사에서 일하고 싶은가요?

13. Where do you see yourself after 10 years?
    10년 후 본인의 모습은 어떨까요?

9. Why do you want to become a flight attendant?

왜 승무원이 되고 싶습니까? (직무 지원 동기)

How come would you like to be a flight attendant?

Are there any specific reasons why you'd like to work as a flight attendant?

면접에서 면접관이 묻는 지원 동기에는 두 가지가 있습니다. 하나는 왜 승무원에 지원했는가, 다른 하나는 왜 우리 회사에 지원했느냐 입니다. 이 두 가지 동기를 면접관의 질문을 잘 듣고 구별해 대답해야 합니다. 왜 승무원이 되고 싶은지를 묻는 질문에 대한 가장 이상적인 답변은 '내가 이 일을 하고 싶고(want) 잘 할 수(can) 있기 때문이다'라고 말하는 것입니다. '하려는 의지(will)'는 면접 당일 면접실에서 스피치 매너, 자세, 아이 컨택, 태도, 그루밍(grooming 복장 및 헤어, 메이크업) 등으로 잘 드러낼 수 있을 것입니다. 그러므로 답변은 '잘 할 수 있다(can)'를 설득력 있게 보여 주는 것이 핵심입니다. 이런 설득력은 과거 '에피소드'를 들어 증거를 설명하는 것으로 얻어집니다. 면접관은 지원자의 과거에 관심이 많습니다. 과거 이야기를 들음으로써 지원자의 입사 후 역량을 가늠해 볼 수 있기 때문입니다.

○○항공사를 이용했을 때 본 승무원이 멋져 보여 지원했다거나 여행이 하고 싶어 지원했다는 식의 대답은 피하기 바랍니다. 답변의 주인공은 지원자 자신입니다. 본인이 경험한 다른 승무원에게 받은 서비스의 장점을 들어 그렇게 되고 싶다는 식의 대답은 일단 환상에 좌우된 현실적이지 못한 설명으로 들릴 수 있으며, 답변의 주인공은 '과거의 그 승무원'이 되므로 좋은 답변이라 할 수 없습니다. 또 여행을 목적으로 승무원이 되려 한다는 답변은 승무원의 임무인 서비스 제공 측면을 간과한 것이므로 프로페셔널하지 못합니다.

합격비법 1 적성과 잘 맞아 지원

합격비법 2 승무원 직무가 적성과 잘 맞음을 보여 주는 에피소드 부연

✎ 문형 연습

I realized that I would fit into the service field by many part-time job experiences.

다양한 아르바이트 경험을 통해 서비스직이 적성에 맞다는 것을 깨달았습니다.

활용하기

1. 해외 경험을 통해 서비스직이 적성에 맞다는 것을 깨달았습니다. (overseas experiences)

   I realized that I would fit into the service field by _____.

2. 승무원인 지인의 이야기를 통해 서비스직이 적성에 맞다는 것을 깨달았습니다.

(who is currently a flight attendant, a friend)

I realized that I would fit into the service field by _____

_____.

 ## 최고의 서비스인이 되고 싶어서 p.20 에피소드 2-7 활용

합격비법 1　승무원직은 제가 가장 잘 할 수 있는 일이기 때문에 지원하였습니다. 또한 제가 가장 즐길 수 있는 '최고의 서비스인'이 되고 싶습니다.

합격비법 2　저는 다양한 아르바이트 경험이 있습니다. 그중 커피숍에서 일했을 때 승무원을 목표로 하게 되었습니다. 그곳에서 일하던 당시 다양한 배경의 사람들을 만날 수 있었기 때문에 커피숍에서 일하는 시간이 즐거웠습니다. 하지만 제가 진정 보람을 느낀 것은 손님의 컴플레인을 해결해 드렸을 때입니다. "이렇게 맛없는 커피는 처음이야"라며 화를 내던 손님의 컴플레인에 당황한 일이 있습니다. 하지만 저는 손님이 원하는 커피를 만들어 드려야겠다는 강한 의지가 있었습니다. 취향을 여쭤보며 열 번 가까이 커피를 만들어 드렸습니다. 마침내 그분이 원하는 커피를 만들어 드렸고 "맛있다. 이 맛이다"라는 말씀에 오히려 제가 감동받기도 했습니다. 더불어 커피에 대해 더 공부해야겠다는 동기부여도 되었는데, 이는 결국 최고의 서비스를 제공하는 승무원이라는 직업에 대한 관심으로 이어졌습니다.

합격비법 1　I just wanted to apply for a flight attendant because that's what I could be good at. I also would like to be the 'best service provider' which I could enjoy.

합격비법 2　I have various part-time job experiences. While I was working at a coffee place, I decided to be a flight attendant. I enjoyed most time while working at the coffee place because I could get to meet many people with various backgrounds. The most impressive incident was when I took care of a customer's complaint. One of the customers said "This is the worst coffee I've ever had." and I got so embarrassed. But I was eager to serve him the right coffee he's looking for. I made over almost 10 different coffees asking him his own taste and at last I served him the right coffee. He said "It's good! exactly as I wanted!" and I've got touched by his saying. I also got motivated to learn more about coffee and interested in the career of cabin crew which provides the best-quality service.

아르바이트 경험을 통해 승무원에 대한 관심이 생겨서　　　　　　p.30 에피소드 4-1 활용

합격비법 1　저는 서비스직 아르바이트 경험을 통해 승무원이 되겠다는 결심을 하게 되었습니다.

합격비법 2　소집 해제 후 불투명한 미래와 직업에 대한 고민을 할 시간이 필요하다 느꼈고 세상을 알고 싶어 전국 배낭여행을 다녀온 적이 있습니다. 우리나라 곳곳을 돌아다니며 다양한 사람과 만나면서 세계에 대한 관심이 생겼습니다. 또한 다양한 아르바이트 경험을 통해 서비스직이 적성에 맞다는 것을 깨달았습니다. 이런 생각들이 쌓이고 쌓여 승무원이 되겠다는 목표를 세웠습니다.

합격비법 1　I have decided to be a flight attendant by doing part-time jobs in the service field.

합격비법 2　I did a backpacking tour after military service because I needed some quality time of my own to think about my future and jobs. While I was backpacking, I got to meet many people with different backgrounds and this got me interested in the world. I also realized that I would fit into the service field by many part-time job experiences. I have set a goal to be a flight attendant with these experiences of mine.

승무원에 맞는 적성과 강점을 지녔기 때문에

합격비법 1 승무원은 제 적성과 성격에 맞는 직업이라 생각해 지원하게 되었습니다.

합격비법 2 미래 직업에 대해 고민하던 시기, 우연히 승무원 관련 TV 다큐 프로그램을 보게 되었습니다. 그 속의 승무원은 생각보다 힘든 일을 하고 있었지만, 승무원 미소로 표현되는 프로페셔널함이 제 모습과 닮았다는 생각을 하였습니다. 저는 다양한 아르바이트를 하면서 동료뿐만 아니라 손님들에게서 "어쩌면 그렇게 항상 기분 좋은 미소를 지을 수 있느냐"는 말을 자주 들었기 때문입니다. 사람들을 만나며 힘들어 하기보다 그 일을 하며 즐기는 제 모습을 봤기에 다큐에서 본 승무원이라는 직업이 저에게 딱 맞는 일이라고 생각했습니다.

합격비법 1 Because I believe that flight attendant job is a career that matches my aptitude and personality, I have applied for the position.

합격비법 2 At the time I was seriously thinking about the job I would take for the future, I got to watch a TV program which was about flight attendants. The flight attendants at the TV program were doing a harder job than I thought but the professionality that could be expressed by smiles of the flight attendants looks like me. It is because that I got asked a question "How can you always smile making other people happy?" by coworkers and customers while working. Because I saw myself enjoying various part-time jobs rather than having difficulty in meeting other people, I believe that the flight attendant job which I watched in the documentary program would be the perfect job for me.

10. Why do you apply for our company?

왜 우리 회사에 지원했나요?

Could you tell us why you'd apply for this company?
Do you have any specific reasons why you'd apply for this company?

"왜 우리 회사인가"라는 질문 방향에 맞게 대답하려면 지원하는 회사에 대해 미리 공부해 둘 필요가 있습니다. 이때도 "귀사 항공편을 이용하고 받은 한 승무원의 서비스가 좋아서"라는 내용은 피하기 바랍니다. 이 답변은 특정 회사를 지원하는 동기가 되기에는 부족합니다. 답변에 항공사명을 굳이 드러내지 않아도 답변 내용을 통해 어떤 항공사를 지원했는지 알 수 있을 정도로 표현한다면 면접관은 면접에 대한 지원자의 준비 정도를 알 수 있고, 그에 따른 입사 의지를 느낄 것입니다. 지원자와 항공사를 어떻게 연결시킬지 고민해 보고 답변을 작성하도록 합니다. 지원자와 항공사를 연결하는 고리는 지원자의 성격, 역량이나 서비스 경험과 해당 회사의 인사 철학, 영업 철학, 마케팅 전략, 최신 뉴스, 대중이 갖는 이미지, 서비스 철학 등에서 찾을 수 있습니다.

합격비법 1 지원자와 회사의 연결 고리
합격비법 2 회사에 대한 구체적인 설명

✎ 문형 연습

The service that ○○ air provides encourages me to serve passengers enjoying with them.
○○항공 서비스는 제가 승무원이 되어서도 승객과 함께 즐기면서 서비스를 할 수 있으리라는 기대감을 심어 주기에 충분합니다.

활용하기

1. ○○항공 서비스는 제가 승무원이 되어서도 승객을 만족시킬 수 있는 서비스를 할 수 있으리라는 기대감을 심어 주기에 충분합니다. (to get satisfied, passengers)
   The service that ○○ air provides encourages me to serve _____.

2. ○○항공 서비스는 제가 승무원이 되어서도 감동을 주는 서비스를 할 수 있으리라는 기대감을 심어 주기에 충분합니다. (to give a strong impression, passengers)
   The service that ○○ air provides encourages me to serve _____
   _____.

정답   1. passengers to get satisfied   2. passengers to give a strong impression

지원 동기 1

합격비법 1 제주항공은 제가 생각하는 이상적인 서비스를 제공하며, 서로 소통하며 일할 수 있을 것이라고 믿기 때문에 지원하였습니다.

합격비법 2 저는 사람들과 어울리는 것을 좋아합니다. 저는 제주항공 승무원의 친근한 서비스가 SNS에서 이슈가 되는 것을 보고 저 또한 그런 서비스를 제공하는 승무원이 되고 싶다고 느꼈습니다. 저 역시 가위바위보 게임을 하거나 기내에서 악기를 연주하는 친근한 서비스를 제공하는 승무원이 되고 싶습니다. 제주항공 서비스는 제가 승무원이 되어서도 승객과 함께 즐기면서 서비스를 할 수 있으리라는 기대감을 심어 주기에 충분합니다. 국내 항공업계 최초로 귀사가 대한민국의 일하기 좋은 100대 기업에 선정되었다는 뉴스에 저절로 고개가 끄덕여졌습니다. 이러한 FUN & JOY 문화를 기반으로 한 제주항공과 함께 하고자 지원했습니다.

합격비법 1 I have applied for Jeju air which I think provides ideal services and also I believe that I could work communicating with others in Jeju air.

합격비법 2 I like to get along with other people. I'm aware of the fact that Jeju air goes viral on the social media with friendly services. I also wanted to be a flight attendant who would provide friendly services such as rock-paper-scissors game, playing musical instruments at the cabin. The service that Jeju air provides encourages me to serve passengers enjoying with them. I now agree with the news that Jeju air has been selected as one of the 100 work-friendly corporations for the first time in the Korean aviation industry. I would like to work with Jeju air which has a base of FUN & JOY.

 ## 지원 동기 2

합격비법 1 빠르게 발전 중인 카타르 항공과 함께 성장하고 싶기 때문입니다.

합격비법 2 카타르 항공은 세계에서 가장 빠르게 성장 중인 항공사로 유명합니다. 창립 이래 매년 30% 이상을 기록한 높은 성장률은 카타르 항공의 발전상을 증명하고 있습니다. 또 5성급 항공사로 높은 수준의 서비스와 최고의 승무원이라는 평가를 받는 항공사니만큼 저 역시 귀사의 일원이 되어 제 가치를 높이고 싶습니다. 귀사 같은 항공사에서 자부심을 느끼며 승무원으로 일하고 싶습니다.

합격비법 1 I would like to grow myself along with Qatar airways which has been rapidly developing.

합격비법 2 Qatar airways is well-known as one of the most rapidly growing airlines. It is proved that Qatar airways has been growing over 30% yearly since it's established. I would like to enhance the value of myself by joining your company because Qatar airways has been reported as five star-rated airline as well as best-service airline. I proudly want to join Qatar airways as a flight attendant.

11. What kind of flight attendant would you like to be?

어떤 승무원이 되고자 합니까?

Do you have any certain type of flight attendant you'd like to be later in mind?
I'd like to know if you're thinking of specific ways you'd be working as cabin crew.

면접관은 지원자가 이 직무를 선택해 지원하고 합격하기를 고대하는 만큼 지원자가 승무원이 된 자신의 모습을 상상해 보기도 하고 어떤 승무원이 되겠다는 목표를 세웠으리라 여깁니다. 스스로가 상상한 목표로 하는 승무원상을 솔직하게 표현합니다.

합격비법 1 자신이 그리는 승무원의 모습 언급
합격비법 2 그 모습에 대한 내용을 설명하며 마무리

🖉 문형 연습

I would like to be a flight attendant who can be credited for by the company.
회사로부터 인정받는 승무원이 되고 싶습니다.

활용하기

1. 승객에게 그들의 어머니와 같은 승무원이 되고 싶습니다.
   (be like their mother, to passengers)
   I would like to be a flight attendant who can _____.
2. 승객에게 기억에 남는 승무원이 되고 싶습니다.
   (be impressive, to passengers)
   I would like to be a flight attendant who can _____.

후배들에게 모범적인 선배 승무원이 되고 싶다

합격비법 1 후배 승무원들에게 따뜻한, 함께 비행하고 싶은 꼼꼼한 선배가 되고 싶습니다.

합격비법 2 안전 관리와 일처리에 있어서는 까다롭고 꼼꼼하지만 동료와 승객에게 따뜻한, 편하게 다가갈 수 있는 승무원으로 평가받고 싶습니다. 다른 승무원들의 본보기가 되도록 최고의 노력을 기울일 것이며, 함께 비행하고 싶은 승무원이 될 것입니다.

합격비법 1 I would like to be a role model who is precise and warm so other flight attendants would want to make a flight with.

합격비법 2 I hope to get evaluated to be a flight attendant who is strictly accurate on safety and at work but heart-warming and easy-going to coworkers and passengers. I'll try my best to be a flight attendant who could be a role model for other flight attendants and the one that others would like to fly with.

 회사에서 인정받는 승무원이 되고 싶다

합격비법 1 귀사 홈페이지 '이달의 승무원'이라는 코너에서 우수 승무원을 소개한 글을 본 적이 있습니다. 그렇게 회사로부터 인정받는 승무원이 되고 싶습니다.

합격비법 2 승객에게서 칭찬 레터를 받기도 하고 후배 승무원들이 존경하는 선배 승무원으로 선정되어야 이달의 승무원이 될 수 있는 것처럼, 저도 회사에서 인정받고 회사를 대표하는 승무원이 되고자 합니다.

합격비법 1 I have read an article about 'best flight attendant of the month' on your webpage. I would like to be a flight attendant who can be credited for by the company.

합격비법 2 As if I could get selected as a flight attendant of the month by receiving positive comments from passengers or by being selected as honorary flight attendant by junior crew members, I would like to be a flight attendant who achieves recognition.

정답   1. be like their mother to passengers   2. be impressive to passengers

12. How long would you like to work with us?

얼마나 오랫동안 우리 회사에서 일하고 싶은가요?

How long do you think you could work with us?

Have you thought how long you could work as a flight attendant?

회사 입장에서는 비용을 투자해 선택한 지원자가 회사 승무원이 되면 장기근속 하며 열심히 일해 주기를 바랍니다. 많은 지원자들이 가능한 한 오래, 10년 등의 표현으로 장기근속 의지를 보여 주고 있습니다. 그런 표현과 더불어 구체적인 설득을 더하면 답변에 힘이 실립니다.

합격비법 1 장기근속 의지 표현

합격비법 2 부연하며 마무리

✎ 문형 연습

I think I should make a flight over 10 years of minimum **in order to** achieve the goal I have set for.

제 목표를 이루기 위해 저는 최소 10년은 비행해야 한다고 생각합니다.

활용하기

1. 도움이 되는 경험을 습득하기 위해 가능한 한 오래 비행해야 한다고 생각합니다.

   (acquire useful experiences, as much as possible)

   I think I should make a flight _____ in order to

   _____.

2. 승무원이라는 직무를 온전히 이해하기 위해 저는 최소 10년은 비행해야 한다고 생각합니다.

   (fully understand the job of flight attendant, 10 years of minimum)

   I think I should make a flight over _____ in order to

   _____.

전문가가 되기 위한 10년의 경력

합격비법 1 제 목표를 이루기 위해 저는 최소 10년은 비행해야 한다고 생각합니다.

합격비법 2 저는 승무원이 되어 서비스 분야에 능통한 전문가가 되고 싶습니다. 기내에서 그 어떤 상황에서도 답을 줄 수 있고, 사내 컴플레인 응대 교육 매뉴얼을 만들 수 있는 능력을 갖추고 싶습니다. 그런 전문가가 되려면 최소 10년의 경력은 필요하다고 보고 있습니다.

합격비법 1 I think I should make a flight over 10 years of minimum in order to achieve the goal I have set for.

합격비법 2 I would like to be a professional who proficiently provides the best service as a flight attendant. I also would like to give any answers in any cabin situations, and get competent in making the cabin service manuals. In order to be a professional like that, I think the minimum 10 years of experiences should be required.

 10년 이상의 장기근속을 통해 끊임없는 배움을 실천

합격비법 1 저는 가능한 한 오래 비행하고 싶습니다.

합격비법 2 한 회사에서 20년을 몸담고 계시는 제 아버지는 아직도 일에서 배우는 게 많다고 하십니다. 아버지처럼 저도 장기근속을 하고 싶습니다.

합격비법 1 I would like to fly as long as I could.

합격비법 2 My father who's been working over 20 years at the same company told me that he has still so many things to learn from his work. I would like to work long-term like my father.

정답   1. as much as possible, acquire useful experiences
      2. 10 years of minimum, fully understand the job of flight attendant

13. Where do you see yourself after 10 years?

10년 후 본인의 모습은 어떨까요?

What would you be in 10 years from now?
Have you ever thought of yourself in 10 years?

10년 후 앞으로의 모습을 묻는 이 질문에는, 승무원을 뽑는 면접장이니만큼 승무원 직무에서 벗어나지 않는 답변이 따라야 하는 점을 명심합니다. 미래의 자신의 모습이나 미래의 목표에 대해 자신 있게 구체적으로 말할 수 있는 지원자는 그렇지 않은 지원자에 비해 장기근속 가능성이 높다고 여겨질 수 있습니다. 미래에 대한 계획이 있다는 것은, 없는 사람과 비교할 때 직무를 수행하며 맞닥뜨리게 될 난관을 다루는 데 있어 본인의 목표를 이루려는 의지를 바탕으로 어려움을 극복할 수 있으리라는 가능성을 시사합니다. 미래에 대한 구체적인 계획이 없다면 꼭 생각해 보기 바랍니다. 이는 자신을 발전시킬 수 있는 꾸준한 노력을 아끼지 않게 하는 원동력이 될 수 있습니다.

합격비법 1 10년 후의 자신에 대해 언급
합격비법 2 언급한 모습에 대해 상세히 설명하며 마무리

✎ 문형 연습

I think I will be a flight attendant who is busy flying and training in 10 years.

10년 후 저는 비행과 훈련 교육이라는 바쁜 스케줄을 소화하는 승무원이 되어 있으리라 생각합니다.

활용하기

1. 10년의 비행 경험을 책으로 출간한 승무원이 되어 있으리라 생각합니다.

   (publishing books, with 10 years of flight experience)

   I think I will be a flight attendant who is _____

   _____.

2. 10년 후 저는 우리 항공사의 기내 서비스를 평가하고 개발하는 승무원이 되어 있으리라 생각합니다.

   (the in-flight service of this company, developing and evaluating, in 10 years)

   I think I will be a flight attendant who is _____

   _____.

후배들의 존경을 한 몸에 받는 선임 승무원

합격비법 1 얼마 전 면접 준비를 하다가 10년 후의 저에 대해 상상한 일이 있습니다. 제가 리드하는 브리핑에서 후배 승무원들의 존경의 눈빛을 받는 모습입니다.

합격비법 2 저는 승무원으로서 동료들의 귀감이 되고, 기내를 살피고 예상치 못한 상황에서도 능숙하고 현명한 답을 줄 것입니다. 이런 모습을 10년 후 반드시 현실로 만들고 싶습니다.

합격비법 1 I have imagined 10 years later from now as I was preparing for an interview. I was picturing myself leading a meeting, and other junior crew members are admiring me at the meeting.

합격비법 2 As a flight attendant, I would be set an example for other flight attendants, check out what's going on in the cabin, and proficiently give wise answers even at unexpected circumstances. I would like to make this happen in 10 years.

 비행과 훈련 교육을 담당하는 승무원

합격비법 1 10년 후 저는 비행과 훈련 교육이라는 바쁜 스케줄을 소화하는 승무원이 되어 있으리라 생각합니다.

합격비법 2 신입 승무원 채용에 참여하고 이들을 교육하며 그들에게 제 비행 이야기를 들려주고 싶습니다. 오늘 이 면접 경험도 후배에게 이야기하고 있을 것입니다.

합격비법 1 I think I will be a flight attendant who is busy flying and training in 10 years.

합격비법 2 I also would like to take part in recruiting entry-level flight attendants and share my own stories with them. I will be talking about interview today to junior crew members.

정답 1. publishing books with 10 years of flight experience
2. developing and evaluating the in-flight service of this company in 10 years

respect vs. admire

"저는 부모님을 가장 존경합니다", "저는 이순신 장군을 가장 존경합니다". 면접장에서 자주 나올 법한 대답입니다. 영어로는 어떻게 옮겨야 할까요? 'I respect General Yi.' 가장 먼저 머리에 떠오르는 표현일 것입니다. 물론 틀렸다고 보기는 어렵지만 두 단어의 미묘한 차이를 안다면 다른 선택을 할 수도 있을 것입니다. 동사 admire는 누군가가 한 일, 업적, 성취 등에 대해 존경을 표할 때 씁니다. 따라서 admire에는 respect가 전제조건(precondition)으로 따라 붙는 것입니다. 한국어로 바꿀 때 respect는 존중, admire는 존경에 보다 가깝지 않나 생각됩니다. 상대를 존중해야 존경심도 나올 테지요. 예문을 보겠습니다.

- a. I totally **respect** your opinion.
  저는 당신의 의견을 전적으로 존중합니다.

- b. I **admire** General Yi the most.
  저는 이순신 장군을 가장 존경합니다.

a 예문은 '존중'을 보여 준다는 의미가 강하므로 respect를 써야 문맥에 맞습니다. 반면 b 예문은 이순신 장군의 업적이나 성취를 바탕으로 그분을 본받고 싶다는 뜻이니 admire가 더 적합하겠습니다. 하지만 admire나 respect 모두 '존경'의 의미를 내포하는 것은 분명하므로 '나는 이순신 장군을 존경한다'를 영어로 옮길 때, '존중'의 의미를 강조하고 싶다면 respect를, 업적을 '존경'하는 데 무게를 두겠다면 admire를 쓰면 되겠습니다. 두 단어를 구별해 면접에서 활용 가능한 표현을 만들어 봅시다.

I would like to be a flight attendant who is admired by juniors and respects juniors.
저는 후배에게 존경받는 승무원이자 후배를 존중하는 승무원이 되고 싶습니다.

'존중'을 강조하고 싶다면
　　I totally **respect** your opinion.
'존경'을 강조하고 싶다면
　　I **admire** General Yi the most.

Unit 4

승무원 직무에 대한 이해와 자질

14. What do you know about this job?
    승무원이라는 직업에 대해 무엇을 알고 있습니까?

15. What do you think are the good parts in working as a flight attendant?
    승무원으로 일할 때 좋은 점은 무엇이라고 생각합니까?

16. What do you think are the bad parts in working as a flight attendant?
    승무원으로 일할 때 나쁜 점은 무엇이라고 생각합니까?

17. I cannot find any service job experiences in your resume.
    How do you assure that you can carry out this job well?
    서비스 부문 경험이 없는데 승무원 업무를 잘 수행할 수 있을지 알고 싶습니다.

18. Why should we hire you?
    우리가 왜 당신을 뽑아야 할까요?

19. Tell me your qualifications working as a flight attendant.
    승무원 업무에 도움이 될 본인의 자질을 말해 보세요.

20. Have you worked as a team?
    팀으로 일해 본 경험이 있습니까?

21. You look a little bit weak. I wonder whether you work well.
    다소 약해 보이는데, 본인이 비행을 잘할 수 있을지 의문입니다.

14. What do you know about this job?

승무원이라는 직업에 대해 무엇을 알고 있습니까?

Are you well-informed of this job? If so, how much informed are you?
Tell us what you're aware of this job.

지원자가 지원하는 직무를 제대로 알고 있는지 파악하기 위한 질문입니다. 간혹 승무원이라는 직업에 대한 환상을 품고 직무 자체에 대한 이해가 부족한 상태로 무작정 지원하는 지원자가 있습니다. 직무의 성격에 대해 스스로 파악하고 본인의 적성을 고려한 뒤 다음의 과정을 밟도록 합니다.

 **합격비법 1** 승무원 직무에 대해 알고 있는 내용 언급

 **합격비법 2** 해당 내용을 알게 된 계기 또는 이 직업이 지닌 현실적인 면을 이미 잘 파악하고 있다는
부가적인 설명으로 마무리

✎ 문형 연습

Flight attendants are responsible for taking care of passengers' safety and
services at the cabin.

승무원은 기내에서 승객의 안전과 서비스를 책임지는 직업입니다.

활용하기

1. 승무원은 승객을 기분 좋은 상태로 도착지까지 책임지는 직업입니다.

   (making passengers stay in good condition, to the final destination)

   Flight attendants are responsible for _____

   _____.

2. 승무원은 항공사의 이미지를 책임지는 직업입니다.

   (the image of their company)

   Flight attendants are responsible for _____.

 ## 승객의 안전과 서비스를 책임지는 직업

합격비법 1 승무원은 기내에서 승객의 안전과 서비스를 책임지는 직업입니다.

합격비법 2 투철한 안전 의식을 바탕으로 동료와의 팀워크로 승객에게 서비스하는 승무원에게는 책임
감, 협동심, 서비스 마인드가 필요합니다. 가장 친한 친구가 현재 승무원인데 그 친구는 제게 승무원은 생

각보다 더 힘든 직업이라고 했습니다. 그러면서도 그 친구는 이 일이 할 만한 가치가 있는 직업이기 때문에 승무원으로서 함께 비행하고 싶다는 말을 자주 합니다. 중요한 역할을 해내며 자긍심을 느낄 수 있는 일이라고 생각합니다.

합격비법 1 Flight attendants are responsible for taking care of passengers' safety and services at the cabin.

합격비법 2 Flight attendants who are based on a strong sense of safety are in need of responsibility, cooperation, and service mind because they provide service by working with other flight attendants. My best friend who is currently working as a flight attendant told me that a flight attendant is a harder job than I would think. She often tells me that she wants to fly with me as a flight attendant because it's a job worth working for. I think I would take pride in playing a major role.

 ### 투철한 서비스 정신과 커뮤니케이션 스킬이 필요한 직업

합격비법 1 승무원이란 투철한 서비스 정신과 커뮤니케이션 스킬이 필요한 직업이라는 것을 알고 있습니다.

합격비법 2 최근 승무원 업무를 현실적으로 조명한 TV 프로그램을 보게 됐습니다. 승무원은 승객의 편안하고 안락한 비행을 위해 기내 곳곳에서 쉴 새 없이 움직여야 했습니다. 특히 다양한 승객에게 서비스하며 다양한 동료와 일해야 하는 직업이기에 투철한 서비스 정신과 커뮤니케이션 스킬은 필수라는 한 승무원의 인터뷰가 기억납니다. 그녀의 인터뷰 속 이야기와 그녀가 일을 즐기는 모습이 크게 인상에 남았습니다.

합격비법 1 I'm fully aware of the fact that a flight attendant is in need of communication skills and a spirit of service.

합격비법 2 I have watched a TV program which was about a flight attendant job in reality. Flight attendants were constantly moving around in order to provide passengers with safety and comfort. One of the flight attendants interviewed that a spirit of service and communication skills are required because they are supposed to serve passengers with various backgrounds and work with many other coworkers. The stories in her interview and how she enjoyed her work was quite impressive.

정답 1. making passengers stay in good condition to the final destination
2. the image of their company

15. What do you think are the good parts in working as a flight attendant?

승무원으로 일할 때 좋은 점은 무엇이라고 생각합니까?

Have you considered positive parts of cabin crew? If you have, what are those?
What are the positive parts of cabin crew?

승무원의 어떤 면을 지원자가 즐기고 본인의 적성과 맞다고 여기는지 설명해 그런 장점을 통해 지원자가 직무를 수행하며 겪을 어려움을 극복할 수 있다는 가능성을 보여 줄 답변을 준비합니다. 여행을 하고 싶어서, 유니폼이 멋져서 등 프로답지 못한 답변은 피하고 승무원이 되면 실제 그 직무를 수행하며 느끼게 될, 배우게 될 점으로부터 긍정적인 내용을 끌어내면 면접관에게 호감을 얻는 답변이 될 수 있습니다.

합격비법 1 승무원 직무에 있어 긍정적인 면 표현

합격비법 2 긍정적인 면을 나와 연결해 표현하며 마무리

✎ 문형 연습

This is the job that can give me a chance to visit many cities at the globe that
I really liked when I was young.

어려서 제가 정말 좋아했던 지구본의 많은 도시들을 방문할 수 있는 기회를 줄 직업입니다.

활용하기

1. 제 스스로 즐길 수 있는 기회를 줄 직업입니다. (enjoy myself)

   This is the job that can give me a chance to _____.

2. 문화 체험과 일을 동시에 할 수 있는 기회를 줄 직업입니다.

   (at the same time, work and experience culture)

   This is the job that can give me a chance to _____.

꾸준한 자기 개선의 의지를 부여해 줄 직업

p.20 에피소드 2-6 활용

합격비법 1 승무원이 되면 제가 목표로 한 모습에 도달할 수 있으리란 점이 가장 큰 장점이라고 생각합니다.

합격비법 2 공항에서 통역 아르바이트를 할 때 만난 선배의 모습이 제게는 신선한 충격이었습니다. 그의 미소, 목소리 그리고 긍정적인 분위기는 제가 줄곧 되고 싶어 한 모습이었기 때문입니다. 승무원이 되어 체계적인 교육을 받고 훌륭한 서비스인이 된 모습을 상상하니 자부심이 생깁니다.

합격비법 1 I think the strongest advantage of being a flight attendant is to reach the goal I have set for.

합격비법 2 The acquaintance of mine that I have met when I was working as a translator at the airport impressed me so much. It was because her smile, a tone of voice and positive atmosphere she's with are the things that I always wanted to have. I would feel proud of myself when I think of me who got professionally trained to be a good service provider.

 ## 다양한 경험을 선사해 줄 직업

합격비법 1 승무원은 기내에서든 비행 목적지에서든 다양한 경험과 추억을 만들 수 있는 직업이란 점이 저를 설레게 합니다.

합격비법 2 아마도 기내에서 승객과 동료와 함께 힘든 일을 겪기도 할 것입니다. 하지만 승무원으로 일하면서 다양한 목적지에서의 색다른 경험과 추억을 만들며 더 나은 사람으로 거듭날 기회를 가질 수 있다고 생각합니다. 어려서 제가 정말 좋아했던 지구본의 많은 도시들을 방문할 수 있는 기회를 줄 직업입니다.

합격비법 1 The fact that flight attendants can have many different experiences and memories at the cabin or destination got me excited.

합격비법 2 Perhaps I would be able to experience difficult situations related to passengers or coworkers. Additionally, I would get a chance to be a better person as well as to have unusual experiences and memories at different destinations by working as a flight attendant. This is the job that can give me a chance to visit many cities at the globe that I really liked when I was young.

정답   1. enjoy myself   2. work and experience culture at the same time

16. What do you think are the bad parts in working as a flight attendant?

승무원으로 일할 때 나쁜 점은 무엇이라고 생각합니까?

What do you think are the negative parts of being cabin crew?

Tell us any negative parts of cabin crew if you've ever considered.

단정한 인상과 깔끔한 유니폼, 호감 가는 매너를 갖춘 승무원의 겉모습만 보고 이 직업을 다 알았다고 여기는 지원자가 아니라, 실제 승무원은 어떤 직무를 수행하고 어떠한 어려움을 겪는지 알고 이 점과 본인 적성을 고려해 판단을 내린 지원자임을 보여 주어야 합니다. 누구든 수긍할 만한 긍정적인 사실을 강조하기는 쉽지만 이 직업의 부정적인 면으로 간주되는 점을 언급하며 본인은 이런 부분까지도 수긍할 수 있는 지원자고, 이를 어떻게 극복할지 그 방법 또한 아는 사람으로서 힘든 점은 문제가 되지 않음을 보여 주도록 합니다.

합격비법 1 승무원 직무에 있어 부정적인 면 언급

합격비법 2 나의 극복 방법 또는 이를 극복하게 하는 나만의 역량을 드러내며 마무리

✎ **문형 연습**

One of the negative sides would be that they're always supposed to smile and be kind to others.

항상 웃고 타인에게 친절해야 하는 점이 부정적인 면입니다.

활용하기

1. 자신의 부정적인 감정을 감추어야하는 점이 부정적인 면입니다.

   (your negative emotions, disguise)

   One of the negative sides would be that they're supposed to _____

   _____ .

2. 타인의 감정이 우선시되어야 하는 점이 부정적인 면입니다.

   (put, others' feelings ahead)

   One of the negative sides would be that they're supposed to _____

   _____ .

기내라는 특수한 공간에서 강한 체력을 바탕으로 강도 높은 컴플레인을 다루는 직업

합격비법 1 단점 없는 직업이란 없다고 생각합니다. 승무원에게는 기내라는 특수한 공간, 체력을 요하는 업무 방식, 강도 높은 컴플레인 등이 힘들다고 볼 수 있는 부분일 것입니다.

합격비법 2 처음에는 이 같은 어려운 점들을 견딜 수 있을지 고민이 되기도 했습니다. 승무원인 제 친구에게 이에 대한 조언을 구하기도 했는데, 다양한 아르바이트를 거치는 과정에서 이런 단점은 모두 제가 어떻게 일을 대하느냐에 따라 단점이 되지 않을 수도 있음을 깨달았습니다. 저는 체력을 키우고 긍정적이 되려고 노력하는 것이 프로가 되는 길이라는 것을 알게 되었습니다. 제게는 승무원 직무의 단점에 대한 큰 걱정은 없습니다.

합격비법 1 I believe that there would be no jobs with no disadvantages. The hard parts of being a flight attendant would be: work environment which is in a cabin, ways of working which needs strong physical condition, and harsh complaints which would be by passengers.

합격비법 2 I have to say that I was concerned if I could bear all of these difficulties. I asked for an advice to my friend who is a flight attendant. While I was doing a variety of part-time jobs, I realized that these difficulties couldn't be any troubles depending on how I deal with the situations. I also get to know that I should get stronger physically and try to take care of tasks in a positive way in order to be a professional. I don't have any concerns on weak points of being a flight attendant.

 자신의 기분을 감추어야 하는 점

합격비법 1 항상 웃고 타인에게 친절해야 하는 점이 부정적인 면입니다.

합격비법 2 승무원은 수준 높은 서비스를 제공하는 직업이라 여겨지기 때문에 대부분의 사람에게 그 이상의 기대를 충족시켜야 합니다. 따라서 승무원은 그들의 감정을 드러내 승객을 불편하게 해서는 안 될뿐더러 이는 동료에게도 동일하게 적용됩니다. 일에서 받는 스트레스를 취미 생활을 하면서 풀 수 있기 때문에 제게 이런 부정적인 면은 큰 문제가 되지 않으리라 생각합니다.

합격비법 1 One of the negative sides would be that they're always supposed to smile and be kind to others.

합격비법 2 Because it is regarded that flight attendants would provide high-quality service, they should fulfill other's expectations. Flight attendants are not supposed to make passengers or coworkers uncomfortable by expressing how they feel. I think these negative aspects wouldn't be an issue because I could get rid of stress from the work by doing what I like.

정답   1. disguise your negative emotions   2. put others' feelings ahead

17. I cannot find any service job experiences in your resume. How do you assure that you can carry out this job well?

서비스 부문 경험이 없는데 승무원 업무를 잘 수행할 수 있을지 알고 싶습니다.

How would you carry out this job with no experience in the service field?
According to your resume, I don't see any work experience in service field.
Do you think you can do this well?

서비스 부문 경험은 승무원 직무를 이해하고 기내에서 겪을지도 모를 뜻밖의 상황에 대처하는 데 도움을 줄 수 있습니다. 지원자의 다양한 경험은 면접관으로 하여금 지원자의 직무 수행 능력을 높게 평가할 수 있도록 설득력을 부여하지만, 그런 경험이 없다면 면접관은 과연 지원자가 서비스 업무에 잘 맞을지, 직무를 제대로 수행할 수 있을지 의문을 갖게 됩니다. 서비스직 경험이 전무하다면 반드시 이를 대체할 수 있는 경험을 언급해 서비스 업무와 관련된 본인의 역량을 보여 주어야 합니다.

합격비법 1 잘 수행할 수 있음을 강조

합격비법 2 비록 서비스 관련 경험은 없지만 + 대체할 만한 경험을 들어 (서비스직과 관련된) 역량을 강조하며 마무리

✏️ 문형 연습

I am certainly sure that I can do what flight attendants have to do.

저는 승무원 업무를 잘 해낼 수 있다는 확신이 있습니다.

활용하기

1. 귀사에 헌신하는 승무원이 되리라는 확신이 있습니다.

   (to your company, be a flight attendant who can devote myself)

   I am certainly sure that I can _____.

2. 팀 내에서 잘 적응하리라는 확신이 있습니다. (adapt myself well, in a team)

   I am certainly sure that I can _____.

정답 1. be a flight attendant who can devote myself to your company
       2. adapt myself well in a team

서비스 업무 경험에 비견될 다양한 경험

합격비법 1 네. 저는 승무원 업무를 잘 해낼 수 있다는 확신이 있습니다.

합격비법 2 이력서를 보시면 제게 특별한 서비스 경력은 없습니다만, 제 다양한 경험은 승무원 경력에 기본이 될 서비스 부문 경험과 견주어 전혀 부족함이 없다고 생각합니다. 저는 사무직에서는 꼼꼼함과 융통성을, 조명업체에서는 체력과 끈기를 익혔으며, 외국에서 청소 아르바이트를 하며 영어 공부에 대한 동기 부여와 책임감을 배웠습니다. 이러한 제 역량에 승무원 업무를 통해 얻을 서비스 경험을 더해 귀사의 인재가 될 수 있도록 노력하겠습니다.

합격비법 1 Yes, I am certainly sure that I can do what flight attendants have to do.

합격비법 2 As you'd read my resume which shows I have no service experiences at all, I think what I have experienced was not less than the service field experiences which are assumed to be fundamental for flight attendants. I have learned accuracy and flexibility at the office job, physical strength and patience at the lighting company and motivation to learn English and responsibility at the cleaning job while I was staying abroad. With this competence and service experiences which I would get through flight attendant work, I'll try to be an outstanding flight attendant for your company.

서비스 경험보다 값진 눈치와 센스

합격비법 1 네. 잘할 수 있습니다. 서비스 경험은 없지만 저는 눈치와 센스를 겸비한 지원자입니다.

합격비법 2 제 주변에는 항상 친구가 많은데 친구들이 제게 '센스쟁이'라는 별명을 붙여 주었습니다. 친구들이 센스 있는 제 행동들, 예를 들어 자기 물건을 잘 잃어버리는 친구의 물건을 옆에서 잊지 않도록 알려 주거나 더운 여름 친구의 부채까지 준비해 주는 그런 제 모습을 보고 붙여 준 별명입니다. 일을 하는 동안에도 동료나 승객에게 이런 제 능력을 활용한다면 서비스 경험보다 값진 장점으로 작용할 수 있다고 생각합니다.

합격비법 1 Yes, I can do it well. I haven't worked in the service field but I think I am pretty quick-witted.

합격비법 2 I have many friends around me all the time and I was nicknamed as 'witty man' by them. They nicknamed me like that because I am sensible, for example, I took good care of a friend who lost his stuff or I got fans ready for me as well as friends when it's a hot summer day. I believe that my advantages could be better than other service experiences if I make use of my advantages for helping coworkers and passengers.

18. Why should we hire you?

우리가 왜 당신을 뽑아야 할까요?

Do we have to hire you? If you agree, why?

Tell us why we should hire you.

자신의 '장점' 특히 '업무와 직접적으로 관련된 역량'을 설명해 보라는 의도를 내포한 질문입니다. 장점을 드러내고 '나는 회사에서 필요로 하는 인재이므로 꼭 선택되어야 한다'는 당위성을 전달할 수 있어야 합니다. 면접에서는 본인의 장점을 얼마나 잘 그리고 설득력 있게 보여 주느냐가 관건이므로 자신의 여러 장점을 설득력을 부여할 에피소드와 함께 정리해 두도록 합니다. '자기소개', '장점' 답변에서 언급하지 않은 '또 다른 장점' 특히 업무 경험 에피소드를 통해 장점을 들어 답변을 구성합니다.

합격비법 1 본인의 장점 강조

합격비법 2 장점과 관련된 에피소드와 승무원 자질을 연결

합격비법 3 마무리

✎ 문형 연습

I hope to have an opportunity to prove my competency as a flight attendant.

저는 이런 제 역량을 승무원으로서 발휘할 기회를 원합니다.

활용하기

1. 저의 장점을 승무원으로서 인정받을 수 있는 기회를 원합니다.

   (as a flight attendant, be credited for my strengths)

   I hope to have an opportunity to _____.

2. 저의 어학 실력을 승무원으로서 발휘할 기회를 원합니다.

   (prove my language skills, as a flight attendant)

   I hope to have an opportunity to _____.

+ 같은 뜻 다른 표현

I would like to have a chance to prove my competency as a flight attendant.

저는 이런 제 역량을 승무원으로서 발휘할 기회를 원합니다.

승무원이 되기 위해 체계적인 준비를 한 지원자 p.22, 23 에피소드 4-3, 6-2 활용

합격비법 1 저는 승무원이라는 직업을 갖기 위해 강한 의지로 취업에 대한 체계적인 준비를 해 왔기 때문입니다.

합격비법 2 첫째, 저는 승무원 직무에 필요한 어학 능력을 높이고자 교환학생에 지원하며 준비했습니다. 아르바이트 업무와 경쟁이 높은 교환학생 지원을 병행하는 것은 쉬운 일이 아니었습니다. 하지만 승무원이 되고자 하는 의지가 있었기에 시간을 효율적으로 쪼개 쓰고 잠을 줄여 가며 애쓴 끝에 캐나다 단기 연수생으로 선발될 수 있었습니다. 둘째, 서비스 매너를 익히고자 학교에서 진행된 서비스 매너 수업을 들었습니다.

합격비법 3 이러한 저의 이 직업에 대한 의지와 이를 이루려는 노력은 제가 귀사의 승무원으로 뽑힐 충분한 이유가 된다고 생각합니다

합격비법 1 I have been systematically preparing for a cabin crew position with a strong will.

합격비법 2 Firstly, I have applied for an exchange student in order to improve language skill which is necessary for a flight attendant. It was not easy at all for me to do a part-time job and get ready for applying for an exchange student program at the same time. At last I got accepted in a short-term training program in Canada by spending time efficiently and reducing hours to sleep with a will to be a flight attendant. Secondly, I took a service manner class at a college in order to learn service manner.

합격비법 3 I think my willingness to this job and the effort to achieve it could be the reasons why I should be chosen as your member of crew team.

정답 1. be credited for my strengths as a flight attendant   2. prove my language skills as a flight attendant

그 누구보다 강한 책임감과 적극성을 지닌 지원자 p.28 에피소드 2-2,3 활용

합격비법 1 저는 회사에 도움이 될 수 있도록 생각하는 책임감과 적극성을 지닌 지원자입니다.

합격비법 2 다양한 아르바이트 경험은 다른 지원자들에게도 있을 겁니다. 하지만 제게는 일을 하며 손님을 감동시킨 경험은 물론 회사 수익과 관련해 적극적인 아이디어를 낸 경험이 있습니다. 레스토랑에서는 아기와 함께 온 손님을 배려해 냅킨을 접어 아기를 위한 턱받이로 만들어 드렸더니 그 손님이 감동하셨다며 단골이 되셨습니다. 또한 햄버거 가게에서는 여성 손님이 선호하는 야채 패티를 만들어 보자는 아이디어를 내 평소보다 20% 이상의 수익을 내는 데 기여하기도 했습니다.

합격비법 3 저는 이런 제 역량을 승무원으로서 발휘할 기회를 원합니다. 분명 귀사에 도움이 될 인재이므로 저를 뽑으셔야 한다고 생각합니다.

합격비법 1 I'm the applicant who is active and responsible to be a help for your company.

합격비법 2 Other applicants might have various part-time job experiences. But I have an experience that customers got emotionally impressed by me and that I positively suggested an idea which can be profitable for the company. In other words, I got attentive on the customer with a baby offering them a bib which I made by folding napkins and she got so touched that she became a regular at the restaurant. I also have suggested an idea that was about selling veggie patty which many women prefer at the hamburger restaurant and the idea helped increase sales over 20% more than usual.

합격비법 3 I hope to have an opportunity to prove my competency as a flight attendant. You should hire me because I'll definitely be helpful for your company.

업무 태도와 서비스에 대해 주위의 인정을 받은 지원자

합격비법 1 저는 호텔에서 근무하던 시절, 지배인에게서 저의 업무 태도와 서비스에 대해 인정받아 정규직으로 추천된 지원자이기 때문입니다.

합격비법 2 호텔 프런트 업무를 담당했을 때, 저와 교대한 동료들은 제가 일을 마치고 깨끗이 정리한 데스크와 깔끔하고 상세히 정리된 메모들을 보고 저를 칭찬했다고 합니다. 특히 지배인님은 제가 담당한 손님들이 저의 모든 서비스를 기분 좋게 받아들이는 모습을 눈여겨보고 저를 정규직으로 추천해 주셨습니다. 하지만 그 당시 해외 연수를 계획했던 터라 정중히 거절하였습니다.

합격비법 3 제가 맡은 손님은 어떻게든 만족시키고자 노력하는 저의 능력은 승무원이 되어서도 제가 해내야 할 직무를 수행하는 데 큰 도움이 될 것이라 생각합니다.

합격비법 1 While I was working at the hotel, I got recommended to work full-time as well as recognized by the manager on working attitude and service.

합격비법 2 While I was working as a hotel receptionist, my coworkers that shiftwork with me used to make a compliment on me by looking at the organized desk and clearly detailed notes. Particularly my manager recommended me to work full-time because he paid attention to how pleasantly the customers I served took all the service I provided. However, I politely rejected the offer because I had planned overseas training program at that time.

합격비법 3 I think my ability that makes the customers I'm in charge with satisfied would help me carry out what I'm supposed to do when I become a flight attendant.

19. Tell me your qualifications working as a flight attendant.

승무원 업무에 도움이 될 본인의 자질을 말해 보세요.

Do you think you're qualified as cabin crew?
How well do you think you're qualified as cabin crew?

질문 18번과 같은 것을 묻는 질문입니다. 따라서 두 질문을 동시에 받게 될 일은 없을 것이나, 지원자의 다양한 장점과 에피소드를 정리해 이 책이 다루는 빈출문제 50 외의 질문 중 장점을 강조해야 할 답변에서 유용하게 쓸 수 있도록 준비합니다.

합격비법 1 본인의 장점 강조

합격비법 2 장점과 관련된 에피소드와 승무원 자질을 연결하며 마무리

✎ 문형 연습

My sense of ownership will help me provide service as a flight attendant.

제 주인의식은 승무원으로서의 서비스에 일조할 것입니다.

활용하기

1. 문화에 대한 제 배경지식은 승무원으로서의 서비스에 일조할 것입니다.

   (on culture, my background knowledge)

   _____ will help me provide service as a flight attendant.

2. 항공 실습 경험은 승무원으로서의 서비스에 일조할 것입니다.

   (my practical experience, in aviation company)

   _____ will help me provide service as a flight attendant.

친화력과 활발함

p.19 에피소드 1-3 활용

합격비법 1 저의 친화력은 승무원이라는 직업에 도움이 될 수 있다고 생각합니다.

합격비법 2 저는 매년 학교 축제에 참가하는 것이 즐거웠습니다. 제 주변에는 항상 많은 친구들이 있었기에 그들과 함께 다양한 활동으로 축제에 참가했습니다. 노래 대회에서 수상하기도 했고 도우미로도 활동했습니다. 가장 기억에 남는 것은 축제에서 음료와 액세서리를 판매한 수익금을 보육원에 기부한 일입니다. 친구들은 제가 다른 사람들에게 친근하게 다가가 제품을 홍보하였기 때문에 높은 수익을 얻었다고 지금까지도 이야기합니다.

합격비법 1 My sociable personalities can be useful for a flight attendant job.

합격비법 2 I really enjoyed participating in the festival at school every year. I have many friends around me so I participated in the festival with them. I got awarded at the singing contest and worked as a volunteer. The most memorable thing was that me and my friends fundraised for orphans by selling drinks and accessories. My friends still told me that we made a huge profit because I tried to approach other people with my pleasant personality and promoted the products.

책임감

p.29 에피소드 2-7 활용

합격비법 1 제 주인의식은 승무원으로서의 서비스에 일조할 것입니다.

합격비법 2 학원에서 아르바이트할 때, 주변에서 신경 쓰지 않던 학생 출석률에 관심을 가졌습니다. 결석한 학생이 있으면 이를 소홀히 여기지 않고 일일이 그 이유를 확인해 결석률을 줄이려 애썼습니다. 이후 학원은 학생 관리를 잘하는 곳으로 유명해졌습니다. 저는 아르바이트 학생일 뿐이었지만, 주인의식을 가진 직원이라며 원장님이 유독 저를 아꼈던 경험이 있습니다.

합격비법 1 My sense of ownership will help me provide service as a flight attendant.

합격비법 2 I pay attention to students' attendance which was not cared at all when I was working a part-time job at an academy. I tried not to get careless and tried to reduce the rate of absence by checking out the reasons why students didn't show up. The academy was getting famous for organizing students well. I was just a part-time worker but my boss liked me because I have a sense of ownership.

정답   1. My background knowledge on culture   2. My practical experience in aviation company

20. Have you worked as a team?

팀으로 일해 본 경험이 있습니까?

Do you have any experience of working as a team?
Tell us your own experiences of working as a team.

승무원 업무는 동료와의 커뮤니케이션이 중요합니다. 기내에서 소통이 잘 이루어지지 않으면 자칫 기내 안전이 위협받을 수 있기 때문입니다. 작은 문제라도 동료와 공유해 큰 문제로 만들지 않는 것도 팀워크입니다. 그러므로 팀으로 하는 일에 대한 이해와 경험은 승무원 직무를 수행하는 데 도움이 됩니다.

합격비법 1 팀으로 일해 본 경험
합격비법 2 경험 내용을 상세히 설명하며 마무리

✎ 문형 연습

I have worked in pair at the hamburger restaurant.

저는 햄버거 가게에서 2인 1조로 일했습니다.

활용하기

1. 프리젠테이션 과제를 위해 팀 프로젝트를 한 적이 있습니다.

   (presentation, in a group project for)

   I have worked _____.

2. 팀으로 일을 하여 일이 효율적으로 마무리되었습니다.

   (so that the work was completed efficiently, in a team)

   I have worked _____.

 팀 프로젝트 수행 경험   p.22 에피소드 6-1 활용

합격비법 1 팀 프로젝트 참여 경험이 있습니다.

합격비법 2 〈전국 아이디어 공모전 PPT 발표 대회〉에 참가할 당시 6명의 팀원이 각자 역할을 분담해 내용을 준비했습니다. 그런데 준비할 내용이 늘어나면서 그중 2명이 중도 포기하겠다며 미팅에 나오지 않았습니다. 알고 보니 그 두 친구가 싸운 다음 사이가 틀어져 함께 작업해야 하는 환경이 싫었던 게 그 이유였습니다. 이를 알게 된 저는 그 두 친구와 대화 자리를 마련했습니다. 사실 처음에는 서먹해하는 친구들과 대화를 하는 것이 쉽지 않았습니다. 하지만 제가 중간에서 그들을 중재하고 이해하려 노력해 관계가 회복

되었습니다. 결과적으로 팀 프로젝트를 잘 마무리할 수 있었습니다. 도중에 작업이 중단됐던 만큼 그 친구들은 미안해했고 그만큼 이후 더 열심히 해 주었습니다. 팀워크에 있어 팀의 한 사람 한 사람이 소중하다는 것을 배웠습니다.

합격비법 1   I have attended a team project.

합격비법 2   When I was preparing for National Idea PPT Presentation Contest, six of team members got each role for the contest. As the presentation was getting more things to prepare, two members out of six quit the preparation and stopped coming to the regular meeting. But the truth was that the two members had a disagreement and they couldn't be at the same place. I brought the two members together to talk about what's going on. It wasn't easy for me to have them talk at first because they got too awkward each other. They finally got better with my effort to mediate them and understand them. Consequently they could complete the whole project successfully. They felt sorry because they're the ones who stopped the project and they were even more supportive than before. I learned that each member of the team is precious for team work.

햄버거 가게에서 2인 1조로 일한 경험

p.28 에피소드 2-2 활용

합격비법 1   네, 저는 햄버거 가게에서 2인 1조로 일했습니다.

합격비법 2   그날의 업무를 서로에게 할당하고 맡은 구역을 청소합니다. 저희 조는 다른 팀보다 업무 할당을 수월하게 할 수 있었습니다. 더운 여름에 패티 굽기는 모두가 꺼려하는 일입니다. 그런데 저희 조에서는 제 동료가 패티 굽기는 빨리 끝나기 때문에 패티 굽기를 하고 싶어 했습니다. 그렇게 힘든 일을 한 동료 대신 저는 굽기가 끝나면 마무리 청소를 맡아서 했습니다. 그래서 업무 할당에 어려움을 겪지 않았고 팀워크도 가장 좋았습니다.

합격비법 1   Yes, I have worked in pair at the hamburger restaurant.

합격비법 2   The pair shares the task of the day and clean the designated area. My team shared what we had to do in an easier way than other teams. Everyone tried to avoid grilling patties at hot summer days. My coworker wanted to do grilling patties just because it got finished earlier than other things. Instead of my coworker doing such a hard job, I did the finishing cleaning after the grilling. That didn't give us any difficulty in assigning what to do and led us to great cooperation.

정답   1. in a group project for presentation   2. in a team so that the work was completed efficiently

21. You look a little bit weak. I wonder whether you work well.

다소 약해 보이는데, 본인이 비행을 잘할 수 있을지 의문입니다.

Do you think you can carry out this work though you don't look physically strong?

Do you think you can physically handle this work?

마른 체형의 지원자가 받을 수 있는 질문입니다. 건강 상태가 중요하게 작용하는 직업이니만큼 말랐지만 강단 있고 건강하다는 사실을 설득력 있게 부연해 자신의 체력에 문제가 없음을 보여 주어야 합니다. 표준 체형 지원자가 이 질문을 받는 경우 "아닙니다. 저는 약해 보인다는 말은 결코 들은 적 없습니다"라는 식으로 면접관의 발언을 부정하는 대응은 피하도록 합니다. 사람들의 시선은 다양하며, 따라서 상대에 따라 자신이 처음 접하는 피드백을 받는 일은 언제든 생길 수 있습니다. 면접관의 판단을 수긍하는 표현으로 시작하고, 자신의 체력에 문제가 없음을 증거를 들어 설득하고, 더 건강해 보이도록 노력하겠다는 마무리로 답변을 구성합니다.

합격비법 1 종종 연약해 보인다는 말을 듣기도 했음을 언급

합격비법 2 이를 반증하는 체력에 관한 에피소드나 즐겨하는 운동, 노력 등을 강조하며 마무리

✏️ 문형 연습

I had to put up with **muscle pains and blisters on my foot,** however, that didn't matter to me at all.

발에 잡힌 물집과 근육통을 견뎌야 했지만 그것들은 제게 아무 문제가 되지 않았습니다.

활용하기

1. 어색한 상황을 견뎌야 했지만 그것은 제게 아무 문제가 되지 않았습니다.

   (some awkward moments)

   I had to put up with _____, however, that didn't matter to me at all.

2. 배고픔과 모진 추위를 견뎌야 했지만 그것은 제게 아무 문제가 되지 않았습니다.

   (hunger and severe cold)

   I had to put up with _____, however, that didn't matter to me at all.

+같은 뜻 다른 표현

I had to bear up against muscle pains and blisters on my foot, however, that didn't matter to me at all.

발에 잡힌 물집과 근육통을 견뎌야 했지만 그것들은 제게 아무 문제가 되지 않았습니다.

건강관리를 위해 꾸준히 해 온 요가

합격비법 1　말씀하신 대로 저는 종종 약해 보인다는 말을 듣습니다.

합격비법 2　그런 얘기가 체력을 보강해야겠다는 의지를 북돋워 줬습니다. 3년 전 시작한 요가는 제가 요가 강사 자격증을 취득할 정도의 실력이 되어 꽤 잘한다고 생각합니다. 3년간의 요가는 제 몸매에는 크게 두드러진 변화를 가져오지 않았지만, 근육과 유연성을 기르는 데는 도움을 주었습니다. 말라 보여도 저는 아주 건강합니다.

합격비법 1　I sometimes heard that I look a little weak as you're saying.

합격비법 2　Those talks encouraged me to stay healthier. I have been doing yoga for three years and I think I'm pretty good at yoga enough to achieve yoga instructor certificate. Three years of yoga didn't get me any dramatic changes in shape but helped me improve muscles and flexibility. I am healthy though I look slim.

 6개월에 걸친 전국 배낭여행으로 증명된 체력 p.30 에피소드 4-1 활용

합격비법 1　네, 가끔 그런 말을 듣고는 합니다. 하지만 제가 이 일을 하는 데 체력이 문제가 되지는 않으리라 확신합니다.

합격비법 2　6개월간 전국을 도는 배낭여행을 하며 무거운 배낭을 메고 매일 9시간 이상을 걸었던 경험이 있습니다. 발에 잡힌 물집과 근육통을 견뎌야 했지만 그것들은 제게 아무 문제가 되지 않았습니다. 저는 강한 끈기와 기본 체력을 갖췄습니다.

합격비법 1　Yes, I sometimes hear that. But I strongly believe that my physical condition wouldn't be any trouble to work as a flight attendant.

합격비법 2　I have traveled backpacking throughout the country for six months, and I have spent more than nine hours each day carrying heavy backpacks. I had to put up with muscle pains and blisters on my foot, however, that didn't matter to me at all. I am with perseverance and physical strength.

정답　1. some awkward moments　　　　2. hunger and severe cold

handle vs. deal with

'영어를 잘한다'는 평가를 듣는 요소에는 여러 가지가 있겠으나, 다른 사람들이 잘 쓰지 않으면서 좀 더 문맥에 맞는 단어나 표현을 활용하는 방법을 그중 하나로 들 수 있습니다. "저는 승무원으로서 그 상황에 잘 대처할 수 있으리라 생각합니다." 실제 면접에서 사용할 만한 문장입니다. 어떻게 표현할까요? 핵심은 '대처하다를 어떻게 영어로 말할 것인가'입니다. 예문으로 살펴보겠습니다.

a. I'm good at handling my customers.
저는 제 고객을 다루는 데 능숙합니다.

b. I'm good at dealing with pressure.
저는 스트레스 처리를 잘합니다.

handle은 '상황·사람·작업·감정'을 다루고, 다스리고, 처리한다는 의미를 갖는 반면, deal with는 문제나 과제 등을 처리하는 것, 특히 문의 사항이나 쟁점, 불만(고충)을 처리하고 대처한다는 의미를 갖습니다. 예문 a는 '고객을 다루는' 것을 말하고자 하므로 handle이, '스트레스에 대처하다', '스트레스를 처리하다'를 말하는 b에서는 deal with가 의미를 보다 잘 전달한다고 볼 수 있습니다.

c. I think I can deal with the circumstance well as a flight attendant.
저는 승무원으로서 그 상황에 잘 대처할 수 있다고 생각합니다.

예문 c는 상황을 다룬다기보다 상황에 대처한다는 뜻이므로 handle보다 deal with를 쓰는 편이 자연스럽습니다. 영어로 말할 때는 deal의 발음에 유의하기 바랍니다.

정리하면,

'상황이나 사람, 감정 등을 다루다'의 의미라면
I'm good at handling my customers.
'문제나 쟁점, 고충 등에 대처하다, 처리하다'의 의미라면
I'm good at dealing with pressure.

Unit 5

학교생활과 대외 활동

22. What kind of activities did you have in your college life?
    대학 시절 경험에 대해 말해 보세요.

23. What did you put most emphasis on in your college life?
    학교생활에서 가장 중점을 둔 부분은 무엇입니까?

24. Tell me about your major.
    전공에 대해 말해 보세요.

25. Why did you receive not excellent GPAs?
    학점이 왜 이렇게 좋지 않은가요?

26. What did you do a year after graduation?
    졸업 후 1년 동안 취업하지 않고 무엇을 했습니까?

27. Tell me your extracurricular activities.
    특별 활동 경험에 대해 말해 보십시오.

22. What kind of activities did you have in your college life?

대학 시절 경험에 대해 말해 보세요.

Do you have any unique or special experiences when college?
Tell us your own experiences in your university life.

지원자의 대학 생활에 대해 앎으로써 면접관은 지원자의 책임감, 성실함, 독립심, 적응력 등을 평가할 수 있습니다. 그 기간 동안 의미 있는 시간을 보냈다는 내용을 기본으로 친구들과도 친하게 지냈다거나 다양한 아르바이트를 한 경험 등 장점을 드러낼 수 있어야 합니다. 취업 면접 교육을 받았다거나 하는 내용은 빼는 것이 좋습니다. 면접관에게는 면접 교육 자체가 지원자의 역량을 단기간에 포장하는 과정으로 비쳐질 수 있기 때문입니다.

합격비법 1 학교생활에서 강조하고 싶은 내용 언급
합격비법 2 해당 내용을 부연

✎ 문형 연습

I've received many positive comments on the documentary work I did with Excel skills.

엑셀 능력을 활용해 자료를 정리하여 많은 칭찬을 들었습니다.

활용하기

1. 저는 불만 사항에 대처하는 방식에 대해 많은 칭찬을 들었습니다.

   (how I managed the complaint, the way)

   I've received many positive comments on _____.

2. 솔선수범하는 저의 모습에 대해 많은 칭찬을 들었습니다.

   (leading by example, my attitude)

   I've received many positive comments on _____.

+ 같은 뜻 다른 표현

I've received compliments on the documentary work I did with Excel skills.

엑셀 능력을 활용해 자료를 정리하여 많은 칭찬을 들었습니다.

배낭여행이라는 목표를 이룬 경험 p.18 에피소드 1-1 활용

합격비법 1   제가 세운 목표를 이루기 위해 부단히 노력한 시간입니다.

합격비법 2   유럽 배낭여행도 그중 하나였습니다. 제 힘으로 경비를 마련하고자 장학금을 받기 위해 아르바이트와 학업을 병행했습니다. 힘든 과정이었지만 유럽 어디선가 카페에서 커피를 마시고 있을 제 모습을 상상하며 버틸 수 있었습니다.

합격비법 1   It was time for me to try hard to achieve the goal I had set for before.

합격비법 2   Backpacking to Europe was one of the things that I tried to achieve as the goal I had set for. I wanted to make the expenses myself by getting scholarship so I had to study and do part-time jobs at the same time. Those were hard times but I could bear those times by imaging myself sitting at a cafe somewhere in Europe.

 필요한 자격증을 취득한 경험 p.29 에피소드 3-1 활용

합격비법 1   자기계발을 위해 노력했습니다.

합격비법 2   학원 아르바이트를 하면서 보다 효율적인 서류 정리를 위해 Excel(엑셀) 관련 컴퓨터 자격증이 필요하다고 느껴 컴퓨터 자격증을 취득했습니다. 엑셀 능력을 활용해 자료를 정리하여 많은 칭찬을 들었습니다. 전공 팀 프로젝트를 할 때는 제가 능숙하게 컴퓨터를 다룰 줄 알았기 때문에 훨씬 수월하게 과제를 수행할 수 있었습니다. 그래서 팀원들에게서 많은 도움이 되었다며 고맙다는 말을 들었습니다.

합격비법 1   I have been trying to improve myself.

합격비법 2   I have achieved an Excel-related computer certificate because I thought I needed to do documentary work in more efficient ways while working in the academy. I've received many positive comments on the documentary work I did with Excel skills. The project from my major was completed easier because I could use computer proficiently. So I was told by the team members that they were grateful to me because I was a great help.

정답   1. the way how I managed the complaint   2. my attitude leading by example

23. What did you put most emphasis on in your college life?

학교생활에서 가장 중점을 둔 부분은 무엇입니까?

What did you primarily focus on in your university life?

What were your priorities in your university life?

전공이 승무원 직무와 연관성이 낮거나 학점이 낮은 지원자, 아니면 학교생활에서 뚜렷하게 무엇을 해낸 경력이나 경험이 부족한 지원자가 받을 확률이 높은 질문입니다. 학교생활에 대해 보다 구체적인, 상세한 설명을 원하는 질문이므로, 그 의도에 맞는 대답을 해야 합니다. 이 답변에서만큼은 학교생활에서 중점을 두었던 부분과 승무원 직무와의 연관성을 녹여 내어 대답하는 요령도 필요하겠습니다.

합격비법 1 학교생활에서 중점을 둔 내용 언급

합격비법 2 부연하며 마무리

 문형 연습

I put a priority on the club activity.

저는 동아리 활동을 하는 데 중점을 두었습니다.

활용하기

1. 저는 어학 공부에 중점을 두었습니다.

   (studying languages)

   I put a priority on _____.

2. 저는 팀 프로젝트를 하는 데 중점을 두었습니다.

   (the team projects)

   I put a priority on _____.

+ 같은 뜻 다른 표현

I enthusiastically participated in the club activity.

저는 동아리 활동을 하는 데 중점을 두었습니다.

사회 경험 준비에 중점

`합격비법 1` 저는 사회 경험을 준비하는 데 중점을 두었습니다.

`합격비법 2` 다른 친구들보다 아르바이트나 취업에 관심이 많았습니다. 그래서 여러 가지 아르바이트를 하기도 했으며 미래의 직업에 대해 고민해 보는 시간을 갖기 위해 배낭여행도 떠났습니다. 취업에 대한 부담감을 내려놓고 학교생활을 좀 더 즐길걸 하는 아쉬움도 있습니다. 하지만 다양한 경험을 통해 알게 된 다양한 사람들도 제게는 큰 자산입니다.

`합격비법 1` I have more focused on preparing myself to experience work environment.

`합격비법 2` I was rather interested in getting a part-time job or full-time job than other friends of mine. I had various part-time jobs and went backpacking in order to think of the future to come. I sometimes feel I should have more enjoyed school life than worried about getting a job. But the various people I got to know while experiencing various fields were the valuable asset for me.

동아리 활동에 중점

`합격비법 1` 저는 동아리 활동을 하는 데 중점을 두었습니다.

`합격비법 2` 〈Hello News〉라는 영자 신문 동아리 멤버였습니다. 다른 멤버들과 신문을 만들기 위해 열심히 기획하고 기사를 작성하고 이를 다시 번역하는 등의 작업을 하였습니다. 발행된 신문을 봤을 때 보람을 느꼈습니다. 제가 좋아하는 영어를 사용하는 활동이라 더욱 열심히 할 수 있었습니다.

`합격비법 1` I put a priority on the club activity.

`합격비법 2` I was a member of <Hello News>, the English newspaper club. What I did with other members was to design the newspaper, write articles and translate into English in order to publish the newspaper. I felt so rewarded when I looked at the newspaper published. I could work on more enthusiastically because it's about using English that I like.

정답 1. studying languages   2. the team projects

24. Tell me about your major.

전공에 대해 말해 보세요.

Why don't you tell us about your major?

What did you study at a college as a major?

최소한 본인이 공부한 분야에 대해 간략하게 말할 수 있어야 해당 분야를 전공했다고 할 수 있을 것입니다. 승무원 업무와 직접적으로 관련된 전공이든 그렇지 않은 전공을 승무원이라는 직업과 억지로 연결해 설명하는 방식은 지양합니다. 승무원이라는 직업은 결국 어떤 분야와도 연결될 수 있기 때문입니다. 전공에 대해 소개할 때는 너무 전문적인 용어 사용은 피하고 상대방이 이해할 수 있을 정도로만 설명합니다. 전공에 큰 관심이 없었더라도 부정적인 표현은 사용하지 말고 최대한 솔직하게 답변을 구성합니다. 전공을 자신 있게 설명하는 과정에서 지원자는 면접관에게 학업을 충실히 이행했다는 인상을 줄 수 있습니다.

합격비법 1 전공 언급

합격비법 2 전공에 대해 부연 (전공을 선택한 계기, 전공 내용, 배운 점 등)

✎ 문형 연습

I studied English Literature for a degree at a college.

저는 영어영문학을 전공했습니다.

활용하기

1. 저는 심리학을 전공했습니다. (Psychology)

   I studied _____ for a degree at a college.

2. 저는 사회체육학을 전공했습니다. (Community Sport)

   I studied _____ for a degree at a college.

+ 같은 뜻 다른 표현

I majored in English Literature.

저는 영어영문학을 전공했습니다.

영어영문학 전공

합격비법 1　저는 영어영문학을 전공했습니다.

합격비법 2　어렸을 때부터 영어를 문제없이 구사하며 세계 여행을 해 보겠다는 꿈을 가지고 있었기 때문에 영어라는 언어에 관심이 많았습니다. 그것이 영어 관련 전공을 선택한 이유 중 하나입니다. 전공인 영문학은 영어라는 언어 자체를 보다 깊이 이해하는 데 도움이 되었습니다. 소통의 주요 수단이 되는 언어의 중요성을 잘 아는 만큼 요즘은 중국어에도 관심을 가지고 있습니다.

합격비법 1　I studied English Literature for a degree at a college.

합격비법 2　I have been interested in the language of English because I dream to travel all around communicating with English. That's one of the reasons why I have chosen to study the English-related major. English literature helped me understand the language of English more profoundly. Since I am fully aware of how important the language would be in communication, I have recently been interested in learning Chinese.

토목환경공학 전공

합격비법 1　저는 토목환경공학을 전공했습니다.

합격비법 2　고등학교 선생님의 조언으로 토목환경공학을 전공으로 선택했습니다. 선생님은 앞으로 환경 분야 직종의 전망이 밝을 것이라고 조언해 주셨습니다. 수질, 토양과 관련된 환경 과목과 측량, 물리 등의 토목 과목을 배웠습니다. 다양한 실험을 요하는 팀 프로젝트 진행 경험도 많습니다. 섬세함과 분석력을 요하는 전공이었습니다.

합격비법 1　I majored in Civil and Environmental Engineering.

합격비법 2　I have chosen Civil and Environmental Engineering as a major with advice of the teacher from high school. He advised me that Environmental field would be prospective in the near future. I have learned environmental subjects which are related with water quality and soil as well as subjects on civil engineering such as measurement and physics. I have many experiences of team projects which mostly require various experiments. That was a major in need of accuracy and analyzing skills.

정답　1. Psychology　　　　　　　　　　　　2. Community Sport

25. Why did you receive not excellent GPAs?

학점이 왜 이렇게 좋지 않은가요?

Could you tell us why your GPAs were not as good as we thought?

Do you think your GPAs were not good enough? If so, why do you think that?

지원자가 걱정하는 낮은 학점 자체는 실제 면접관이 크게 문제시하는 부분이 아닙니다. 여러 요인이 학점에 영향을 줄 수 있다는 사실을 면접관도 이해하고 있습니다. 하지만 지원자가 단지 게을러서, 아니면 책임감 부족으로 낮은 학점을 받은 경우라면 면접관은 지원자에게서 승무원이 될 재목으로서 호감을 갖기 힘듭니다. 부지런하지 못하고 책임감 없는 과거의 자세에 비추어 지원자가 승무원으로서도 그 같은 태도로 직무를 수행할 수 있다고 판단하기 때문입니다. 그러므로 낮은 학점이라는 이미 존재하는 사실을 두고 걱정하기보다는 낮을 수밖에 없었던 구체적인 이유를 들어 면접관을 설득할 수 있는 방향, 당시 더 열심히 하지 못한 점을 반성하는 방향으로 답변을 구성하기 바랍니다.

합격비법 1 학점이 낮은 것에 대한 유감 표현

합격비법 2 당시 상황 설명

합격비법 3 후회, 반성을 보여 주고 학점 대신 좋은 결과를 얻으려 애쓴 다른 분야를 언급하며 마무리

✎ 문형 연습

I'm sorry for not excellent GPAs.

저는 학점이 낮은 것을 유감스럽게 생각합니다.

활용하기

1. 저는 컴퓨터를 다루는 기술이 좋지 않은 것을 유감스럽게 생각합니다. (computer skill, fair)

    I'm sorry for _____.

2. 저는 시력이 좋지 않은 것을 유감스럽게 생각합니다. (eye sight, not great)

    I'm sorry for _____.

+ 같은 뜻 다른 표현

I am afraid that I have no excellent GPAs.

저는 학점이 낮은 것을 유감스럽게 생각합니다.

방황과 경험의 시기

p.28 에피소드 1-2 활용

합격비법 1 저는 학점이 낮은 것을 유감스럽게 생각합니다.

합격비법 2 학교를 성실히 다녔으나 학점에는 신경 쓰지 못했습니다. 선택한 전공과 적성이 달랐고 미래를 걱정하며 고민하던 시간이 있었고, 아르바이트에 빠져 학업을 소홀히 했기 때문입니다.

합격비법 3 졸업을 앞둔 요즘은 공부를 좀 더 열심히 하지 못한 게 후회됩니다. 이에 대해 반성하며 앞으로는 주어진 상황에서 뭐든 후회 없이 열심히 해야겠다는 생각을 하게 되었습니다.

합격비법 1 I'm sorry for not excellent GPAs.

합격비법 2 I attended school almost every day but didn't care about my own GPAs. It was because of the differences between the major that I chose and my aptitude, the times of concerning the future to come, and the part-time job that I spent too much time on.

합격비법 3 When the graduation is coming, I think I should have studied harder than I could. Reflecting on this, I have come to think that I should do my very best in any given situations in order not to regret someday.

노력을 기울였으나 어려웠던 전공

합격비법 1 저도 제 학점에 대해 아쉽습니다.

합격비법 2 사실 저는 열심히 공부한다고 했는데도 성적이 잘 나오지 않았습니다. 전공 공부를 따라잡기 어려웠습니다. 게다가 성격이 꼼꼼하지 못해 꼼꼼한 성격을 요하는 화학에서는 좋은 점수를 받지 못했고 그래서 화학이 더 어렵게 느껴졌습니다. 그래도 실험 과목을 수강하면서 조금씩 제게 꼼꼼함과 차분함이 더해져 최종 학기 점수는 좋았습니다.

합격비법 3 그래도 처음부터 잘했으면 좋았을걸 하는 후회가 남습니다. 항상 최선을 다하는 사람이 돼야겠다고 다짐했습니다.

합격비법 1 I feel so sorry for the GPA I received.

합격비법 2 I didn't get a good GPA though I tried hard. The subjects related to the major felt me hard to catch on. Additionally my personality is not quite accurate enough to get a good GPA in chemistry which is in need of accuracy so I think I felt more difficult in chemistry. I got more precise and tranquil by taking experiments subjects and finally I received a good GPA.

합격비법 3 I still regretted I could have been better. I try to make sure that I will do all my best.

정답   1. fair computer skill   2. not great eye sight

26. What did you do a year after graduation?

졸업 후 1년 동안 취업하지 않고 무엇을 했습니까?

Specify what you have done a year after graduation.
Could you tell us what you did after commencement?

졸업과 면접이 이루어지는 시기 간 시간 공백이 큰 경우, 더구나 이력서에 딱히 납득할 만한 경력이나 활동을 기재하지 않은 지원자가 받을 만한 질문입니다. 시간을 헛되게 보내지 않았음을 보여 줄 수 있는 경험을 언급합니다. 비공식적인 활동이나 경험(개인 교습 등)에 대해 지원자 스스로가 이를 무의미하게 보거나 사소하게 여겨 기재를 생략하는 경우가 있는데, 작은 경험에도 가치를 부여할 수 있어야 풍부한 내용의 답변을 전달하고 지원자 본인의 역량도 높일 수 있습니다. 어떤 종류의 경험에서든 사람은 배우고 깨달음을 얻을 수 있기 때문입니다.

합격비법 1 공백기 동안 한 일 언급

합격비법 2 그간 했던 일에 대해 부연하고, 배우고 깨달은 점을 더해 마무리

✎ 문형 연습

Since I had never been abroad, I decided to experience short-term language training.

저는 외국에 나간 경험이 없었기 때문에, 단기 어학연수를 다녀와야겠다는 결심을 했습니다.

활용하기

1. 서비스 경력이 있기 때문에, 저는 일을 잘할 수 있다고 확신합니다.

   (I am sure I can do it well, I have, some service experiences previously)

   Since _____ ,

   _____ .

2. 저는 책임감이 있는 사람이기 때문에, 제가 할 일을 미루지 않습니다.

   (I do not put off my work, I am a responsible person)

   Since _____ , _____ .

정답 1. I have some service experiences previously, I am sure I can do it well
       2. I am a responsible person, I do not put off my work

SNS 활동과 영어 실력 향상을 위해 노력

p.30 에피소드 4-2 활용

합격비법 1   저는 SNS 활동도 하면서, 영어 실력을 높이는 데 주력했습니다.

합격비법 2   특히 제 적성과 직업에 대해 많은 생각을 한 시간이었습니다. 계획했던 전국 배낭여행을 다니며 여행에서 겪은 일을 블로그에 올렸습니다. 제 블로그에 대한 네티즌의 반응이 좋아 저는 파워 블로거로 선정됐습니다. SNS에서 한국에 관심 있는 많은 외국인들과 교류를 하고 있습니다. 저는 당시 경험으로 그들에게 한국에 대한 정보를 줄 수 있어 기뻤고 그만큼 영어를 배워야 할 필요성도 느꼈습니다. 영어 실력이 형편없던 저였지만 흥미와 필요성을 실감하고 공부한 이래 점점 실력이 늘고 있습니다.

합격비법 1   I tried to more focus on improving English skills with SNS.

합격비법 2   Those were the times that made me think about my future job and aptitude. I posted about backpacking all over the country which I had planned earlier. Many people on the Internet loved the episodes that I posted on my blog about backpacking and that got me selected as the most powerful blogger. I have been communicating with many foreigners who're interested in Korea on the social media. I got happy to give them information on Korea with my own experiences and realized to learn English more. At first, I was not that great in English but I have been getting better in English lately because I realized that I need to learn English and got interested in English.

개인 교습을 하며 어학연수 비용 마련

합격비법 1   3개월 단기 어학연수 비용을 마련하기 위해 영어 개인 교습을 했습니다.

합격비법 2   저는 외국에 나간 경험이 없었기 때문에 단기 어학연수를 다녀와야겠다는 결심을 했습니다. 캐나다 어학연수를 준비했으며, 그것을 위해 영어 개인 교습을 했습니다. 영어 개인 교습은 해외 어학연수를 위한 돈을 버는 데 도움이 됐고, 영어를 더 공부할 수 있었습니다. 3개월간의 해외 체류는 물론 만족스러운 경험이었지만 이를 위한 준비 기간 또한 보람 있는 시간이었습니다.

합격비법 1   I tutored English for about three months to make money for short-term language training.

합격비법 2   Since I had never been abroad, I decided to experience short-term language training. I prepared to leave for Canada for a language training and made it by tutoring English. Tutoring English helped me earn money for the language training and also helped me learn English more. The three-month experience was fulfilling as well as the time for preparing it was rewarding.

27. Tell me your extracurricular activities.

특별 활동 경험에 대해 말해 보십시오.

What kinds of extracurricular activities did you do and why?

Did you do any extracurricular activities? If so, what are those? Explain.

대외 활동을 통해 추측 가능한 것은 지원자의 활동성, 친화력, 관심 분야 등입니다. 이를 염두에 두고 대략적인 대외 활동 경험을 설명하되 그 안에 본인의 강점을 녹여 내도록 합니다.

합격비법 1 대외 활동 경험 설명

합격비법 2 부연하기 (활동 동기, 본인의 역할 등)

✎ 문형 연습

I have been volunteering at the child care center on a regular basis.

보육원에서 정기적으로 봉사 활동도 합니다.

활용하기

1. 고아원에서 정기적으로 봉사 활동을 합니다.

   (the orphanage)

   I have been volunteering at _____ on a regular basis.

2. 보건소에서 정기적으로 봉사 활동을 합니다.

   (the public health center)

   I have been volunteering at _____ on a regular basis.

봉사 활동 경험
p.21 에피소드 3-1,2 활용

합격비법 1 저는 무료 급식 지원 센터와 보육원에서 봉사 활동을 한 경험이 있습니다.

합격비법 2 무료 급식 지원 봉사를 하면서 만난 어르신들은 처음에는 제게 친근하게 대해 주시지 않았습니다. 시간이 흐를수록 마음을 열고 손녀 생각이 난다며 예뻐해 주셨고, 종종 사탕을 주시기도 했습니다. 보육원에서 정기적으로 봉사 활동도 합니다. 그곳에서 마음을 열기 두려워하는 아이를 만났습니다. 대화도 자주 하고 책도 읽어 주면서 시간을 많이 쏟았습니다. 지금은 많이 친해졌습니다. 현재 이 아이를 주기적으로 만나고 후원하고 있습니다.

합격비법 1 I have volunteered in both the meal center and the child care center.

합격비법 2 The senior citizens that I met while volunteering at the meal center were not friendly at first. They gradually started to care for me and even handed me some candies because I reminded them of their own grandchildren. I have been volunteering at the child care center on a regular basis. I have met a girl who was afraid to talk to me at first. I have spent more time in having conversations with her and reading her books more often. She now gets along with me well. I have been supporting with her on a regular basis.

 ## 블로그 활동
p.30 에피소드 4-2 활용

합격비법 1 저는 블로그 활동을 하고 있습니다.

합격비법 2 전국 배낭여행을 떠났던 당시 느낀 점 등을 블로그에 올리기 시작한 것이 현재 파워 블로거가 되는 결과를 안겼습니다. 이는 제가 여행하는 동안 느낀 솔직한 심정에 공감하는 분들이 많았기 때문이라고 생각합니다. 여행하며 어려웠던 상황을 재치 있게 극복한 에피소드가 인기가 많았으며, 한국에 관심이 많은 외국인들과 교류도 늘면서 블로그 방문객이 다양해졌습니다. 그러면서 영어 공부에 대한 의지가 자연스럽게 커져 갔습니다.

합격비법 1 I have been doing blogging.

합격비법 2 I started to post how I felt when backpacking on my blog and now I have become a power blogger. I think it is because many people might feel the same way while traveling. The episodes that are about how I had to overcome the difficulty with wit were popular and the visitors to my blog were getting various by communicating with foreigners who got interested in Korea. By doing that, my motivation to learn English was getting bigger and bigger.

정답   1. the orphanage   2. the public health center

had better vs. be supposed to

'의무'를 말할 때 우리는 으레 must나 should를 떠올립니다. have to도 가능하겠네요. 익숙하기는 하나 의문이 생깁니다. 1) 다양한 의무 표현은 어떤 때 사용하는가? 단어들 간 사용 환경에 차이가 있는가? 2) 차이가 있다면 어떻게 구별해 사용하는가? 언어를 이야기할 때 의미가 비슷한 단어는 있어도 완벽하게 같은 표현은 없다고들 합니다. 영어에서 의무는 그 '강제성의 정도'에 따라 다르게 표현한다고 이해하면 쉽습니다. 즉 반드시 해야 하는 것, 그렇지 않으면 문제가 생기는 것에서부터 그렇게 하면 좋겠다 수준의 권고까지, 상기한 단어로 나타낼 수 있습니다.

1) **must** : 반드시 해야 하는 것. 그렇지 않으면 문제가 생길 수 있음
2) **have to** : 반드시 해야 하나 must보다 그 강제력이 약한 의무
3) **had better** : should보다 강한 충고. 경고를 내포
4) **should** : 권고의 의미가 강함. 의무를 이행할지 여부는 듣는 사람의 선택
5) **be supposed to** : 기대(expectation)나 예정, 규칙, 습관, 다짐, 약속에 근거한 의무

여기서는 3번(had better)과 5번(be supposed to)에 대해 알아보도록 합니다.

a. **We'd better wrap up the discussion or the given timeout which is 10 minutes will be over.**
이쯤에서 토론을 마무리하는 게 좋겠습니다. 그렇지 않으면 주어진 제한 시간 10분을 초과하게 될 것입니다.

b. **The workers are not supposed to stay in the office after working hours.**
업무 시간이 지난 뒤 사무실에 남아 있으면 안 됩니다.

예문 a에서 '하는 게 좋겠다'의 의미로 had better가 쓰였습니다. 만약 'We have to wrap up the discussion or the given timeout which is 10 minutes will be over'라고 했다면 had better보다는 강한 어조, 즉 '반드시 지금 마무리해야 한다'는 뜻으로 전달될 것입니다. 예문 b는 정말로 유용한 표현을 보여 줍니다. 'The workers can't stay in the office after working hours'라거나 'The workers shouldn't stay in the office after working hours'라고 한다면 상황이나 듣는 이에 따라 화자를 무례하다고 여길 수 있습니다. 하나 더하자면 부정문을 만들 때 위 단어는 모두 조동사와 같은 역할을 하므로 그 뒤에 not을 붙이면 됩니다,

강한 충고 내지는 경고를 담을 때는 had better
We'd better wrap up the discussion or the given timeout which is 10 minutes will be over.
예정, 규칙, 습관, 다짐, 약속에 따른 의무를 말할 때는 be supposed to
The workers are not supposed to stay in the office after working hours.

Unit 6

해외 체류 경험과 언어 능력

28. Have you ever been abroad?
    외국에 체류한 경험이 있습니까?

29. Can you adapt yourself to foreign country though you
    don't have an overseas experience?
    외국에 나가 본 경험이 없는데, 외국 생활을 하게 되면 잘 적응할 수
    있으리라 생각합니까?

30. Have you ever been in a difficult situation while abroad?
    외국에 있을 때 힘든 상황을 겪은 적이 있습니까?

31. Have you ever worked with foreign coworkers?
    외국인과 일해 본 경험이 있습니까?

32. How well do you speak English?
    본인의 영어 실력을 어떻게 평가합니까?

33. What do you do to improve your English ability?
    영어 실력 향상을 위해 어떤 노력을 하고 있습니까?

34. Can you speak other languages apart from English?
    영어 외에 할 수 있는 다른 외국어가 있습니까?

28. Have you ever been abroad?

외국에 체류한 경험이 있습니까?
Do you have any experiences of going abroad?
Could you tell us if you have been abroad?

외국 체류 경험은 지원자의 적응력, 독립심 등에 대한 설득력 있는 근거가 되며, 국제 감각 또는 타 문화를 수용하는 자세 등을 짐작케 합니다. 외국 체류가 필수적인 부분은 아니지만 해당 경험을 강조함으로써 언급한 본인의 강점을 면접관에게 설득력 있게 보여 줄 수 있는 이점이 있습니다. 기간과 관계없이 자신의 외국 체류 경험을 드러내고, 만약 이런 경험이 없다면 "없습니다"라고 짧게 답하기보다는 평소 가고 싶었던 나라를 말하거나 곧 어떤 나라를 방문할 계획이 있다는 식의 답변을 더해 적극성을 보여 주도록 합니다.

합격비법 1 있다면-기간, 장소, 목적 언급
없다면-아쉽지만 없다고 대답

합격비법 2 있다면-그곳에서의 활동이나 느낀 점 언급
없다면-가보고 싶은 나라와 그 이유를 말함

✎ 문형 연습

I have been to UK for a language program.
저는 영국으로 어학연수를 다녀온 적이 있습니다.

활용하기

1. 저는 프랑스로 어학연수를 다녀온 적이 있습니다.
   (France, a language program)
   I have been to _____ for _____.
2. 저는 교환학생으로 중국을 다녀온 적이 있습니다.
   (an exchange program, China)
   I have been to _____ for _____.

적응력과 사교성을 보여 주는 영국 어학연수 경험

p.21 에피소드 4-2 활용

합격비법 1 저는 영국으로 어학연수를 다녀온 적이 있습니다.

합격비법 2 1년이라는 기간 동안 주중에는 영어를 공부하고, 주말에는 본머스 해변을 걷기도 하면서 의미 있는 시간을 보냈습니다. 한번은 비치발리볼을 하는 사람들을 보고 저도 함께 하자고 제안했습니다. 이후 주말마다 비치발리볼을 하면서 운동도 하고 친구도 사귀었습니다. 그리고 함께 지낸 중국인 룸메이트에게 중국어를 배우기도 했습니다.

합격비법 1 I have been to UK for a language program.

합격비법 2 I studied English on weekdays, and spent some quality time of my own walking on the Bournemouth beach on weekends for about a year. On one weekend, I suggested to join the beach volleyball when I watched people playing beach volleyball. After that weekend, I enjoyed playing beach volleyball every weekend and got to know about them. I also learned Chinese from my Chinese roommate.

 ### 해외 체류 경험은 없지만 미국이나 캐나다 방문 희망

합격비법 1 아쉽게도 아직 해외에 나가 본 적이 없습니다.

합격비법 2 기회가 된다면 영어 공부를 위해 미국이나 캐나다에 가 보고 싶습니다. 그래서 캐나다와 미국을 다룬 여행 잡지나 TV 프로그램을 집중해서 보고 있습니다.

합격비법 1 I'm afraid to tell you that I have never been abroad.

합격비법 2 I would like to visit either US or Canada to study English if possible. That's why I got focused on travel magazine or TV programs about Canada or US.

정답   1. France, a language program   2. China, an exchange program

29. Can you adapt yourself to foreign country though you don't have an overseas experience?

외국에 나가 본 경험이 없는데, 외국 생활을 하게 되면 잘 적응할 수 있으리라 생각합니까?

Would you be telling us if you will be OK when you go abroad even with no overseas experience?

How would you get yourself ready if you have to stay in foreign countries though you don't have overseas experiences?

적응력을 묻는 질문에는 적극적으로 긍정하는 대답을 해야 합니다. 무조건 자신 있다고 하기보다는 적응력을 보여 줄 만한 에피소드를 들어 비록 외국 체류 경험은 없지만, 다른 경험을 통해 배우게 된 또는 발휘했던 적응력이 있으므로 외국 생활도 문제없이 가능하리라는 의지를 드러내도록 합니다.

합격비법 1 잘 적응할 수 있음을 강조

합격비법 2 적응력을 보여 주는 에피소드 소개

합격비법 3 외국 생활은 문제없을 것이라는 마무리

✎ 문형 연습

Instead of going abroad, I have traveled around in Korea meeting many people.

외국에 가는 대신 한국의 곳곳을 돌아다니며 다양한 사람을 만났습니다.

활용하기

1. 빵을 먹는 대신 야채를 먹습니다.

   (I eat vegetables, eating bread)

   Instead of _____, _____.

2. 부정적인 생각으로 시간을 보내는 대신, 긍정적인 생각으로 대안을 찾고자 했습니다.

   (wasting time in thinking negatively, I tried to find out the alternative option with positive thinking)

   Instead of _____,

   _____.

외국 생활 못지않은 6개월에 걸친 전국 배낭여행 p.30 에피소드 4-1 활용

합격비법 1 아직 외국에 나간 적이 없는 게 저도 많이 아쉽지만, 외국에서 문제없이 지낼 자신이 있습니다.

합격비법 2 외국에 가는 대신 한국의 곳곳을 돌아다니며 다양한 사람을 만났습니다. 6개월 동안 궂은 날씨, 불편한 잠자리, 배고픔 등은 큰 문제가 되지 않을 만큼 강한 체력과 정신력을 다졌습니다.

합격비법 3 외국에서의 적응도 문제없으리라 생각합니다.

합격비법 1 I wish I could have spent some time abroad but I think I wouldn't have any troubles staying abroad at all.

합격비법 2 Instead of going abroad, I have traveled around in Korea meeting many people. For about 6 months, I tried to build up strength physically and mentally not taking bad weather, uncomfortable accommodation, and hunger as any issues.

합격비법 3 I think I would be able to stay well abroad.

기숙사에서 보여 주었던 적응력

합격비법 1 아쉽게도 외국 경험은 없습니다만 외국 생활을 하게 되면 잘 해낼 자신이 있습니다.

합격비법 2 지방에 있는 대학을 다니게 되어 기숙사에서 생활한 적이 있습니다. 부모님과 친한 친구들과 떨어져 지내야 했던 기숙사 생활은 처음에는 낯설기만 했는데, 새로운 친구를 사귀고 학교생활에도 적응하게 되면서 차츰 익숙해졌습니다. 엄격한 기숙사 규율도 별문제가 되지 않았습니다.

합격비법 3 외국 생활을 할 때도 그때처럼 잘 지낼 자신이 있습니다.

합격비법 1 I'm afraid to tell you that I haven't been abroad yet but I'm definitely sure that I will make it if I get a chance to be abroad.

합격비법 2 I have stayed at a dorm when I studied at a college located far away from my hometown. I had to stay away from my own family and friends and it made me feel awkward at first but I got used to the dorm life by socializing other people and school life. The dorm had very strict rules and they didn't matter to me at all.

합격비법 3 I'm 100% sure that I can make it if I get a chance to be abroad.

정답   1. eating bread, I eat vegetables
       2. wasting time in thinking negatively, I tried to find out the alternative option with positive thinking

30. Have you ever been in a difficult situation while abroad?

외국에 있을 때 힘든 상황을 겪은 적이 있습니까?

What difficult circumstances have you experienced while abroad?

How did you deal with a difficult circumstance while abroad?

지원자가 외국 생활을 하던 당시 겪은 힘들었던 부분을 물음으로써, 면접관은

첫째, 적응력 문제가 있었는가

둘째, (외국 항공사인 경우) 지원자가 해당 베이스에 체류할 때 예상되는 어려움은 무엇인가

셋째, 타 문화를 이해하는 과정에서 생긴 마찰이 있었는가

를 알 수 있습니다.

대답을 토대로 면접관이 유추할 수 있는 본인의 부족한 면이나 단점을 미리 파악하고, 이에 대한 꼬리질문을 예상해 대비하거나, 단점을 개선하기 위해 어떤 노력을 하고 있는지 언급하도록 합니다.

합격비법 1 어려움을 겪은 상황 언급

합격비법 2 이를 보완하려는 노력이나 배운 점 말하기

 문형 연습

I tried to study English harder **in order to** improve English skill and experience foreign life.

저는 영어 실력 향상과 외국 문화 경험을 위해 더욱더 열심히 영어 공부에 노력을 기울였습니다.

활용하기

1. 저는 건강한 체력을 갖기 위해 꾸준히 운동에 노력을 기울였습니다.

   (exercise regularly, be physically strong)

   I tried to _____ in order to _____.

2. 저는 공부와 일을 함께 해 나가기 위해 시간을 효율적으로 관리하는 데 노력을 기울였습니다.

   (perform work along with studying at school, manage time efficiently)

   I tried to _____ in order to _____.

합격비법 1   1년 계획으로 어학연수를 다녀왔습니다. 영어 실력이 늘 것이라는 기대를 하였으나 6개월 후 제가 잡았던 목표에 미치지 못해 제 자신에게 크게 실망했습니다. 그때가 1년의 영국 생활 기간 중 가장 힘든 시간이었습니다.

합격비법 2   현지에서 만난 한국인 언니에게서 온 지 3년이나 지났는데도 영어가 크게 늘지 않았다는 말을 들었습니다. 저도 그리 될까 두려워지기 시작했고, 저는 다시 한 번 긴장을 놓지 말자고 다짐했습니다. 저는 영어 실력 향상과 외국 문화 경험을 위해 더욱더 열심히 영어 공부에 노력을 기울였습니다.

합격비법 1   I went abroad for about a year to learn English. I expected my English skill to be improved much in six months but it turned out my English wasn't accomplished by the goal I had set for and that made me disappointed much. That was the hardest time of the year that I spent on UK.

합격비법 2   I met a Korean lady who told me that her English hadn't improved enough for three years. I started to feel terrified if I went on the same path as her and tried to encourage myself once more. I tried to study English harder in order to improve English skill and experience foreign life.

달라진 식습관 탓에 필요했던 체중 조절

합격비법 1   한 달여간 교환 학생으로 갔던 미국에서 큰 어려움은 없었습니다만, 미국에서 단 음식을 너무도 즐겼던 나머지 체중이 크게 늘어 버린 경험이 있습니다.

합격비법 2   제 모습을 SNS로 어머니께 보여 드렸습니다. 어머니는 잘 지내는 듯해 걱정은 덜었다 하셨지만 그래도 건강을 생각해 체중을 조절하라고 하셨습니다. 무엇이든 잘 먹던 제가 다이어트를 해야 했던 것이 정말 힘들었습니다.

합격비법 1   I stayed in the US for about a month as an exchange student and I didn't have troubles but I enjoyed eating delicious foods too much in the US and it got me weight gain a lot.

합격비법 2   I showed my mother how I look via social media. She told me that she felt a bit relieved because I seemed to stay well but she recommended me to reduce weight a little bit for my health's sake. It was really hard for me who used to eat anything well to go on a diet.

정답   1. exercise regularly, be physically strong
       2. manage time efficiently, perform work along with studying at school

31. Have you ever worked with foreign coworkers?

외국인과 일해 본 경험이 있습니까?

Do you have any work experience with international coworkers?
Tell us about your own work experiences with coworkers from other countries.

외국인과 일한 경험이 있는 지원자는 그렇지 않은 지원자보다 타 문화를 수용하는 감수성이 높으리라 여겨질 수 있습니다. 외국인과 일하면서 느낀 점이 있다면 다양한 국적의 고객에게 서비스하는 승무원 직무에 해당 경험이 큰 역량으로 작용할 수 있을 것입니다. 만약 그런 경험이 없는 경우라도 다양한 사람을 만나고 일한 경험을 토대로 외국인과의 업무도 문제없이 해낼 수 있다는 자신감을 표현해 주면 됩니다.

합격비법 1 경험 유무를 말한다

합격비법 2 있다면-경험 설명
없다면-안타깝게도 없지만 다양한 아르바이트 등에서 갈고 닦은 대인관계 기술로
외국인을 대하는 업무도 무리 없이 수행할 수 있음을 강조

✎ 문형 연습

We realized to have the same interests on Korean drama in common.
우리는 한국 드라마에 대한 공통의 관심사가 있다는 것을 알게 되었습니다.

활용하기

1. 저와 동료의 공통 관심사는 '우리 일을 제대로 하자'는 것이었습니다.
   (What I, with my coworker was 'to do our job properly')
   _____ had in common _____.

2. 저는 사람을 처음 만나면 서로의 공통 관심사를 찾으려 노력합니다.
   (I try to find something, when I meet a person for the first time)
   _____, _____
   in common each other.

외국인 룸메이트와 지냈던 경험

p.22 에피소드 4-4 활용

합격비법 1 아쉽게도 외국인과 일해 본 경험은 없지만, 외국인 룸메이트와 지낸 적은 있습니다.

합격비법 2 한 달 동안 중국인 룸메이트와 지냈습니다. 처음에는 다소 서먹한 관계였지만 한국 드라마라는 공통의 관심사를 갖고 있다는 것을 알게 되었습니다. 그렇게 시간이 흐르면 흐를수록 더욱더 친해졌습니다.

합격비법 1 I'm afraid to tell you that I've never worked with foreigners before but I have had an international roommate.

합격비법 2 I have spent a month with a Chinese roommate. It was awkward for both of us at first but we realized to have the same interests on Korean drama in common. The more we spent time together, the closer we got.

외국인 강사와 일했던 경험

p.29 에피소드 2-5 활용

합격비법 1 네, 외국인과 일해 본 경험이 있습니다.

합격비법 2 제가 일했던 학원에 미국인 강사가 있었는데 항상 활력이 넘치고 장난기 많은 사람이었습니다. 함께 일할 때는 제게도 그 활력이 전해지는 것을 느꼈습니다. 그런 그가 영어로 대화할 친구가 없다고 외로워할 때가 있었습니다. 그래서 저는 종종 퇴근 후 그와 함께 저녁도 먹고 대화를 나누며 친하게 지냈습니다.

합격비법 1 Yes, I have worked with international workers.

합격비법 2 I used to work with a lecturer from US who was cheerful and playful in the academy that I used to work for. When I worked with him, he made me cheerful and playful, too. He sometimes felt lonely because he didn't have friends to chat with. So I tried to spend some time with him having a dinner and conversation together.

정답   1. What I, with my coworker was 'to do our job properly'
2. When I meet a person for the first time, I try to find something

32. How well do you speak English?

본인의 영어 실력을 어떻게 평가합니까?

Do you speak English fluently?

How fluently do you speak English?

영어를 잘한다면 별문제 없겠지만 부족하다 여기는 지원자는 솔직히 말하되 그렇다고 지나치게 겸손한 자세를 보이지는 맙시다. 최소한 의사소통에는 문제가 없다고 말하고, 그 밖의 부족한 부분은 자신도 알고 따라서 노력하고 있으며, 영어가 늘고 있다는 점을 구체적으로 보여 주면 됩니다. 영어 실력 자체는 이때의 답변보다는 면접이 이루어지는 동안 드러나는 면면으로 평가되므로 능력을 과대포장 하지 않도록 주의합니다.

합격비법 1 의사소통에 문제가 없으며 영어 능력 향상을 위해 꾸준히 노력하고 있음을 언급

합격비법 2 구체적인 노력 방안 언급

✎ 문형 연습

I'd like to say that I have been working on learning English up to more advanced level.

저는 영어 능력을 향상시키기 위해 꾸준히 노력하고 있다고 말씀드리고 싶습니다.

활용하기

1. 저의 장점이 승무원직에 적합하다고 말씀드리고 싶습니다.

   (my advantages fit into the cabin crew career)

   I'd like to say that _____.

2. 저는 제 단점을 반드시 극복할 수 있다고 말씀드리고 싶습니다.

   (I'm sure I can overcome my disadvantages)

   I'd like to say that _____.

수준 높은 영어를 구사하려는 의지

합격비법 1　영어로 의사소통하는 데 문제가 없습니다만 영어를 더욱 열심히 공부하려 애쓰고 있습니다.

합격비법 2　외국인 친구들과 영어로 자유롭게 대화할 수 있지만 더 수준 높은 영어를 구사하고 싶기 때문에 인터넷 강좌와 라디오를 통해 현재도 공부하고 있습니다. 학교에서 주최한 영어 말하기 대회에서 두 번이나 수상한 바 있습니다.

합격비법 1　I think I do not have any trouble communicating with English but I have been trying to learn English harder.

합격비법 2　Though I think I'm fluent in speaking English, I have been learning to speak more advanced level of English by open source lecture and radio. I have got rewarded twice at the English-speaking contest held by the university I got enrolled in.

꾸준히 갈고 닦는 영어

합격비법 1　저는 영어를 잘하지는 못하지만 의사소통에는 문제가 없으며 영어 능력을 향상시키기 위해 꾸준히 노력하고 있다고 말씀드리고 싶습니다.

합격비법 2　지금도 꾸준히 하고 있는 전화 영어 수업은 하루 30분이라는 짧은 시간이지만 매일 하게 되므로 이 역시 실력 향상에 도움이 됩니다.

합격비법 1　I'd like to say that I do not have any troubles in communicating with English and have been working on learning English up to more advanced level.

합격비법 2　The telephone English that I have been studying with on a daily basis only takes about half an hour and makes me stay alert to improve my own English skills.

정답　1. my advantages fit into the cabin crew career
2. I'm sure I can overcome my disadvantages

33. What do you do to improve your English ability?

영어 실력 향상을 위해 어떤 노력을 하고 있습니까?
Tell us of your own ways to improve English skills.
How have you improved your English skills?

실제 본인이 실력 향상을 위해 사용하는 방법을 묻는 질문입니다. 답변을 꾸미게 되면 꼬리질문을 통해 다 드러나게 되므로 피합니다. 시험 공부하듯 영어 필기 문제집 등을 본다는 답변보다는 영어를 사용하는 환경에 자신을 얼마나 노출시키고 있으며, 실력 향상을 위해 어떤 노력을 하는지, 무엇을 하고 있는지 언급합니다.

합격비법 1 영어 실력을 높이기 위해 내가 하는 것
합격비법 2 합격비법1에 대한 상세 설명 후 마무리

✎ 문형 연습

I have been studying at an English academy in order to speak English fluently.

저는 영어 말하기에 능숙해지고자 학원에 다니며 공부하고 있습니다.

활용하기

1. 건강을 유지하고자 최근 요가를 하고 있습니다.

   (stay healthy, exercising Yoga lately)

   I have been _____, in order to _____.

2. 귀사에 대해 알고자, 최근 항공 관련 뉴스를 찾아 봤습니다.

   (searching an aviation news, study about your company)

   I have been _____, in order to _____.

영어 학원에 다님

합격비법 1 영어 말하기에 능숙해지고자 학원에 다니며 공부하고 있습니다.

합격비법 2 2년 전부터 주 5일 꾸준히 다닌 결과 함께 시작한 다른 학생들보다 레벨이 한 단계 높습니다. 배운 내용을 활용하고 싶어 주말에는 어학연수 때 알게 된 외국인 친구와 화상 채팅을 합니다. 친구들은 제 영어가 정말 빨리 늘었다며 놀랍다고 하는데, 그런 말을 들을 때마다 뿌듯해집니다.

합격비법 1 I have been studying at an English academy in order to speak English fluently.

합격비법 2 Because of studying five days a week for the past two years, I am currently studying at upper level than other students who started to learn English at around the same time with me. I usually do video chatting to practice English with friends that I have met in the language program. Some friends of mine were surprised that my English had improved more than they expected and this made me feel so proud of myself.

영화를 보면서 어학 공부

합격비법 1 제가 좋아하는 영화와 그 스크립트로 영어를 공부합니다.

합격비법 2 영화 속 등장인물 간 대화를 듣고 인터넷에서 다운받은 스크립트를 보면서 대사를 통해 영어를 익힙니다. 영국식 억양을 좋아해 영화 〈노팅힐〉의 대사는 거의 외울 정도입니다.

합격비법 1 I study English with the movies I like and the scripts of them.

합격비법 2 I study English by listening to characters' conversations and studying the scripts which I downloaded from the Internet. I almost memorize the whole conversations from the movie 〈Noting Hill〉 because I love the British accent.

정답　1. exercising Yoga lately, stay healthy
2. searching an aviation news, study about your company

34. Can you speak other languages apart from English?

영어 외에 할 수 있는 다른 외국어가 있습니까?

Do you have any languages to speak other than English?
What languages do you speak?

영어 말고도 다른 외국어를 할 수 있다는 것은 큰 장점입니다. 공인 시험 점수가 없다 해도 간단한 의사소통도 업무에 도움이 되므로 강조하도록 합니다. 구사할 수 있는 다른 외국어가 없다면 배우고 싶다거나 관심 있는 다른 언어에 대해 면접관이 꼬리질문을 할 수도 있으므로 준비하도록 합니다.

합격비법 1 구사할 수 있는 언어와 가능 수준 강조
합격비법 2 해당 언어를 배우게 된 동기 및 공부 방법 등을 부연 후 마무리

불가능하다면,

합격비법 1 아쉽지만 그 밖에 말할 수 있는 언어는 없음을 언급
합격비법 2 하지만 기회가 된다면 배우고 싶은 언어를 말하고 마무리

✎ 문형 연습

If possible, I'd like to learn Japanese which I experienced as an elective subject in undergraduate.

기회가 되면 대학 때 교양 과목으로 접한 적 있는 일본어를 다시 공부하고 싶습니다.

활용하기

1. 기회가 되면 세계 여행을 해 보고 싶습니다. (travel all over the world)

   If possible, I'd like to _____.

2. 기회가 되면 빠른 시일 내로 귀사에 입사하고 싶습니다.

   (work for this company as soon as possible)

   If possible, I'd like to _____.

+같은 뜻 다른 표현

If I have a chance, I'd like to learn Japanese which I experienced as an elective subject in undergraduate.

기회가 되면 대학 때 교양 과목으로 접한 적 있는 일본어를 다시 공부하고 싶습니다.

중국인 친구를 통해 배운 중국어

p.22 에피소드 5-1 활용

합격비법 1 저는 중국어를 공부하고 있습니다.

합격비법 2 어학연수 때 중국인 룸메이트와 헤어지면서 서로의 언어를 꼭 공부하기로 약속했습니다. SNS를 통해 그 약속을 지키고 있는지 서로 확인하고 있습니다. 다음 주 그 친구가 한국에 오기로 했는데 정말 기다려집니다. 중국어를 배우는 것이 재미있어 금방 실력이 늘 것이라 확신합니다. 제 중국어 실력은 아직 초급 단계지만 배우려는 의지는 확고합니다.

합격비법 1 I have been learning Chinese.

합격비법 2 I made a promise to Chinese roommate from the language program and it was to study each other's language when we said goodbye. We are checking out if we're keeping the promise or not via social media. She's coming to Korea next week and I'm so looking forward to getting together with her so much. I'm pretty sure that my Chinese would be getting better soon because I'm intrigued by learning Chinese. My Chinese is I think at beginner's level now but I have a strong will to learn Chinese.

 일본어를 배우려는 계획

합격비법 1 아쉽지만 영어 외에 구사 가능한 다른 외국어는 아직 없습니다.

합격비법 2 기회가 되면 대학 때 교양 과목으로 접한 적 있는 일본어를 다시 공부하고 싶습니다.

합격비법 1 I'm afraid to tell you that I don't have any other foreign languages to speak.

합격비법 2 If possible, I'd like to learn Japanese which I experienced as an elective subject in undergraduate.

정답   1. travel all over the world   2. work for this company as soon as possible

when vs. as long as

"도착하면 전화할게." 영어로는 어떻게 말할까요? 'If I arrive, I'll call you.' 이렇게 각각에 대응되는 단어로 바꾸어 말하는 예가 많습니다. 한국어의 '…하면'을 영어 단어 if로 바로 옮기는 것이지요. If에는 2가지 용법이 있습니다. 조건과 가정을 말하는 두 경우 똑같이 if를 쓰지만 그 해석은 완전히 다릅니다. 조건문은 if A happens, then automatically B happens. 즉 A가 발생하면 자동적으로 B가 발생하는 상황입니다. 하지만 가정문일 때 A가 발생하면 B절 조동사에 따라 의미가 다소간 달라지긴 하지만, 대개 'A 했으면 B 했을 텐데'라고 해석되어, 사실과 다른 실제 일어나지 않은 일에 대해 이야기하는 표현이 됩니다. 따라서 '도착하면 전화할게'와 같은 조건을 단 문장을 만들 때 무조건 if를 앞세우면 의도와 다른 의미를 전달하게 될 수도 있습니다. 이런 혼란을 막을 if를 대체할 단어는 없을까요?

    a. **When I try to write notes, an idea comes to my mind.**
        저는 메모를 하다 보면, 아이디어가 떠오릅니다.

    b. **I exercise outdoor as long as the weather is fine.**
        날씨가 좋으면 저는 언제든 밖에 나가 운동을 합니다.

위 예문처럼 '…하면'이 어떻게 한국어로 해석되느냐에 따라 when 또는 as long as를 쓸 수 있습니다. '…하면'이 '…할 때'로 풀이되면 when을, '…하는 한'으로 풀이되면 as long as로 바꿔 쓸 수 있습니다. 예문 a, '저는 메모를 하다 보면, 아이디어가 떠오릅니다'는 '저는 메모를 할 때, 아이디어가 떠오릅니다'로 해석될 수 있으며, 이 경우 if보다 when을 사용하는 쪽이 의미를 보다 명확하게 만든다고 판단됩니다. 예문 b, '날씨가 좋으면'은 '날씨가 좋은 한'으로 풀 수 있고, 이때는 if를 as long as로 대체해 의미를 분명히할 수 있습니다. 정리하면,

> 조건의 if를 대신해 사용 가능한 단어/표현에는 when, as long as가 있으며, '…하면'이 '…할 때'로 해석되면 when을, '…하는 한'으로 해석되면 as long as를 쓸 수 있습니다.
> **When I try to write notes, an idea comes to my mind.**
> **We'll go as long as the weather is good.**

Unit 7

아르바이트나 취업 및 서비스 경력

35. Tell me about your work experiences.
일을 했던 경험에 대해 말해 보십시오.

36. Tell me about a difficult situation while working.
일하면서 힘들었던 경험에 대해 말해 보십시오.

37. Have you ever met any customers difficult to handle?
까다로운 고객을 만난 적이 있습니까?

38. Have you ever made any mistakes while working?
일하면서 실수했던 경험이 있습니까?

39. Have you ever had a trouble with your coworkers?
동료와의 관계에서 문제를 겪은 적이 있습니까?

40. When did you feel rewarded while working?
일하면서 보람을 느낀 순간은 언제였습니까?

41. Have you ever had a moment of regrets while working?
일하면서 후회한 순간은 언제였습니까?

42. What did you learn from your work experiences?
일한 경험을 통해 배운 점은 무엇입니까?

43. Why are you leaving your job?
일을 그만둔 이유는 무엇입니까?

44. Why do you want to change your career into this field?
왜 직업 분야를 바꾸려고 합니까?

35. Tell me about your work experiences.

일을 했던 경험에 대해 말해 보십시오.

Why don't you tell us of your work experiences?
Do you have work experiences? Explain.

답변을 통해 면접관은 지원자의 인성, 직무 수행 능력을 가늠해 볼 수 있는 만큼, 난이도 있는 질문입니다. 면접관은 지원자가 자신의 역량이나 인성을 확실하게 보여 주고, 이로써 지원자에 대한 확신을 얻고자 합니다. 답변 내용에 따라 다양한 꼬리질문이 이어질 수 있음을 유념합니다. 이때의 꼬리질문은 자세한 사례를 요할 가능성이 큽니다. 에피소드를 소개하는 경우 질문으로 나올 수 있는 모든 사항을 메모하고 기억해 두어 답변할 때 당황하거나 지어내지 않도록 하며, 답변에 자신의 다양한 역량을 포함시킬 수 있어야 하겠습니다.

합격비법 1 다양한 업무 경험 소개

합격비법 2 당시 내 역할과 임무를 간략히 소개

합격비법 3 일을 통해 배운 점과 내 역량 강조

✏️ 문형 연습

It has been a precious lesson that I have been doing various part-time jobs since school days.

학창 시절부터 다양한 아르바이트를 한 것이 제게는 값진 가르침이 되었습니다.

활용하기

1. 일을 대하는 마음가짐이 중요하다는 것을 배운 값진 가르침이 되었습니다.

   (how to deal with the work is important)

   It has been a precious lesson that _____.

2. 면접 불합격은 오히려 저를 더 발전시키게 된 값진 가르침이 되었습니다.

   (failure to interview, even made me grow stronger)

   It has been a precious lesson that _____.

정답   1. how to deal with the work is important   2. failure to interview even made me grow stronger

서비스 분야에서의 다양한 업무 경험

합격비법 1 저는 다양한 서비스 분야에서 일한 경험이 있습니다.

합격비법 2 편의점에서는 카운터에서 고객을 응대하고 물품을 정리했습니다. 레스토랑에서는 웨이트리스로, 공항에서는 리셉셔니스트로 일했습니다.

합격비법 3 편의점에서는 책임감이 얼마나 중요한지 배웠습니다. 레스토랑에서는 동료와의 협력이 서비스 질을 높일 수 있음을 깨달았습니다. 그리고 공항에서 외국인과 접하며 언어로 도움을 준다는 데 보람을 느꼈습니다. 고객을 위해 바쁘게 뛰어다니고 제가 하는 일을 통해 고객이 만족하는 모습을 보면 저는 큰 만족을 느낍니다.

합격비법 1 I have a variety of experiences in the service field.

합격비법 2 I used to work at the convenient store by serving customers at the checkout counter and organizing goods. I have worked as a server at the restaurant and as a receptionist at the airport.

합격비법 3 I have learned how important a responsibility is at the convenient store that I worked for. I realized that cooperation with coworkers would possibly increase the quality of service by working at the restaurant. And I felt rewarded for helping with language by meeting foreigners at the airport. I feel greatly satisfied by running around for my customers and by looking at how gratified they are with my service.

 ## 나의 다양한 모습을 알게 해 준 아르바이트

합격비법 1 학창 시절부터 다양한 아르바이트를 한 것이 제게는 값진 가르침이 되었습니다.

합격비법 2 패스트푸드점과 일식 레스토랑에서 주문을 받거나 청소 업무를 맡았습니다.

합격비법 3 일을 하면서 저는 고객을 배려하는 눈치 빠른 사람이라는 것을 알게 되었습니다. 특히 어학원에서는 사람 간 관계에서 이해하는 마음이 중요함을 깨달았습니다. 학부모, 강사, 학생들의 마음을 이해하고, 그들과 대화하고 상담하면서 상대의 마음을 읽는 능력을 기른 값진 경험이었습니다.

합격비법 1 It has been a precious lesson that I have been doing various part-time jobs since school days.

합격비법 2 I have received orders at the fast food restaurant and Japanese restaurant or have been in charge of cleaning work.

합격비법 3 I realized I was a pretty sensible person who cares about customers while I was working. Especially in the language school, I realized that it is important to understand the relationships among people. It was a valuable experience for me to develop the ability to understand the minds of parents, lecturers and students by talking with them.

36. Tell me about a difficult situation while working.

일하면서 힘들었던 경험에 대해 말해 보십시오.

Have you ever had any difficult situations when working?
Specify how you'd deal with a difficult situation while working.

일할 때 어려웠던 점을 물음으로써 면접관은 지원자의 약점을 파악할 수 있습니다. 무엇이 힘들었는지 말하되 난관을 어떻게 극복했는지 부연함으로써 이 답변이 자신의 역량을 축소시키는 결과를 낳지 않도록 합니다.

합격비법 1 어려움을 느낀 사례 언급

합격비법 2 극복 및 해결한 방법 설명 후 마무리

✎ 문형 연습

I was thinking a lot and finally an idea came to my mind.

저는 고민 끝에 아이디어를 떠올렸습니다.

활용하기

1. 저는 메모를 하다 보면 아이디어가 떠오릅니다.

   (when I try to write memos)

   _____, an idea comes to my mind.

2. 저는 요가를 하다 보면 아이디어가 떠오릅니다.

   (when I try to do Yoga)

   _____, an idea comes to my mind.

불평이 불러온 부정적인 생각 때문에 힘들었던 경험 p.19 에피소드 2-3 활용

합격비법 1 레스토랑이 항상 바빴기 때문에 힘이 들었습니다. 한번은 일하는 게 힘들다고 동료들과 불평을 한 적이 있습니다. 그 후 일이 즐겁지 않다는 생각이 떠나지 않아 더 힘들어졌습니다.

합격비법 2 부정적인 표현은 부정적인 생각을 부른다는 것을 깨달았기에 일을 할 때 불평을 하지 않으려 애썼고, 이는 제가 일을 훨씬 수월하게 할 수 있도록 해 주었습니다.

합격비법 1 The restaurant was busy all the time so it was hard to work. With one of the coworkers, I made a complaint that it was hard to work. After that, it got harder for me to work because the work was not enjoyable anymore.

합격비법 2 Because I realized that negative expressions would lead to negative thinking, I tried not to make a complaint when working and it rather made myself easy to work.

 고객의 어려움을 나의 어려움처럼 느껴 해결한 경험 p.28 에피소드 2-1 활용

합격비법 1 햄버거 가게에서 일한 적이 있습니다. 소문난 맛집이라 늘 손님이 많았습니다. 줄을 서서 기다리는 손님들을 볼 때마다 마음이 불편했습니다. 손님들이 불편을 호소할 때마다 동료들 역시 힘들어했습니다.

합격비법 2 저는 고민 끝에 아이디어를 떠올렸습니다. 손님에게 번호표를 드리자는 것이었습니다. 그때부터 앉아서 차례를 기다릴 수 있게 돼 마음에 들어 하는 손님들 모습에 저도 덩달아 기분이 좋아졌습니다.

합격비법 1 I have worked in the hamburger restaurant. It was a well-known restaurant so it's always crowded. I felt uncomfortable every time I had to watch customers standing and waiting. They always complained and other coworkers and I didn't feel OK about that.

합격비법 2 I was thinking a lot and finally an idea came to my mind. It was that customers should be numbered. The customers were able to sit and wait for their turn to come in the restaurant and I felt good watching them satisfied.

정답 　1. When I try to write memos 　　　　　2. When I try to do Yoga

37. Have you ever met any customers difficult to handle?

까다로운 고객을 만난 적이 있습니까?

How did you deal with difficult customers?

What would you do if you have to deal with difficult customers?

까다로운 고객을 접하고 그 상황을 해결한 과거 경험을 통해 지원자의 역량과 서비스 이해도를 파악할 수 있습니다. 고객이 얼마나 까다로웠느냐보다 그 고객 문제를 어떻게 처리했는지에 무게를 실어 답변을 구성해, 힘든 상황 속에서도 빛났던 본인의 역량을 보여 주도록 합니다.

합격비법 1 까다로운 고객을 만난 상황

합격비법 2 이에 대처한 방법

✎ **문형 연습**

I decided to text her everyday because she was hard on herself because of her son.

저는 아들 일로 스스로를 힘들게 하는 어머니에게 매일 문자를 드리기로 했습니다.

활용하기

1. 스스로를 너무 힘들게 하지 마.

   (don't be so, yourself)

   ＿＿＿＿＿＿＿＿＿＿ hard on ＿＿＿＿＿＿＿＿＿＿.

2. 나는 종종 목표를 위해 나 자신을 힘들게 할 때가 있다.

   (I am often, myself towards my goal)

   ＿＿＿＿＿＿＿＿＿＿ hard on ＿＿＿＿＿＿＿＿＿＿.

정답　1. Don't be so, yourself　　　　　　　　2. I am often, myself towards my goal

커피 맛에 까다로운 고객을 만난 경험

p.20 에피소드 2-7 활용

합격비법 1   커피숍에서 일할 때 본인이 원하는 커피 맛을 고집하는 손님을 만난 일이 있습니다.

합격비법 2   제가 만든 커피가 맛없다 불평하시며 환불을 요구하셨습니다. 저는 손님께 정중히 사과를 드리고 원하시는 대로 커피를 다시 만들어 드려도 되겠냐고 여쭈었습니다. 다행히 바쁘지 않은 시간이라 그분이 원하시는 대로 꼼꼼히 체크해 입맛에 맞게 만들어 드리려고 노력했습니다. 사실 당시 제가 커피 만드는 데 능숙하지 못했기에 죄송한 마음에 여러 번 시도했습니다. 결국 손님이 원하는 커피를 만드는데 성공할 수 있었습니다.

합격비법 1   I have met a customer who stuck to a special coffee of his own when I worked in a coffee place.

합격비법 2   He complained that the coffee I made didn't taste good and requested a full refund of it. I politely apologized to him and asked if it would be OK to make him a coffee as he wanted. Fortunately, I tried to make a coffee as accurately as he requested because it was not busy at that time. Honestly, I felt sorry that I wasn't fully skillful making coffees at that time and that made me try to make coffees a few more times. At last, I successfully made the coffee as exactly as he wanted.

극성스런 학부모를 대한 경험

p.29 에피소드 2-6 활용

합격비법 1   학원에서 아르바이트할 때 까다로운 학부모를 만난 적이 있습니다.

합격비법 2   공부를 잘하는 학생인데 그 학생의 어머니는 시험 점수가 1점이라도 떨어지는 것을 받아들이지 못했습니다. 점수가 1점이라도 떨어진 주에는 매일 학원에 찾아와 아이의 학습 태도를 지켜보시곤 했습니다. 그런 어머니 때문에 아이도 힘들어했지만 학원 분위기 역시 좋지 않아져, 저는 고민 끝에 어머니께 매일 문자로 연락을 드리기로 했습니다. 문자로 아이의 학습 태도 및 배운 내용을 전했더니 어머니는 안심하셨습니다. 원장님은 이 방법을 다른 학생들에게도 적용할 수 있겠다 여기고 학생들의 학습 태도 등의 피드백을 학부모께 문자로 전송하기로 결정하셨습니다.

합격비법 1   I have met a difficult parent when I worked at an academy.

합격비법 2   He was pretty good at GPAs but his mother didn't accept that the test score was lowered even by one point. She came to the academy to watch her son study every single day in the week that the test score was not satisfactory. I decided to text her everyday because she was hard on her son and that made other people around uncomfortable. She was relieved when I texted her about her son's learning attitude and what he studied. My boss thought that would work for other students so that he also decided to give all the other students text-based feedback on learning attitude and etc.

38. Have you ever made any mistakes while working?

일하면서 실수했던 경험이 있습니까?

What did you do when you made any mistakes while working?
Tell us what you'd do if you make mistakes while working.

일을 하며 겪게 되는 부정적인 상황에 대해 면접관은 높은 관심을 갖고 있습니다. 실수, 고객 불만, 동료와의 불화 같은 부정적인 상황은 누구든 겪을 수 있습니다. 이를 피하기보다 어떻게 현명하게 대처했는지, 또는 자신이 이 경험을 통해 무엇을 배웠는지 보여 주는 답변을 합니다. 그렇게 본인의 역량을 드러내면 됩니다.

합격비법 1 실수 경험

합격비법 2 대처 방법 또는 배운 점

✏️ 문형 연습

I have been researching international cuisine culture in order to make up the mistake that I made.

제가 저지른 실수를 만회하기 위해 이후 저는 각국의 음식 문화에 대해 큰 관심을 갖고 공부하게 되었습니다.

활용하기

1. 제가 저지른 실수를 만회하기 위해 저는 모든 것을 더블 체크하려고 노력합니다.

   (I try to double-check on everything)

   _____ in order to make up the mistake that I made.

2. 제가 저지른 실수를 만회하기 위해 제 급여를 일부 포기해야 했습니다.

   (I had to give up some of my payment)

   _____ in order to make up the mistake that I made.

레스토랑의 메뉴를 모두 습득하지 못해 생긴 실수 p.19 에피소드 2-4 활용

합격비법 1 　여러 나라 음식을 판매하는 음식점에서 아르바이트할 때의 일입니다. 일을 시작하고 며칠 되지 않은 날, 아랍인 손님이 할랄 음식을 찾았습니다. 당시 저는 할랄 음식이 뭔지 몰랐습니다. 이에 대해 들은 기억이 없어 메뉴에 없다고 설명했습니다. 하지만 매니저님이 후에 이 이야기를 듣고 할랄 음식에 대해 설명해 주시고 주문도 가능하다고 해서 당황하고 말았습니다.

합격비법 2 　제가 하는 일에 대해 완벽하게 숙지하지 못해 저지른 실수를 만회하기 위해 이후 저는 각국의 음식 문화에 대해 큰 관심을 갖고 공부하게 되었습니다.

합격비법 1 　It was when I worked part-time at a restaurant selling foods from many countries. On the day when I started working, a few Arab guests were looking for Halal food. At the time, I did not know what Halal food was. I told them that the restaurant did not serve Halal food because I thought I never heard of it. However, the manager told me about Halal food and I was embarrassed because I could take orders of it.

합격비법 2 　I have been researching international cuisine culture in order to make up the mistake that I made when I was not fully aware of what I was supposed to do.

 성급한 마음으로 서비스하다 생긴 실수 p.29 에피소드 2-4 활용

합격비법 1 　레스토랑에서 일할 때였습니다. 바쁜 시간 신속하게 서비스하려던 마음에 욕심을 부려 그릇을 한꺼번에 들다가 떨어뜨려 깨뜨린 적이 있습니다. 이로 인해 손가락까지 다치고 서비스도 지연되었습니다. 또한 사장님께도 걱정을 끼쳤습니다.

합격비법 2 　바쁠수록 더욱 침착해져야 한다는 것을 실수를 통해 깨달았습니다.

합격비법 1 　It was when I was working at a restaurant. It was busy at that time and I tried to carry the plates at once because I wanted to serve quick but the plates slipped out of my hands and broke. I had my fingers cut so the customers had to get served delayed meal. My boss also worried about it much.

합격비법 2 　I realized the busier I get the calmer I need to be.

정답　1. I try to double-check on everything　　　2. I had to give up some of my payment

39. Have you ever had a trouble with your coworkers?

동료와의 관계에서 문제를 겪은 적이 있습니까?

What would you do if you have troubles with your coworkers?

Do you have any experiences that you have had troubles with coworkers?

동료와의 문제는 민감한 사안인 만큼 신중하게 사례를 선택해야 합니다. 승무원은 팀으로 업무를 수행하고 동료와의 팀워크가 중요한 일이므로, 문제를 겪은 적은 크게 없다고 답하는 게 좋으며, 사례를 들고자 한다면 스스로 그 일을 해결하고자 노력을 시도했으며, 자신의 기여도가 높았던 사례를 택하도록 합니다.

문제를 겪은 일이 없다면,

합격비법 1 이제껏 동료와 문제가 있었던 일이 없음을 강조

합격비법 2 합격비법1에 대한 부연 또는 앞으로도 그런 일은 없을 것이라 강조

문제를 겪은 일이 있다면,

합격비법 1 사례를 간략히 소개

합격비법 2 대처 방법 또는 배운 점 부연

✎ 문형 연습

I have almost never had disagreement with friends and I don't think I would have any troubles with coworkers.

친구와도 다툰 일이 거의 없는 저이기에 앞으로도 동료와 문제를 빚는 상황은 벌어지지 않으리라 생각합니다.

활용하기

1. 저는 실수를 저지른 경험이 거의 없습니다. (mistakes)

   I have almost never had _____.

2. 저는 문화적 차이를 느껴본 적이 거의 없습니다. (cultural differences)

   I have almost never had _____.

친구와도 다툰 적이 없는 만큼 동료와 문제를 겪은 일은 없음

합격비법 1 저는 이제까지 일하던 동료와 문제를 겪은 적이 없습니다.

합격비법 2 친구와도 다툰 일이 거의 없는 저이기에 앞으로도 동료와 문제를 빚는 상황은 벌어지지 않으리라 생각합니다.

합격비법 1 I have never had any troubles with coworkers.

합격비법 2 I have almost never had disagreement with friends and I don't think I would have any troubles with coworkers.

학원 동료의 그릇된 행동을 알게 돼 사이가 멀어짐   p.29 에피소드 2-7 활용

합격비법 1 딱 한 번 문제가 있었던 기억이 납니다. 학원에서 아르바이트하던 때였습니다. 학생이 결석하면 그 내용을 학부모에게 문자로 전송하는 게 그 동료가 맡은 일 중 하나였습니다. 그런데 학생들과 친해지면서 사실이 아닌 내용을 전송하던 장면을 제가 보게 된 것입니다.

합격비법 2 저는 이 일이 옳지 않다고 보고 동료와 단둘이 이에 대해 이야기할 기회를 가졌습니다. 그는 끝까지 자신이 잘못했다고 인정하지 않았고, 그다음 날 갑자기 퇴사해 버렸습니다. 그 때문에 지금까지 관계를 회복하지 못한 상황이 되고 말았습니다. 저는 무척 아쉬웠고, 동료의 그런 행동이 지금까지도 안타깝게 여겨집니다.

합격비법 1 I remember that there was only one problem. It was time when I was doing a part-time job at an academy. It was one of my colleagues' task to text parents when a student was absent. I have witnessed a scene in which my coworker sent a text that was not true once he started to get along with students.

합격비법 2 I strongly believed that what he did was not right and had a chance to talk to him alone. He never admitted that he did wrong and quit all of sudden. I haven't had the relationship with him recovered yet. I feel so sorry for how my coworker dealt with the situation.

정답   1. mistakes   2. cultural differences

40. When did you feel rewarded while working?

일하면서 보람을 느낀 순간은 언제였습니까?

When did you feel rewarded in terms of work?

Do you have any experiences that you have got rewarded when working?

지원자가 어느 때 보람을 느끼며, 이를 통해 일의 어떤 면을 긍정적으로 여기는지 알 수 있는 질문입니다. 특별한 순간을 굳이 떠올리려 하지 않아도 됩니다. 찰나에 불과해도, 주변 사람들이 사소하게 여기는 그런 상황에서도 보람을 느낄 수 있기 때문입니다.

합격비법 1 보람을 느낀 순간 언급

합격비법 2 그때 느낀 점 설명

✎ 문형 연습

He was grateful for lending him the book when he was alone.

그분이 혼자 계실 때 책을 빌려 드렸더니 고마워하셨습니다.

활용하기

1. 제가 동료가 원하던 업무 시간으로 변경해주니, 동료가 고마워했습니다.

   (my coworker, switching my work shift to the time he wanted)

   _____ was grateful for _____.

2. 제가 울고 있는 고객의 아기를 잘 달래주니, 고객은 제게 고마워하셨습니다.

   (taking care of her crying baby, the customer)

   _____ was grateful for _____.

정답   1. My coworker, switching my work shift to the time he wanted
       2. The customer, taking care of her crying baby

서비스에 만족한 고객을 통해 느낀 보람

p.20 에피소드 2-8 활용

합격비법 1 제 서비스가 좋아서 단골이 되었다는 손님을 만났을 때입니다.

합격비법 2 커피숍에서 주문을 받다가 손님이 들고 있던 책에 대해 친근하게 한마디 건넨 일이 있습니다. 그 당시 가장 재미있게 읽었던 책이라 반가운 마음에 제가 좋아하는 책이고 재미있다는 말씀을 드렸습니다. 그 후 그 손님이 혼자 커피를 마시러 오셨을 때, 좋아하셨던 그 책을 보고 싶은지 여쭤 보았습니다. 제가 가지고 있던 그 책을 보시지 않겠냐고 건넸더니 무척 좋아하셨습니다. 후에 그분이 혼자 계실 때 제가 책을 빌려드려서 고마웠다고 말씀해 주셨습니다. 저 때문에 단골이 되었다는 말씀에 큰 보람을 느꼈습니다.

합격비법 1 It was when I met a customer who liked my service and decided to become a regular.

합격비법 2 While I was taking an order from the coffee shop, I gave a friendly word about the book that the guest was holding. It was the book I enjoyed a lot at the time so I told him that was one of my favorite books and it's a good one to have fun reading with. Later, I asked if he would like to read the book he had enjoyed when he came for a coffee alone. I asked him if he would like to see the book that I had and he liked it very much. Later, he told me that he was grateful for lending him the book when he was alone. I felt greatly rewarded to hear that he became a regular because of me.

노력을 인정한 사장님의 칭찬과 특별 보너스를 받고 느낀 보람

p.28 에피소드 2-2 활용

합격비법 1 제가 사장님께 칭찬과 함께 특별 보너스를 받은 순간입니다.

합격비법 2 햄버거 가게에서 일하던 당시 경쟁 햄버거 가게가 생기면서 매출이 떨어지는 것을 걱정하는 사장님을 보며, 뭔가 방법이 없을까 고민했습니다. 그러다 여학교 근처인 점, 미용에 관심 있는 손님이 많다는 데 착안해 야채 패티 햄버거를 만들자는 의견을 냈습니다. 이후 매출이 20% 정도 상승했습니다. 사장님께 특별 보너스를 받았고, 저는 보람을 느꼈습니다.

합격비법 1 It was the time when I got special incentive with compliments from my boss.

합격비법 2 When I was working at a hamburger restaurant, my boss was worried about another competitive restaurant that started to soar in sales and he made me think over how to handle this. I suggested him launching a brand-new menu such as veggie-patty hamburgers because the restaurant I worked for was located near girls' schools and had many customers who're interested in cosmetics and beauty. After the veggie-patty hamburger was launched, the sales increased about 20%. My boss granted me special incentive and I felt proud of myself.

41. Have you ever had a moment of regrets while working?

일하면서 후회한 순간은 언제였습니까?

When have you regretted in terms of working?

Do you have any moment of regrets when working? Explain.

지원자가 일을 하며 겪은 부정적인 순간을 알아봄으로써 지원자의 성향을 파악할 수 있습니다. 어떤 때 후회를 느꼈는지 말할 때는 답변이 감점 요소로 작용하지 않도록 방향을 잘 신경 써 답변을 구성합니다. 상황을 언급하고 그런 일을 다시 겪지 않도록 무엇을 어떻게 변화시켰는지, 배운 점은 무엇인지 덧붙입니다.

합격비법 1 후회한 순간 언급

합격비법 2 개선점, 배운 점으로 마무리

🖋 문형 연습

I should have used those opportunities efficiently.

그 기회를 많이 활용했어야 했는데 그러지 못했습니다.

활용하기

1. 서비스 부문에서 경험을 더 쌓았어야 했는데 그러지 못했습니다.

    (experienced service fields more)

    I should have _____.

2. 좀 더 일찍 승무원에 도전했어야 했는데 그러지 못했습니다.

    (applied for the flight attendant position earlier)

    I should have _____.

시간을 유용하게 활용하지 못한 것

p.19 에피소드 2-2 활용

합격비법 1 사무실에서 일하던 당시 시간을 보다 유용하게 쓰지 못한 게 후회됩니다.

합격비법 2 서류 정리와 직원 심부름을 하는 업무였는데, 당시 일이 그리 많지 않았습니다. 자리에 앉아 있는 시간이 늘자 상사 중 한 분이 여유 시간에 원하는 공부를 해도 된다고 하셨습니다. 하지만 저는 시간 귀한 줄 모르고 책을 읽거나 멍하니 보냈습니다. 후에 다른 부서에서 저와 같은 일을 하는 동료가 그 시간에 공부해 자격증을 취득했다는 이야기를 듣고 주어진 시간을 소중히 여기겠다고 스스로에게 약속했습니다.

합격비법 1 I regret that I didn't make use of time more usefully when I was working in the office.

합격비법 2 I was in charge of paperwork and staff errands, but I did not have much work at that time. As I spent more time sitting there, one of my bosses said that I could study whatever I wanted in my spare time. But because I did not know how valuable the time was, I read books or spent it meaninglessly. As I heard that one of my colleagues who was in charge of the same task as mine in another department later achieved a certain certificate, I made a promise to myself that I will take the time given seriously.

수강료를 지원받은 수업을 제대로 활용하지 못한 일

p.29 에피소드 2-5 활용

합격비법 1 무료 수강 기회를 잘 활용하지 못해 후회한 일이 있습니다.

합격비법 2 학원 아르바이트를 하던 당시 그 학원 수업을 듣기 원하는 근무자에게 수강료를 지원해 주었습니다. 그 기회를 많이 활용했어야 했는데 그러지 못했습니다. 그때는 영어 시험 점수 올리기에 급급해 말하기에 별 관심이 없었습니다. 그래서 말하기 관련 수업을 듣지 않은 게 두고두고 아쉽습니다.

합격비법 1 I once regretted that I didn't make good use of opportunities that I could take free classes.

합격비법 2 The academy that I used to work for gave financial support to workers who were looking forward to taking some of classes at no cost. I should have used those opportunities efficiently. I had to increase English proficiency test score urgently at that time so I was not interested in taking speaking classes offered by the academy. I think I had to take the classes offered by the academy.

정답 1. experienced service fields more   2. applied for the flight attendant position earlier

42. What did you learn from your work experiences?

일한 경험을 통해 배운 점은 무엇입니까?

Tell us what you have learned from your work experiences.

What were the lessons you have learned from your work experiences?

무엇을 배웠는지를 강조하면 사소하게 간주될 일은 없습니다. 자신이 거쳐 온 일들에서 배운 점을 말합니다. 그런 배운 점들 모두가 승무원이 된 이후 도움이 될 자산입니다.

합격비법 1 배운 점 언급

합격비법 2 업무 경험 또는 에피소드 언급

✎ 문형 연습

I got to know that bright facial expressions and positive attitude are the fundamental elements to be a professional.

밝은 표정과 긍정적인 태도가 프로의 기본 자세임을 알게 되었습니다.

활용하기

1. 저는 다른 사람들과 잘 어울려 지낸다는 것을 알게 되었습니다.

    (it's easy for me to mingle with others)

    I got to know that _____.

2. 서비스직이 쉽지 않다는 것을 알게 되었습니다.

    (the service field is not easy at all)

    I got to know that _____.

서비스직에서 적성을 찾고 그에 필요한 자세를 배움 p.19, 20 에피소드 2-2, 6 활용

합격비법 1 여러 일한 경험을 통해 두 가지를 배웠습니다.

합격비법 2 첫째, 사무실에서 일할 때 저는 사람을 상대하는 활동적인 일이 제게 더 맞다는 것을 알았습니다. 둘째, 서비스 분야에서는 매너와 태도가 중요한 역할을 한다는 것입니다. 사무실 업무는 체력적으로 훨씬 수월한 일이었으나, 저는 그 일을 즐기지 못했습니다. 그리고 공항에서 통역 아르바이트생을 관리하러 온 선배를 통해 밝은 표정과 긍정적인 태도가 프로의 기본 자세임을 알게 되었습니다. 저 역시 이를 실천하고부터 일할 때 더욱 활력이 솟는 기분을 느꼈습니다. 이 두 가지는 앞으로도 제가 직업을 택하고 일을 하는 데 있어 큰 도움이 되리라 생각합니다.

합격비법 1 I have learned two things with working experiences in a variety of fields.

합격비법 2 First, I have learned that works that are energetically dealing with other people would be more suitable for me when I was working in the office. Secondly, what I also have learned is that manner and attitude are playing major roles in the field of service. Though the office work was easier physically, I didn't enjoy it much. I got to know that bright facial expressions and positive attitude are the fundamental elements to be a professional from the senior who managed part-time interpreters at the airport. Every time I did what I learned from the senior, I felt more energetic than before. Those two lessons that I have learned would be practically helpful for me to get a job and keep a job in the future to come.

책임감과 적극성을 배움

합격비법 1 다양한 서비스직을 거치며 책임감과 적극성을 배웠습니다.

합격비법 2 직원이라는 생각보다는 책임자의 입장에서 생각하고 일하려고 노력했습니다. 그러다 보니 손님에게 필요한 것이 무엇인지 먼저 생각하게 되었고 손님을 위한 새로운 아이디어도 제안하게 되었습니다. 앞으로도 주어진 일을 할 때마다 이처럼 책임감과 적극성을 기본으로 임할 생각입니다.

합격비법 1 I have learned how to be responsible and how to be enthusiastic by working various part-time jobs.

합격비법 2 I tried to work as a person in charge of, not just one of the employees. As a person in charge, I tried to put a priority on what customers need and suggest some ideas for them. I will do what is given with responsibility and enthusiasm in the future to come.

43. Why are you leaving your job?

일을 그만둔 이유는 무엇입니까?

Specify the reasons why you have quit the last job.
How come you have decided to leave the previous job?

오랜 기간 일을 했음에도 그만둔 이력이 있는 경우, 이전 경력과 관련된 직무가 아닌 전혀 다른 분야로 이직한 경우, 면접관은 그 이유가 궁금할 수 있습니다. 솔직한 사유를 밝히는 것이 중요하나, '일이 힘들어서', '항공사 입사를 준비하기 위해' 등의 이유는 피합니다. 특히 승무원이 되려고 항공사 입사 준비 때문에 하던 일을 그만두었다면, 퇴사 후 특히 무엇을 더 준비할 수 있었는지 정확하게 말할 수 있어야 합니다. 계약 만료, 회사 사정 등의 부득이한 사유는 간단하게 언급만 해도 됩니다.

합격비법 1 퇴사 이유를 간략히 설명

 **문형 연습**

With the contract expired, I had to leave the job.
계약 만료 후 일을 그만두게 되었습니다.

활용하기

1. 계약 만료 후 새로운 일을 알아보는 중입니다.

   (I have been looking for a new job)

   With the contract expired, _____.

2. 계약 만료 후, 현재까지 일을 하고 있지 않습니다.

   (I have not been employed)

   With the contract expired, _____.

계약 만료로 인한 퇴사

합격비법 1　저는 방학 기간 동안만 일을 하기로 계약했습니다. 계약 만료 후 일을 그만두게 되었습니다.

합격비법 1　I made a contract to work only in the vacation. With the contract expired, I had to leave the job.

역량을 더 잘 발휘할 수 있는 직장을 얻고자 퇴사

합격비법 1　더 활동적인, 제 역량을 더욱더 발휘할 수 있는 일을 하고 싶었기 때문입니다.

합격비법 1　It was because I wanted to do works that are more dynamically helpful to demonstrate what I can do.

계획한 어학연수 시기가 다가와 퇴사

합격비법 1　계획한 어학연수 시기가 다가와 준비 기간을 고려해 출국 한 달 전 일을 그만두게 되었습니다. 회사에 미리 고지한 사항이라 퇴사 전 제 후임이 들어왔고, 저는 업무를 완벽히 인계하고 나왔습니다.

합격비법 1　Thinking of the preparation period, I had to quit a month before I had to leave because the time I planned for the language training program had come. Because I had already notified the company, the company hired someone who'd be taking over my job and I transferred what the job required and completed what I had to do perfectly.

정답　1. I have been looking for a new job　　　2. I have not been employed

44. Why do you want to change your career into this field?

왜 직업 분야를 바꾸려고 합니까?

Are there any specific motivations to change your career into this field?
Tell us how come you'd like to change your career into this field.

승무원 직무와 관련이 적은 전공을 이수한 경우, 업무 경험이 직무와 크게 관련이 없다고 간주되는 경우 받게 될 질문입니다. 전혀 다른 분야의 이력을 가진 지원자라 하더라도 자신이 잘 해낼 수 있음을, 과거 업무 경험이나 본인 인성의 강점을 통해 설득력 있게 전달하고, '잘할 수 있고 하고 싶은 일'이기에 분야를 바꾸더라도 해 보고 싶다는 방향으로 답변을 구성합니다.

합격비법 1 이유 언급
합격비법 2 이유에 설득력을 부여할 내용 부연

✎ 문형 연습

I am the applicant who is fully determined to enjoy the flight attendant job.

저는 승무원 직무를 즐길 수 있다는 누구보다 확고한 의지가 있는 지원자입니다.

활용하기

1. 그녀는 자신의 의견에 너무도 확고합니다.

   (she is so, on her opinion)

   _____ determined _____.

2. 일단 계획을 세우면 저는 그 계획에 대해 정말로 확고합니다.

   (I am so, once I set my plan to do)

   _____ determined _____.

승무원직에 대한 확고한 의지와 적성을 가졌기 때문

합격비법 1 저는 승무원 직무를 즐길 수 있다는 누구보다 확고한 의지가 있는 지원자입니다.

합격비법 2 이제껏 사무실에서 이메일을 통해 여러 바이어들, 거래 담당자들과 소통했습니다. 비록 일대일로 만난 것은 아니지만 이메일이나 전화 통화 같은 연락으로도 친한 동료가 되었습니다. 지금은 '다양한 국적을 가진 친구들'이라 부를 정도입니다. 서비스도 이와 같다고 생각합니다. 제 경험을 바탕으로 상대의 마음을 헤아리고, 적극적으로 행동하는 승무원이 되겠습니다.

합격비법 1 I am the applicant who is fully determined to enjoy the flight attendant job.

합격비법 2 I have communicated with buyers or dealers via emails. I made friends with them via contacts such as emails or telephones though we have never met in person. I now call them 'international friends'. I believe that service is like this. With the experiences I made, I will be a flight attendant who would be able to understand others and act positively.

다양한 해외 경험을 통해 찾은 적성을 승무원 업무에 발휘하고 싶어서

합격비법 1 비록 승무원 직무와 연관이 적은 건축학을 전공했지만, 전공 공부를 통해 쌓게 된 다양한 해외 경험이 이 일에 맞는 제 적성을 찾게 해 주었기 때문입니다.

합격비법 2 미국에서 보낸 2년간의 유학 생활은 새로운 환경에서 다양한 사람을 만나는 일이 제가 진정으로 즐기며 할 수 있는 일이라는 깨달음을 주었습니다. 그런 일이 무엇일까 고민하던 중, 한국으로 돌아오는 비행기에서 승무원과 대화를 나누면서 이 직업이 내가 찾던 일이라는 것을 알게 됐습니다. 저는 승무원 직무를 즐길 수 있다는 누구보다 확고한 의지가 있는 지원자입니다.

합격비법 1 It is because my own experiences that I had by studying my major helped me find career that is suitable for me though I majored in architecture which doesn't seem related to the career of cabin crew.

합격비법 2 The two years that I spent in the US made me realize that the most enjoyable work that I could do is to meet people with various backgrounds in a new environment. While I was wondering what that would be, I talked to the flight attendant on a flight back to Korea and found that this job was what I was looking for. I'm the applicant who is fully determined to enjoy the flight attendant job.

정답   1. She is so, on her opinion   2. I am so, once I set my plan to do

could have vs. should have

앞서 if를 사용하는 용법 2가지를 언급한 바 있습니다. 이번에는 가정문에 대해 알아봅니다. 가정문은 풀이되는 시제에 따라 '과거', '과거완료', '현재' 3가지가 있다고 배웠을 것입니다. 여기서는 대화에서 자주 사용되는 과거완료 형태에 대해 좀 더 살펴보겠습니다.

 a. **If I had studied English harder, I could have worked as flight attendant.**
   내가 영어 공부를 좀 더 열심히 했다면 승무원으로 일할 수 있었을 텐데→(실제) 영어 공부를 열심히 하지 않아 승무원으로 일할 수 없었다.

 b. **I should have studied English harder.**
   나는 영어 공부를 좀 더 열심히 했어야 했다→(실제) 영어 공부를 열심히 하지 않았다.

예문 a는 우리가 배운 '가정법 과거완료' 공식을 그대로 적용한 문장입니다. 한데 실제 대화에서는 이처럼 공식을 통째 사용한 문장보다는 예문 b와 같이 if절 없이 말하는 방식이 보다 자연스럽게 들립니다. 물론 이때는 청자가 문맥상 if절 내용을 유추할 수 있어야 한다는 전제가 따릅니다. 정확한 의사 전달이 대화의 핵심이니까요. 그러면 could와 should는 어떻게 구별해 사용해야 할까요? 둘의 차이는 조동사 자체의 의미 차이입니다. 따라서 could have는 '…할 수 있었을 텐데', should have는 '…했어야 했는데'의 뜻으로 이해하면 됩니다. 그런데 간혹 부정문에서 조동사+not의 축약 부분이 잘 들리지 않는다고 말하는 학생들이 있습니다.

 c. **I shouldn't have hesitated to talk about my own argument.**
   내 주장을 말하는데 주저하지 말았어야 했다→(실상은) 주저하는 바람에 주장을 제대로 펴지 못했다.

예문 c, should+not은 '…하지 말았어야 했다'는 후회를 표현합니다. 학생들의 애로가 이해되는 것이, 실제 발화 상황에서 should와 shouldn't 간 차이가 크게 두드러지지 않는 면이 있습니다. 각별히 주의해 들을 필요가 있습니다,

   …할 수 있었을 텐데 (실제로 하지 못했다)
   If I had studied English harder, I could have worked as flight attendant.
   …했어야 했는데 (실상은 하지 않았다)
   I should have studied English harder.

Unit 8

그 밖에 가능한 질문

45. What is your favorite food?
    좋아하는 음식은 무엇입니까?

46. Where would you recommend as a place to visit in Korea
    to your foreign friends?
    한국을 방문하는 외국인 친구에게 어디를 추천해 주고 싶습니까?

47. Have you ever disappointed somebody?
    누군가를 실망시킨 경험이 있습니까?

48. What did you do last night?
    어제 저녁에 무엇을 했습니까?

49. What is your plan after this interview?
    면접이 끝나면 무엇을 할 계획인가요?

50. What do you want to say before you go?
    끝으로 하고 싶은 말이 있습니까?

45. What is your favorite food?

좋아하는 음식은 무엇입니까?
What food do you like the most?
Tell us what you like the most.

이 또한 답변 내용을 통해 지원자의 인성을 가늠하려는 질문이 아닌, 친화력 및 영어 자신감을 보려는 small talk 유형의 질문입니다. 자연스러운 전달이 중요합니다.

합격비법 1 좋아하는 음식 언급

🖊 문형 연습

My favorite is salmon salad which comes with fresh vegetables and salmon with sauce.

신선한 야채와 연어에 소스를 곁들인 연어 샐러드를 가장 좋아합니다.

활용하기

1. 저는 R&B 음악을 좋아합니다.

   (R&B music)

   My favorite is _____.

2. 저는 매운 음식을 좋아합니다.

   (spicy food)

   My favorite is _____.

+같은 뜻 다른 표현

What I like the most is salmon salad which comes with fresh vegetables and salmon with sauce.

상큼한 음식

합격비법 1 저는 상큼한 음식을 좋아합니다. 신선한 야채와 연어에 소스를 곁들인 연어 샐러드를 가장 좋아합니다. 저는 신 과일도 잘 먹고 식초가 들어간 음식은 대부분 잘 먹습니다.

합격비법 1 I like to eat something fresh. My favorite is salmon salad which comes with fresh vegetables and salmon with sauce. Sour fruit and foods with vinegar are fine with me.

 ## 기름진 음식

합격비법 1 저는 기름진 음식을 좋아합니다. 튀긴 음식을 즐기는데, 특히 야채튀김을 좋아해 자주 먹는 편입니다. '튀긴 음식은 무조건 맛있다. 신발조차 튀기면 맛있을지 모른다'는 농담에 웃으며 공감한 적이 있습니다. 하지만 기름기 많은 음식을 지나치게 먹는 것은 건강에 해로울 수 있으므로 조금씩 줄여 가려 합니다.

합격비법 1 I like greasy foods to eat. I enjoy most of the greasy foods in particular veggie tempura the most. I agreed with the saying 'Fried foods are delicious. Even shoes will be delicious when they're fried.' and that cracks me up so much. However, I try not to eat fried foods much because greasy foods are not healthy.

매운 음식

합격비법 1 매운 음식을 좋아하여 멕시칸 요리 또는 동남아시아 요리를 좋아합니다. 저희 집 냉장고에는 늘 핫소스가 비치되어 있습니다.

합격비법 1 I love spicy foods and those make me crave for Mexican or Southeast asian foods. So I always keep a bottle of hot sauce in my refrigerator.

정답   1. R&B music   2. spicy food

46. Where would you recommend as a place to visit in Korea to your foreign friends?

한국을 방문하는 외국인 친구에게 어디를 추천해 주고 싶습니까?

Do you have any recommendable places in Korea for international friends of yours?

Describe decent places in Korea for international visitors.

자국에 대한 이해가 잘돼 있는 지원자가 타국에 대한 이해도 빠른 만큼, 자기 나라를 외국인에게 어떻게 소개할 수 있는지 보려는 질문입니다. 너무 뻔하게 들리거나 세세한 추천보다는 외국인 친구가 흥미롭게 여길 한국에 대한 긍정적인 내용을 이야기하면 됩니다. 친화력 및 커뮤니케이션 스킬을 평가할 수 있는 질문입니다.

합격비법 1 한국 추천지 소개

합격비법 2 마무리

✎ **문형 연습**

Jeonju is a well-known place to tourists from other countries because tourists can experience Korean traditional food and house.

전주는 한국 전통 음식을 먹을 수 있는 맛집과 한옥마을로 외국인들에게 유명한 곳입니다.

활용하기

1. 제주는 아름다운 바다로 유명한 곳입니다.

   (Jeju, for its beautiful beaches)

   _____ is a well-known place _____.

2. 제가 일했던 커피숍은 커피가 맛있기로 유명한 곳입니다.

   (for wonderful coffee flavor, the coffee place I used to work for)

   _____ is a well-known place

   _____.

한국의 전통 음식과 주거 문화를 경험할 수 있는 전주

합격비법 1 조만간 중국인 친구가 한국을 방문할 예정입니다. 그 친구는 한국의 음식 문화에 관심이 많아서 저는 전주를 추천하려 합니다.

합격비법 2 전주는 한국 전통 음식을 먹을 수 있는 맛집과 한옥마을로 외국인들에게 유명한 곳입니다. 관광객들은 거리를 걸으며 다채로운 먹을거리뿐 아니라 전통 기념품도 살 수 있습니다. 또한 한국의 전통적인 주거 문화를 경험해 볼 수도 있습니다.

합격비법 1 My friend who's Chinese is planning to visit me in Korea soon. She's been interested in Korean cuisine culture much so I would like to recommend her to visit Jeonju.

합격비법 2 Jeonju is a well-known place to tourists from other countries because tourists can experience Korean traditional food and house. Tourists can eat various food and get some traditional souvenirs walking on the streets. They also can experience Korean traditional housing culture.

 멋진 풍광과 다양한 관광지가 있는 제주

합격비법 1 저는 제 고향이면서 요즘 인기 있는 제주도를 소개해 주고 싶습니다.

합격비법 2 외국 친구들에게 한국의 보물, 아름다운 제주 경치를 보여 주고 싶기 때문입니다. 여유롭게 경치를 감상할 수 있는 해안도로며 식물원에도 보고 즐길 게 많고, 외국인들이 좋아하는 케이팝 박물관도 있습니다. 나이나 취향에 따라 즐길 거리가 다양해 외국인들이 좋아하리라 봅니다.

합격비법 1 I would like to recommend my hometown Jeju Island which has been recently getting popular.

합격비법 2 It is because I would like to show the treasure of Korea, beautiful scenic views of Jeju Island to friends from other countries. Jeju Island has coastal roads where you can relax and enjoy the scenic views and botanical gardens where there are many things to look at or have fun with, and K-pop museum that many foreigners like. Many international tourists would enjoy Jeju Island because it has many things to enjoy depending on how old they are or what they like.

정답 1. Jeju, for its beautiful beaches   2. The coffee place I used to work for, for wonderful coffee flavor

47. Have you ever disappointed somebody?

누군가를 실망시킨 경험이 있습니까?

When did you disappoint someone?
What would you do if you'd disappoint someone?

특정 과거 경험을 묻는 질문을 받게 되면 해당 경험 유무가 기억나지 않을 수도 있지만, 가능한 한 떠올려 경험을 말하는 것이 좋습니다. 없다고 한다면 면접관과의 대화는 잠시 중단될 것이며, 이는 지원자에게도 당황스러운 순간이 되기 때문입니다. 에피소드를 다양하게 준비해 두면 이런 경험을 묻는 질문에 대한 대비가 되므로 당황하지 않고 답변할 수 있습니다. 주의할 점은 이 질문처럼 부정적인 경험을 물을 때의 대응 방식입니다. 일단 조금은 조심스럽게 답변을 시작합니다. '실은', '사실은', '한번은' 같은 표현을 앞세워 상황을 제한해 답변에 대한 부정적인 느낌을 줄여 줍니다. 누군가를 실망시킨 경험을 들려준 뒤, 당시 상황을 어떻게 극복했는지 또는 그 상황을 통해 느낀 스스로 부족하게 여기는 부분을 개선하고 있다든지, 다시는 그런 상황을 만들지 않으려 노력한다는 설명을 부연해 긍정적으로 마무리합니다.

합격비법 1 (조심스러움을 담은 표현으로 시작해) 경험 언급

합격비법 2 부정적인 내용에 대한 단점 개선 의지 또는 그 상황을 통해 배운 점 부연

✎ 문형 연습

I unexpectedly got asked to work extra since the place where I worked got busier.

예상치 못하게 제가 일하던 곳이 바빠져 추가 근무를 요청받았습니다.

활용하기

1. 예상치 못하게 승진 제안을 받은 적이 있습니다.

   (got offered to promotion)

   I unexpectedly _____.

2. 예상치 못하게 체중이 10kg 이상 는 적이 있습니다.

   (gained, over 10kgs more)

   I unexpectedly _____.

정답   1. got offered to promotion   2. gained, over 10kgs more

추가 근무 때문에 가족 여행이 취소돼 어머니를 실망시킨 일

합격비법 1　지금 생각해 보니 한 번 그랬던 기억이 있습니다.

합격비법 2　작년 어머니 생신 때 가족 모두가 1박 2일 일정으로 어머니 고향인 대구에 가기로 했습니다. 가족끼리 여행을 떠난 게 오래전 일이라 모두 들떠 있었습니다. 며칠 안 되는 짧은 일정이었지만 많은 것을 함께 계획했습니다. 그런데 예상치 못하게 제가 일하던 곳이 바빠져 추가 근무를 요청받았습니다. 이 때문에 여행을 취소할 수밖에 없어서 어머니가 실망하신 적이 있습니다. 그때 많이 속상했지만 올해는 꼭 가족 여행을 가자고 모두와 약속했습니다.

합격비법 1　I think I have once.

합격비법 2　Last year my family was planning to visit Daegu where my mother grew up all together for it was my mother's birthday. Everyone in the family was all excited because it was a long time ago when we all went for a trip together. We planned lots of things together though it was only a few days of itinerary. But I unexpectedly got asked to work extra since the place where I worked got busier. My mother got disappointed so much because I had to cancel the family trip. I felt disappointed too and we all made a promise to go on a family trip together this year.

 다수의 블로거를 실망시킴

합격비법 1　글쎄요. 그런 경험이 없는데……. 아, 최근 일이 하나 생각나네요.

합격비법 2　제가 운영하는 블로그를 가장 많이 방문하는 방문자에게 매달 선물을 드리는 이벤트를 하고 있습니다. 면접 준비를 하느라 잠시 블로그 활동은 쉬지만 선물 이벤트는 그대로 진행한다고 공지하였습니다. 그런데 제가 그 이벤트를 잊고 말았습니다. 저는 제 블로그 방문자들을 실망시킨 것 같아 너무 죄송한 마음이 들었습니다. 대신 귀사에 입사한다는 좋은 소식을 꼭 전해 드리고 싶습니다. 그래서 언젠가 제 비행 에피소드를 올릴 수 있는 기회가 생기기를 바랍니다.

합격비법 1　Well, I don't think I have those experiences. Just one thing comes to my mind.

합격비법 2　I have been doing an event that a visitor who comes to my blog the most will be getting a small present every month. I have posted that I'd take a rest on running a blog for a while due to the interview preparation but the present event will go on as usual. Unfortunately I forgot the event. I felt sorry how disappointed the visitors coming to my blog would be. Instead, I hope to deliver a good news which is about me getting hired in your company. Also I would like to have an opportunity to post my flight episodes on my blog someday.

48. What did you do last night?

어제 저녁에 무엇을 했습니까?

Tell us what you did last night.

Could you tell us what you did last night?

답변 내용을 통해 지원자의 인성을 가늠하려는 질문이 아닌, 친화력 및 영어 자신감을 볼 수 있는 small talk 유형의 질문입니다. 자연스러운 전달이 중요합니다.

합격비법 1 저녁에 한 일 언급

✎ **문형 연습**

I went to bed early because I have been aware of the fact that this interview would be started early in the morning.

오늘 이 면접이 아침 일찍부터 시작되는 것을 알았기에 어제는 일찍 잠자리에 들었습니다.

활용하기

1. 승무원이라는 직업은 쉽지만은 않은 직업이라는 것을 알고 있습니다.

   (the fact that cabin crew, is not an easy job)

   I have been aware of _____.

2. 저는 시사 문제에 대해 충분히 숙지하고 있습니다.

   (current affairs)

   I have been aware of _____.

이력서 정리 및 교통편 확인 후 취침

합격비법 1 오늘 이 면접이 아침 일찍부터 시작되는 것을 알았기에 어제는 일찍 잠자리에 들었습니다. 6시에 저녁을 먹고 이력서를 정리하고 오늘 면접 장소까지 오는 교통편을 다시 한 번 확인하고 행운을 비는 마음으로 잠을 잤습니다.

합격비법 1 I went to bed early because I have been aware of the fact that this interview would be started early in the morning. I went to bed wishing me luck after I had dinner around 6 pm, got my resume ready, and double-checked how to get here.

항공사 최신 뉴스 검색

합격비법 1 최근 귀사가 내년에 A380을 4대 더 구입한다는 소식을 들었습니다. 관련 뉴스를 검색하면서 제 직장이 될 회사의 뉴스를 미리 본다는 사실에 설레는 기분이었습니다. '내일 면접에서 긴장하지 말고 나 자신을 최선을 다해 보여 주자'는 다짐을 하며 잠을 청했습니다.

합격비법 1 I have read an article that your company will be purchasing four more A380s next year. Searching the news related got me a little excited to watch news about the company that I will be working for. I tried to sleep talking to myself 'try not to be nervous at the interview tomorrow and show the interviewers who I really am.'

정답   1. the fact that cabin crew is not an easy job   2. current affairs

49. What is your plan after this interview?

면접이 끝나면 무엇을 할 계획인가요?

Would you tell us what you'd be doing after this interview?

What would you be doing after this interview?

면접 후 본인 일정에 대해 간략하게 답합니다. 면접관이 면접을 마무리한다는 의미로 간단히 던지는 질문, small talk 정도로 볼 수 있습니다. 특히 외국인 면접관의 질문인 경우 이런 small talk을 통해 지원자의 영어에 대한 자신감 내지는 친화력을 평가하기도 하므로, 답변할 때는 이 점에 신경 쓰도록 합니다.

합격비법 1 면접 후 일정 언급

✏️ **문형 연습**

We got close and friendly because we have the same goal.

우리는 같은 목표를 가져서인지 금세 친해졌습니다.

활용하기

1. 우리는 공통의 관심사가 있어서인지 금세 친해졌습니다.

   (we have something in common)

   We got close and friendly because _____.

2. 우리는 어려운 시간을 함께 이겨내서인지 금세 친해졌습니다.

   (we both struggle with difficult times)

   We got close and friendly because _____.

친해진 다른 지원자와 점심 식사

합격비법 1　면접 대기실에서 친해진 다른 지원자와 함께 점심을 먹기로 했습니다. 우리는 같은 목표를 가져서인지 금세 친해졌습니다. 그 지원자와 점심을 먹으며 면접에 대해 이런저런 이야기를 나눌 것입니다.

합격비법 1　I will have lunch with one of the other applicants that I met in the waiting room. We got close and friendly because we have the same goal. I'll have some conversations about this interview having lunch with her.

집에 가기 위해 공항으로 출발

합격비법 1　저는 지방에서 면접을 보러 왔기 때문에 끝나고 바로 공항으로 가야 합니다. 열심히 면접을 봐서 그런지 지금 무척 배가 고픈데, 공항에 도착하는 대로 라면을 먹을 생각입니다. 집에 도착하면 어머니와 오늘 일과에 대해 이야기하고 싶습니다.

합격비법 1　I have to get to the airport immediately because I got here for this interview from another city. I think I would have ramen as soon as I get to the airport because I'm humgry so much with this interview that I participated in enthusiastically. I'd like to talk about today with my mother when I get home.

정답　1. we have something in common　　　　2. we both struggle with difficult times

50. What do you want to say before you go?

끝으로 하고 싶은 말이 있습니까?

You can say anything before you leave for about 30 seconds.

Do you have anything to say before you leave?

면접을 마치기 전 면접관이 주는 마지막 기회가 되는 질문입니다. 조금 더 설득해 주기를 바라는 면접관의 아쉬움이거나 지원자의 열정을 강하게 표현해 주기 바라는 마음일 수도 있습니다. 그런 잠재 의도를 고려해, 마지막으로 본인의 입사 열정과 의지를 담은 내용을 자신감과 예의를 갖추어 전달하는 매너 또한 중요합니다.

합격비법 1 감사 인사

합격비법 2 마지막으로 강조하고 싶은 본인의 의지, 열정을 피력하며 마무리

✏️ 문형 연습

I wish I could show you more about who I am.

저를 더 보여 드렸다면 좋았을 텐데 아쉽습니다.

활용하기

1. 시간이 더 있었다면 좋았을 텐데 아쉽습니다.

   (have more time)

   I wish I could _____.

2. 제 경험을 모두 표현할 수 있다면 좋았을 텐데 아쉽습니다.

   (describe all my experiences)

   I wish I could _____.

감사 인사 및 의지 표명

합격비법 1 우선 이렇게 함께 시간을 가져 주셔서 감사합니다.

합격비법 2 저를 더 보여 드리지 못한 아쉬움도 있지만, 승무원이 되고자 하는 제 열정을 최대한 드러내고자 애썼습니다. 면접관님께 그런 제 의지가 잘 전해졌기를 바라면서 회사에서 꼭 다시 뵙기를 희망합니다. 감사합니다.

합격비법 1 Thank you for sharing your precious time with me.

합격비법 2 I wish I could show you more about who I am but I tried to let you know how much eager I am to be a flight attendant. I'm so looking forward to seeing you soon and hoping you'd get what I try to say to you. Thank you.

감사 인사 및 의지 표명

합격비법 1 면접을 보는 동안 유쾌하여 기분이 좋습니다. 면접관님도 그런 시간이었길 바랍니다.

합격비법 2 면접관님과 제가 오늘 같은 색 블라우스를 입은 것도 기분 좋은 징조라 여겨집니다. 제가 입은 이 빨간 블라우스처럼 강렬한 저의 귀사 입사 의지를 알아주시기 바랍니다. 곧 다시 면접관님을 뵙게 되기를 바랍니다. 감사합니다.

합격비법 1 Thank you for the pleasant interview. I hope you'd have the pleasant time, too.

합격비법 2 I think it would be a good sign that I'm wearing the same-colored shirt as you are. I just want you to know how strongly I want to join your company as this red-colored shirt that I'm wearing. I hope to see you soon. Thank you.

정답　1. have more time　　　　　2. describe all my experiences

현재완료 vs. 현재완료진행

한국어와 비교할 때 영어는 시제(tense)가 상당히 발달한 언어입니다. 즉 한국어에는 없는 시제가 존재한다는 것이죠. 대표적인 것이 '완료 시제(perfect tense)'입니다. 완료 시제를 이해하기도 어려운데 한 술 더 떠 '완료+진행' 시제도 있지요. 참 힘든 언어입니다. 현재완료의 여러 용법 가운데 '계속적 용법'이란 것을 배운 기억이 있을 겁니다. '(과거부터 현재 이 시점까지 쭉) …해 왔다'고 해석되는 경우죠. 여기에 진행형을 더할 수 있습니다. 이때는 '(과거부터 현재까지 쭉) …해 오고 있는 중이다'라고 풀이됩니다. 현재완료진행과 현재완료는 과거부터 발화가 이루어지는 현재 시점까지 주기적·습관적으로 반복된 사건이나 행위를 설명합니다. 주의할 것은 현재완료진행은 1) 과거 발생한 사건이 현재까지 끊임없이 계속돼 지금도 일어나고 있는 사건이며, 2) 그로 인한 부작용(side effects)의 존재를 암시합니다. 이때 '부작용'은 현재완료진행을 사용한 설명은 결과적으로 안 좋은 상황을 내포할 가능성이 있음을 뜻합니다. 예문으로 살펴봅시다.

a. She **has cooked** the meal.
   그녀는 식사를 준비했다.

b. She **has been cooking** the meal (all day).
   그녀는 (하루 종일) 식사 준비를 위해 요리를 했다. (때문에 지금 그녀는 피곤하다.)

예문 a는 행위의 직접적인 결과만을 보여 주는 반면, 예문 b는 행위와 그에 따른 부작용까지 암시하는 문장이란 뜻입니다. 따라서 b는 '그녀는 하루 종일 식사를 만들었고, 그 결과 지금 그녀는 아마도 몹시 피곤한 상태다'라는 의미를 가질 수 있다는 것입니다. 다른 예문을 보겠습니다.

c. I **have waited** for you.
   나는 너를 기다려 왔다.

d. I **have been waiting** for you for 3 hours.
   나는 너를 3시간째 기다리는 중이다.

실제 우리가 자주 사용할 법한 표현입니다. 친구를 기다리는 상황을 영어로 설명한다고 합시다. 예문 c가 행위의 성격을 말해 준다면, 예문 d는 현재의 행위로 인한 부작용(짜증이 난다든지, 지루하다든지)까지 암시합니다. c는 '내가 너를 기다렸다'는 행위 그 자체를 전달하는 데 그치며, 아마도 이제 기다림의 행위는 끝났을 가능성이 큽니다. 그러나 d는 '나는 지금도 너를 기다리고 있다. 더불어 이 기다림이 길어지고 있으니(나는 다소 지치고 화가 나는 상황이니) 어서 빨리 오기를 바란다' 정도로 해석될 수 있겠습니다.

비밀노트 3
외국 항공사 심층 면접 대비

외국 항공사 면접은 국내 항공사보다 훨씬 더 다양한 방식으로 진행됩니다. 때문에 많은 지원자들이 국내 항공사 면접에서는 접한 적 없는, 생소하고 까다롭게 여겨지는 절차에 더욱 어려움을 토로합니다. 하지만 외국 항공사 면접 유형을 잘 파악하고 대비해 두면, 그런 두려움을 떨쳐낼 수 있습니다.

여기서는 꼬리질문, 토론, 에세이, 그림 묘사 면접에 대해 살펴보고, 그에 대비하는 방법을 알아봅니다.

Unit 1

꼬리질문

주요 면접 질문(이하 '머리질문'이라 칭함) 이후 따라 나올 수 있는 질문을 꼬리질문이라고 합니다. 꼬리질문에 대한 지원자의 답변을 통해 면접관은 해당 지원자의 인성 및 영어 실력 등을 평가합니다. 꼬리질문 유형을 알아보고 그 준비 방법을 살펴보겠습니다.

1. 꼬리질문 유형별 대처법

Tell me about your work experiences.
업무 경험에 대해 이야기해 보세요.

상기 질문에 대한 지원자의 답변을 들은 면접관은 다음과 같이 질문할 수 있습니다.

↳ What did you learn from your work experiences?
  해당 경험을 통해 무엇을 배웠나요?

↳ Is there any reason that you resign your previous job?
  전 직장을 그만둔 이유가 있나요?

↳ How long did you work there?
  그곳에서 얼마나 오랫동안 일했나요?

특히, 지원자의 답변 안에서 궁금한 내용을 재차 묻는 유형의 이 꼬리질문에서는 면접관 질문의 첫 단어(의문관계대명사 : What, Why, How, When, Where, Which)를 놓치지 않아야 합니다. 무엇을 묻는지 알아야 그에 맞추어 대답할 수 있기 때문입니다.

What did you learn from the experience?
그 경험을 통해 무엇을 배웠나요?
I learned the service job is not an easy job.
서비스직이 쉽지 않다는 것을 배웠습니다.

Why did you act like that?
그렇게 행동했던 이유는 무엇입니까?
I thought it was the best way to do.
그 방법이 최선이었다고 생각했기 때문입니다.

How did you overcome the moment?
어떻게 그 상황을 극복했나요?

First of all, I try to calm down myself.

우선, 침착해지려 애썼습니다.

When did you start the work?

언제 그 일을 시작했습니까?

I started it 2 years ago and I resigned from the work last year.

2년 전부터 시작해 작년에 그만두었습니다.

Where did you learn it?

어디에서 그것을 배웠습니까?

I had private lessons for 6 months.

6개월간 개인 교습을 받았습니다.

Which country would you like the most?

그중 어느 나라가 가장 마음에 들었나요?

Among many countries I've just mentioned, I liked Nepal the most.

방금 언급한 많은 나라들 중에 저는 네팔이 가장 좋았습니다.

이러한 꼬리질문은 크게 다음 두 가지 유형으로 나눌 수 있습니다.

1) 머리질문에서 파생된 꼬리질문

머리질문에 대한 지원자의 답변과 관계없이 머리질문 자체에서 추가로 발생되는 질문입니다. 머리질문에서 파생된 것이므로 추측이 가능합니다. 예를 들어 어떤 일에 대한 경험을 물을 때 면접관은 이러이러한 것을 추가적으로 궁금해할 수 있다고 생각해 보는 것입니다. 그 일을 통해 배운 점, 어려웠던 점, 그 일을 그만둔 이유 등이 그것입니다. 따라서 지원자는 머리질문에 대한 답변을 준비할 때 파생될 꼬리질문을 미리 다양하게 유추해 보고 이에 대답하는 연습을 해야 합니다.

2) 지원자 답변에서 파생된 꼬리질문

머리질문에 대한 지원자의 답변이 만들어 내는 질문입니다.

예상 가능한 질문들로 면접에 대비하는 지원자는 자신의 대답을 통해 어떤 질문이 더 나오게 될지 추측해 볼 수 있습니다. 어떤 일을 한 경험에 대해 말하면서 "1개월 후에 일을 그만두었다"고 답변한다고 합시다. 이 말을 들은 면접관은 "왜 그렇게 짧은 기간 내에 일을 그만두었나"라고 물을 수 있습니다. 자신이 할 수 있는 대답을 본인은 알 것이므로 지원자는 '나의 이런 대답에 면접관은 이런 것을 궁금해할 것이다'라는 유추를 해 보고 꼬리질문에 대비해야겠습니다. 그래서 머리질문에 대한 답변을 생각할 때는 이어질 꼬리질문까지 염두에 두고 답변을 구성합니다.

* 나합격 상황 예시 p.138~141 35, 36번 답변 활용

Tell me about your work experiences.
업무 경험을 이야기해 보세요.

I have worked as a server at the restaurant. I feel greatly satisfied by running around for my customers and by looking at how gratified they are with my service.

레스토랑에서 웨이트리스로 일한 적이 있습니다. 고객을 위해 바쁘게 뛰어다니며, 제가 하는 일을 통해 고객이 만족하는 모습을 보면서 저는 큰 만족을 느꼈습니다.

꼬리질문 유형1 : 머리질문 파생 꼬리질문

↳ ### Tell me about a difficult situation while working.
일하면서 가장 힘들었던 경험에 대해 말해 보세요.

The restaurant was busy all the time so it was hard to work. With one of the coworkers, I made a complaint that it was hard to work. After that, it got harder for me to work because the work was not enjoyable anymore.

레스토랑이 항상 바빴기 때문에 힘이 들었습니다. 한번은 동료들과 힘들다는 불평을 한 적이 있습니다. 그 후 일이 즐겁지 않다는 생각이 떠나지 않아 더 힘들어졌습니다.

꼬리질문 유형2 : 대답 파생 꼬리질문

↳ ### How did you handle that situation?
그 상황을 어떻게 극복했습니까?

Because I realized that negative expressions would lead to negative thinking, I tried not to make a complaint when working. This eventually made myself easy to work.

부정적인 표현은 부정적인 생각을 부른다는 것을 깨닫고는 일을 할 때 불평하지 않으려 노력합니

다. 이는 제가 일을 훨씬 수월하게 할 수 있도록 해 주었습니다.

* 최창공 상황 예시 p.57 2번 답변 활용

What is your strong point?

장점을 말해주세요.

I am responsibly enthusiastic on what I have to do. I have helped a customer with an idea brought by my enthusiastic personality when I was working part-time at a hamburger restaurant.

저는 맡은 일을 함에 있어 적극적으로 행동합니다. 햄버거 가게에서 아르바이트할 때 저의 적극적 성격으로 인해 떠오른 아이디어로 손님에게 큰 도움이 된 적이 있습니다.

꼬리질문 유형2 : 대답 파생 꼬리질문

What was the idea?

그 아이디어는 무엇입니까?

The small restaurant that I worked had reputation as a must-stop restaurant. So it used to have full of customers waiting for a seat. I suggested using a tag (number ticket) to my boss because I just wanted to help customers waiting for a long time. My boss thanked me for showing him a gesture of enthusiastic involvement for the restaurant. With the tag system, I received positive feedback that customers were easier to wait for a seat than before.

소규모 식당이었지만 맛집으로 소문난 곳이었습니다. 항상 줄 서 있는 손님으로 작은 가게가 꽉 차고는 했습니다. 오랜 시간 기다리는 손님들을 돕고 싶어서, 사장님께 번호표를 사용하자는 의견을 냈습니다. 사장님은 제가 레스토랑 업무에 적극적으로 관여하는 것에 대해 고마워하셨습니다. 번호표 사용 후에 손님들로부터 기다리는 시간이 전보다 편해졌다는 긍정적인 반응을 얻었습니다.

2. 꼬리질문 대비 Tip 11

Tip 1 머리질문에 대한 답변을 숙지하고 있어야

지원자가 머리질문에 대한 답을 하는 도중에 면접관이 끼어들어 꼬리질문을 하는 경우, 해당 꼬리질문에 대한 대답이 우선입니다. 이 답변을 마쳤다면 다시 머리질문으로 돌아가 답변을 마저 정리해야 하는 상황도 생길 수 있습니다. 그러므로 머리질문을 숙지하고 중간에 끊긴 답변을 잘 마무리할 수 있도록 합니다.

Tip 2 솔직함이 최선

꼬리질문을 미처 예상하지 못하고 머리질문에 대한 대답을 꾸며 내는 경우, 그에 따른 꼬리질문이 발생할 때 지원자는 다시 답변을 꾸며 내야 하는 악순환에 빠집니다. 결국 머리질문-꼬리질문-꼬리질문-꼬리질문으로 이어지면 질수록 거짓말은 거짓말을 낳고, 지원자 본인도 통제가 불가능한 결과를 야기할 수 있습니다. 그런 답변에 일관된 논리나 통일성이 있을 리 만무합니다. 면접관의 또 다른 꼬리질문으로 모든 게 거짓으로 밝혀지는 상황만큼은 없어야 할 것입니다. 있는 그대로 생각한 그대로를 말하도록 합니다.

Tip 3 당황은 금물

예상 못한 꼬리질문을 받거나 부정적인 내용을 담은 꼬리질문 또는 부정적인 피드백(예를 들어 면접관이 이렇게 말할 수도 있습니다. "I don't fully understand what you are saying. Please give me another episode.")을 받는 일도 가능합니다. 하지만 이는 면접관이 지원자가 하는 말을 제대로 파악하고 싶거나 당황한 지원자의 반응을 보고자 하는 것뿐, 다른 의도는 없으므로 당황하지 말고 침착하게 그 상황을 넘길 수 있도록 평소 마인드컨트롤을 연습하고 돌발 상황에 준비하는 자세를 갖춥시다.

Tip 4 항상 질문에 귀를 기울여야

언제, 어떤 질문이 꼬리질문을 낳게 될지는 아무도 모릅니다. 자신의 답변에만 지나치게 집중하기보다 답변을 하면서 면접관의 끼어들기 식 꼬리질문 또한 귀 기울여 듣는 자세가 필요합니다.

Tip 5 이력서에 내가 뭘 썼는지 철저히 파악해야

이력서는 지원자에게 있어 '가장 출제 가능성이 높은 질문'을 예상해 보는 근거가 됩니다. 준비해 둔 답변은 물론 이력서상 특이 사항에서부터 일반적인 내용 등, 자신이 어떤 질문을 받게 될지, 그리고 내가 면접관이라면 내게 어떤 질문을 하고 싶을지 앞서 생각해 봅니다.

Tip 6 영어 공부는 몇 번을 강조해도 지나치지 않아

머리질문에 착실히 대답하는 것도 좋지만(물론 기본입니다!), 꼬리질문에 대한 대답을 잘했을 때는 앞선 대답에 대한 설득력이 높아집니다. 머리질문은 사전에 외워 준비하는 게 가능하나 꼬리질문은 그렇게 하기 힘든 경우가 많기 때문입니다. 면접 당일 지원자가 갖는 마음의 여유와 기본적인 영어 실력이 꼬리질문에 대한 감응도를 높이게 됩니다.

Tip 7 면접은 대화다! 평소 사람들과 많은 대화를 나눠라

자신의 일상생활을 떠올려 보십시오. 주변 사람들과 대화하거나 친구들과 수다를 떨면서 우리는 수많은 꼬리질문을 주고받습니다. 그 과정에서 상대에 대한 전체적인 이미지(像)와 성격을 파악합니다. 면접도 다르지 않습니다. 평소 사람들과 자주 대화를 나누는 사람은 어떤 대화 속 어떤 질문에서든 자신을 긍정적으로 표현하는 방법을 익히게 됩니다.

Tip 8 부득이하게 사실이 아닌 내용을 답변에 넣었다면? 답변이 상정한 상황을 머릿속에서 이미지화하라

Tip 2에서 강조했듯 솔직함은 최선의 무기입니다. 하지만 본인의 역량을 보다 강조하고자 내용을 꾸미거나 사실을 가감할 필요를 느낄 수 있습니다. 이때는 답변을 그럴듯하게 만드는 데 그쳐서는 안 됩니다. 수정된 상황에 맞게 role-playing을 미리 해 봄으로써 예상 못 한 꼬리질문에도 답할 수 있는 준비가 돼 있어야 합니다.

Tip 9 꼬리질문이 파고드는 데는 한계가 없다

최종 1:1 면접은 항공사나 면접 상황에 따라 바뀔 수 있지만, 대개 지원자 1인을 놓고 2명의 면접관이 면접을 진행합니다. 이때 한 사람은 주로 질문을 던지고 다른 면접관은 지원자의 대답을 기록하고 평가하게 됩니다. 그래서 특히 이 단계에서 무수한 꼬리질문이 오고 갑니다. 질문을 주로 하는 면접관은 지원자의 대답을 듣는 동시에 질문하는 데 집중하기 때문에 생각지도 못할 만큼의 꼬리질문이 이어지고 또 이어질 수 있음을 예상하고 있어야 합니다. 한 예로 '고객이 자신이 먹은 스테이크 가격이 너무 비싸다며 불평하는 상황을 모면한 경험'에 대한 답변을 듣고

난 면접관이 '스테이크 가격이 얼마였는지' 묻기도 했으며, '내 과외 수업을 받은 학생의 성적이 올라 기뻤다'는 말에 '과외를 받은 학생의 나이'를 물어본 일도 있습니다.

Tip 10 꼬리질문은 어디까지나 꼬리질문이다

대화 도중 슬쩍 들어간 꼬리질문에 상대가 끝도 없이 대답을 늘어놓으면 우리는 참 눈치 없는 사람이라고, 대화를 지루하게 만든다고 느끼게 됩니다. 특히 대화 주제에서 벗어날 가능성이 커 대화하기 좋은 상대라 여기지 않습니다. 꼬리질문에 대한 답변은 '꼬리질문'이라는 자격에 맞게 해야 한다는 뜻입니다. 면접관의 질문에 요점만 말해야 할 때를 파악하는 것(즉 눈치 있게 행동하는 것)은 중요합니다. 그렇다고 짧은 단답형 답변은 자칫 대화를 건조하게 만들 수 있으므로 면접관의 질문에 따라 답변의 길이를 조절할 줄 알아야 합니다.

Tip 11 다양한 모의 면접 기회를 갖자

아무리 면접 답변 준비가 잘돼 있다 하더라도 실제 면접장에서 긴장하게 되면 그 모든 노력이 물거품이 됩니다. 긴장은 면접 결과를 충분히 바꿀 수 있는 강력한 요인이기 때문입니다. 처음 겪는 상황에, 한 번도 느껴 본 일 없는 긴장으로 당황한 나머지 모든 준비를 그르치면 안 될 것이기에, 모의 면접의 기회를 가져 발생 가능한 여러 상황을 미리 경험해 보도록 합니다. 앞서 말했듯 면접은 상대와 대화하는 것, 공감과 소통이 이루어지는 자리므로 혼자 준비하는 데는 한계가 있습니다. 모의 면접 후 상대의 피드백을 얻어야 비로소 본인의 면접을 평가할 수 있습니다. 면접 전 느끼는 긴장과 더불어 그 소통의 결과는 모의 면접을 통해서만 학습이 가능하므로 반드시 모의 면접을 해 보기 바랍니다.

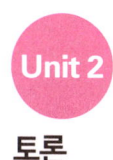

Unit 2

토론

영어 토론 면접은 보통 외국 항공사 1차 또는 최종 면접 전에 치러집니다. 대개 지원자 6~10명이 하나의 그룹을 만들어 10~20분 내외로 토론을 진행합니다. 주제만 주어질 뿐 그 밖에 특별히 정해진 규칙은 없습니다. 간혹 항공사에 따라 토론 그룹에 Writer와 Time checker를 맡을 사람을 뽑는 경우도 있습니다.

Writer : 토론 내용 기록
Time checker : 토론 시간을 체크해 그룹에게 고지

Writer는 토론 내용을 기록해 결론을 도출해야 하거나 대화 내용에 모호한 부분이 생길 때 앞선 내용을 다시 한 번 짚어 주는 역할을 합니다. Time checker는 주어진 시간이 50퍼센트, 80퍼센트 정도 흘렀을 때 이를 팀원에게 알려 주어 시간을 효율적으로 운용하고 토론을 매끄럽게 마무리할 수 있도록 돕습니다.

주제에 따라 결론을 도출해야 하거나, 그렇지 않은 경우가 있습니다. 반드시 결론을 내려야 할 때는 토론 후 그룹이 주제에 대해 답을 결론지어야 하는 경우입니다. 이때는 특히 시간 배분이 중요한데, 각 팀원은 정해진 시간 안에 의견을 말하고 결론을 내려야 합니다. Writer와 Time checker 역할이 중요한 토론 형식입니다.

결론을 내릴 필요 없이 자유롭게 토론하는 경우도 있습니다. 하나의 주제에 대해 팀원들은 저마다 다양한 의견을 피력합니다. 즉 결론에 대한 부담이 없으므로 각자 의견에 설득력을 부여하고 상대의 의견에 적극적인 호응을 보여 주면 무난히 토론을 마칠 수 있습니다.

1. 토론에서의 주안점

많은 지원자가 '영어로 토론이라니⋯⋯. 도대체 얼마나 영어를 잘해야 하는 걸까?' 하고 지레 걱정부터 합니다. 영어 토론이므로 영어는 중요합니다. 의견을 말하고 다른 지원자들과 의견을 주고받는 도구이기 때문입니다. 하지만 이 토론에서 가장 중요한 평가 항목은, 달리 말해 면접의 주안점이 되는 것은 '팀워크와 배려'입니다.

1) 팀워크

그룹 면접이나 개별 면접의 일반 면접 전형과는 전혀 다른 유형의 면접 절차입니다. 지원자들은 팀을 이루어 토론 주제를 놓고 의견을 나누고 의견 차를 좁혀 나가게 됩니다. 이때 면접관은 각 팀이 보여 주는 팀워크에 주목합니다. 이 단계에서 지원자는 '내가 얼마나 뛰어난지'가 아니라 '내가 팀의 일원으로서 얼마나 타인과 잘 조화를 이루는지'를 보여 줄 필요가 있습니다. 팀에 잘 녹아들기 위해서는 자기 존재를 강하게 드러내려 하기보다는 상대의 의견을 존중하고 호감을 주는 동료가 되도록 밝은 표정과 긍정적인 자세를 보여 주어야 합니다.

2) 배려

저마다 제 의견을 말하기 바쁜 토론에서 발언 기회조차 갖지 못한 소극적인 지원자를 배려하고자 "We also want to have your opinion. Would you tell us what you have just tried to say?"(우리는 네 의견도 듣고 싶어. 지금 막 하려던 말이 뭐였지?)라며 다른 팀원의 발언 기회를 챙겨 주던 한 지원자를 아직도 잊지 못합니다. 그런 배려 넘치는 태도는 면접관에게 큰 인상을 남깁니다. 더불어 "Thank you.", "Please." 등을 간간이 사용해 매너를 보여 주는 것도 플러스 요소입니다. 하나 주의할 것은 지나친 "Sorry." 사용입니다. 자칫 소극적인 사람이라는 인상을 줄 수 있고 본인 의견에 자신을 갖지 못한다는 부정적인 이미지를 남길 우려가 있으므로 주의합니다.

2. 유용한 Tip 7

Tip 1 주제를 반드시 이해한 뒤 토론에 들어간다

주제를 알아듣지 못했거나 제대로 이해를 못한 상태에서 "다른 지원자들이 이해했겠지. 일단 의견을 들어 보고 주제를 추측해 내 의견을 말하면 되겠지"와 같은 생각은 금물입니다. 본인이 주제를 이해하지 못했다면 다른 팀원 또한 그럴 가능성이 있으므로 토론 시작 전 반드시 이를 짚고 넘어가 모두가 주제를 완벽히 파악한 상태에서 토론을 시작합니다.

Tip 2 다른 팀원의 발언에 적극적인 호응을 보여라

동료의 의견을 경청하고 그 내용에 따라 활짝 웃거나 고개를 끄덕이고, 고개를 돌려 발언자를 쳐다보는 등 적극적인 호응을 제스처로 보여 줍니다. 자신이 말할 내용만 곱씹으며 타인에게는 별반 관심이 없는 지원자들이 종종 보이는데, 이는 함께 일하고 싶은 동료가 보일 만한 태도가 아니며 면접관이 찾는 합격자의 모습도 아닙니다.

Tip 3 반대에 부딪힐 때 의견을 끝까지 고집하지 않는다

본인 의견에 반대하는 의견이 나오면 이를 수용합시다. 이는 무조건적인 수용이 아니며, 다른 팀원들의 의견을 구해 채택될 의견을 가립니다. 정답을 가리는 면접 절차가 아닌 만큼 이런 상황에 전혀 당황할 필요가 없습니다.

Tip 4 'Yes, … but' 화법 사용

반대 의견을 말하는 상황에서는 'Yes, … but' 구문을 사용해 의견을 완곡하게 표현합니다. "당신 의견도 맞습니다(Yes) 그렇지만(but) 저는 …한 이유로 …라는 부분을 다르게 생각합니다." 이런 식으로 상대의 의견도 존중하지만 자신은 이러한 이유로 그와 다른 의견을 갖는다고 말해 상대의 기분을 상하지 않게 합니다.

Tip 5 명랑한 목소리로 또박또박 의견을 전달한다

목소리, 자세, 표정 역시 이 단계에서 평가되는 요소입니다. 의견을 말할 때는 말끝을 흐리거나 너무 작은 목소리로 하지 않도록 합니다.

Tip 6 경험을 십분 활용

의견을 뒷받침할 근거가 부족할 때는 경험을 예로 들어 설득력을 높일 수 있습니다. 그러나 지나치게 긴 스토리텔링은 오히려 공감을 떨어뜨리고, 발언권을 독점하는 사람이라는 인상을 줄 수 있으므로 주의합니다.

Tip 7 모의 면접 토론으로 대비한다

같은 주제로 토론하더라도 팀원에 따라 다양한 시나리오로 토론이 전개될 수 있습니다. 다양한 주제를 놓고 여러 팀원들과 꾸준히 토론을 연습을 함으로써 이 절차에 대비합니다.

3. 유용한 표현

1) 토론을 시작할 때

Shall we start?	시작할까요?
Let's discuss about ~	~에 대해 논의해 봅시다.
Can I start our discussion?	제가 토론을 시작해도 될까요?
Is it OK to start our discussion?	토론을 시작해도 될까요?
Today's topic to talk about is ~	우리가 이야기할 오늘의 주제는 ~
Our topic to discuss is ~	우리가 논의할 주제는 ~
Do you mind if I go first?	제가 먼저 말해도 되겠습니까?

2) 의견을 말할 때

I think	제 생각은
As far as I know	제가 알기로는
I am sure of / that ~	저는 ~을 확신합니다.
Let me tell you.	제가 말씀드리겠습니다.
In my opinion	제 의견은
What I would like to tell you is that	제가 말씀드리려는 것은
In my case	제 경우에는

3) 상대 의견에 동의할 때

I absolutely agree with you.	저도 전적으로 동의합니다.
That's true.	그렇습니다.
You're right.	맞습니다.
I have the same idea with you.	저도 같은 생각입니다.

4) 상대 의견에 호응을 보여 줄 때

I see.	알겠습니다.
That's amazing.	놀랍군요.
Wow, is it true?	어머나, 정말인가요?
How exciting!	정말 흥미롭네요!
That's lovely.	멋집니다/좋습니다.
It can't be!	그럴 리가요!
Of course (not)	물론입니다(물론 아닙니다)
Exactly.	정확합니다/그렇습니다.
No doubt about it.	의심의 여지가 없습니다.
Let's fix it.	그것으로 정합시다.
Both of your opinions make sense.	두 의견 모두 옳습니다.

5) 상대 의견에 반대할 때

You are right but ~	당신의 말이 맞습니다만 ~
I see what you are trying to say but ~	무슨 말을 하려는지 알겠습니다만 ~
That's true but ~	그것이 사실입니다만 ~
I totally understand but ~	저도 전적으로 이해합니다만 ~
I used to think like that but ~	저도 한때 그렇게 생각했습니다만 ~

6) 상대의 말을 듣지 못했을 때

Would you speak it again, please?	다시 한 번 말씀해 주시겠습니까?
Could you say it again?	다시 한 번 말씀해 주시겠습니까?
Can I ask you to repeat it again?	다시 한 번 말씀해 주시겠습니까?
Sorry?	뭐라고 하셨죠?
Pardon me?	뭐라고 하셨죠?
I don't understand.	이해를 못했습니다.
I couldn't hear you well.	잘 듣지 못했습니다.
I don't get it.	이해를 못했습니다.

7) 토론을 마무리할 때

We have only a few minutes left.	몇 분밖에 남지 않았습니다.
Let's summarize.	요약합시다.
We should move on.	다음 단계로 넘어갑시다.
We don't have much time.	시간이 얼마 남지 않았습니다.
I am sorry to interrupt you but ~	방해해서 죄송합니다만 ~

4. 모의 토론

1) 결론도출형

On the assumption that you are hired by our company, choose three nationalities that you do not want to have as your roommate.

우리 회사에 채용되었다고 가정하고, 당신이 룸메이트 삼고 싶지 않은 동료의 국적을 세 개 꼽으시오.

승무원이 되어 함께 지내고 싶지 않은 룸메이트의 국적을 고르는 주제는 까다로울 수밖에 없습니다. 함께 하고 싶은 룸메이트라면 긍정적인 이유를 들어 해당 국적을 고른 데 대한 설명을 할 수 있지만, 룸메이트가 되고 싶지 않은 동료의 국적이라면 부정적인 내용을 말하지 않고는 선택에 대한 이유를 설명할 수 없기 때문입니다.

부정적인 내용을 긍정적인 근거를 대 말하자면 많은 생각이 필요합니다. 아래처럼 생각을 발전시켜 봅시다.

의견 1 일본-이미 친근감을 느끼기 때문에

룸메이트 국적에 대해 딱히 호불호가 있는 것은 아닙니다. 하지만, 이 주제를 좇아 제가 원하지 않는 국적의 룸메이트를 골라야만 한다면, 일본인으로 하겠습니다. 저는 대학 시절 일본에서 1년 동안 지낸 적이 있는데, 일본에 대해 긍정적인 관점을 갖게 됐고 주위에 일본인 친구들이 많아졌기 때문입니다. 다른 국적의 사람보다는 제가 일본인을 좀 더 가깝게 느끼는 것이 사실이므로 귀사 승무원이 되었을 때는 다른 국적의 동료와 지내고 싶다는 생각을 하게 됩니다.

I do not care roommates' nationalities that I want to live with or not live with. But if I should choose one nationality that I want not to live with, I would rather choose Japanese. It is because that I spent about a year in Japan when I was an undergraduate and I got a positive perspective on Japan and many Japanese people around me. Because it would be true that I feel closer to Japanese than others, I would like to live with coworkers who are from other countries when I get a chance to be a flight attendant at this company.

의견 2 필리핀 – 앞으로 만날 기회가 많을 것이기에

일단 제가 지금 이 항공사에 합격했다는 상상을 하니 기쁘네요. 반드시 국적을 선택해야 한다면, 고민은 되지만 필리핀 국적의 동료로 하겠습니다. 귀사 승무원 가운데 필리핀 국적자가 가장 많다고 들었습니다. 따라서 저는 필리핀 크루와 일할 기회가 많으리라는 생각을 하게 됩니다. 또한 다른 국적의 룸메이트를 맞는다면 다양한 국적의 동료를 보다 많이 알 수 있을 것입니다.

Well, I would be so happy only by thinking of getting accepted at this airline. I would rather choose Philippine crew if I were asked to choose a nationality. As far as I know, the majority of cabin crew in this airline is reported as the one with Philippine. This brings me an idea that I would get chances to work with Philippine cabin crew. Also, I would get to know other flight attendants who are from other countries if I would have roommates from other countries.

2) 자유토론형

Could you live without your smart phone?
스마트폰 없이 지낼 수 있나요?

최근 휴대전화 특히 스마트폰 중독이 문제시되고 있는 만큼, 이에 대한 지원자의 생각이나 태도를 보여 주게 되는 주제입니다. 휴대전화 사용에 있어 그 장단점은 분명합니다. 자신의 의견을 어떻게 표현하는지가 중요하겠습니다.

의견 1 힘들겠지만 노력하겠다

저는 스마트폰의 다양한 기능에 너무 익숙해져 있기 때문에, 아쉽게도 스마트폰 없이는 살기 어려울 것 같습니다. 하지만 요즘은 스마트폰 없이 살아 보려고 노력하는 중입니다. 작년 가족과 발리를 여행할 때 스마트폰 없이 간 적이 있습니다. 스마트폰이 없어 불안한 기분이 들었습니다. 하지만 여행하는 5일 내내 정말로 평온한 기분을 느꼈습니다. 그동안 제가 스마트폰에 얽매여 살았다는 생각이 들었고, 그때부터 조금씩 스마트폰 없이 지내려 노력하고 있습니다.

I'm sorry to tell you that I can't live without smart phones because I'm so used to them with various functions. But I have been trying to live without smart phones recently. I didn't take my smart phone when I went to Bali for a trip with family last year. I was anxious just because I wasn't with the smart phone of mine. But I felt so relaxed for the whole five days of the trip. I have been trying to stay away from the smart phone because I had been obsessed with smart phone.

의견 2 스스로 스마트폰 사용을 조절하고 있음

저는 스마트폰 없이 살 수 있습니다. 스마트폰 중독 실태를 다룬 텔레비전 프로그램을 본 후 스마트폰의 편리함에 너무 빠지지 말자고 다짐했습니다. 프로그램에 소개된 학생은 스마트폰 중독으로 신체적, 정신적으로 고통을 받고 있었습니다. 그 학생은 부모님과 갈등을 겪음에도 불구하고 중독에서 벗어나는 데 힘들어했습니다. 그 모습을 보고 스마트폰 사용을 저 스스로 조절해 중독되지 않도록 하는 게 중요하다고 생각했습니다. 스마트폰을 들고 있는 제 모습을 볼 때마다 한때 유명했던 광고 카피 '잠시 꺼 두셔도 좋습니다'라는 말을 떠올리며 멀리하려고 애씁니다.

I definitely can live without smart phones. I have promised to myself that I shouldn't get obsessed with how convenient the smart phones get us since I watched a TV program which was about how people get obsessed with smart phones. The student from the TV program was in a serious trouble physically and emotionally by getting obsessed with smart phone. He was hard in getting away from the obsession with smart phone though he was having a trouble with his parents. I realized that I need to control myself not to get obsessed with using smart phones by watching him on the program. Every time I look at myself with smart phone, I try to avoid the smart phone thinking of once popular line from TV commercials, 'You may turn it off a bit!'.

5. 토론 기출문제 30

1) What are the pros and cons of using the Internet?
   인터넷 사용의 장단점은 무엇인가?

2) Invite 5 celebrities to your birthday party.
   당신의 생일 파티에 유명인사 5명을 초대하시오.

3) What kind of crime are you most worried about in Korea?
   한국에서 가장 걱정되는 유형의 범죄는 무엇인가?

4) Does the development have not only a positive but a negative side?
   발전에는 좋은 점뿐 아니라 나쁜 점도 있는가?

5) Let's choose 3 nationalities you want to have as your roommate(s).
   당신이 룸메이트 삼고 싶은 동료의 국적을 3개 꼽으시오.

6) Discuss anything you know about Korea.
   한국에 대해 아는 것, 어떤 것이든 주제로 삼아 토론하시오.

7) What are 3 important things for health?
   건강을 위해 중요한 것 3가지는 무엇인가?

8) If tomorrow is your last day on the earth, how would you spend your last day?
   내일 세상이 멸망한다면, 당신의 마지막 날을 어떻게 보내겠는가?

9) Do you have some tips to make an easy and good decision when you have
   something hard to decide? If you have, please share.
   결정하기 어려운 문제를 앞에 두고 쉽고 바른 결정을 내리는 당신만의 비결이 있는가? 있다면 공유해
   보자.

10) Who do you think is more responsible for pollution, individual or government?
    개인과 정부 중 어느 쪽이 더 공해에 대해 책임이 있다고 보는가?

11) What do you think of female smokers?

여성 흡연자에 대한 당신의 생각은?

12) If you visit a new planet, what would you take with you? Choose 2 items.

새로운 행성을 방문할 때 당신이 가져가고 싶은 것은? 2가지를 꼽아 보라.

13) What is happiness to you? Define happiness of yours.

당신에게 행복이란 무엇인가? 행복에 대한 당신만의 정의를 내려 보라.

14) Are you for or against the death penalty?

사형 제도에 찬성하는가, 반대하는가?

15) Do you believe that men and women can be friends?

여자와 남자가 친구가 될 수 있다고 믿는가?

16) What is the most important issue facing the environment today?

오늘날 환경이 직면한 가장 중요한 문제는 무엇인가?

17) What do you think is the most important thing in your life?

당신의 삶에서 가장 중요한 것은 무엇인가?

18) Should suicide be a criminal offence?

자살은 범죄 행위인가?

19) Talk about your most unforgettable experiences so far.

이제까지 가장 잊을 수 없었던 경험에 대해 말해 보라.

20) Make new uniform for our airline.

우리 항공사를 위한 새로운 유니폼을 만들어 보라.

21) Name the 5 Internet sites you visit the most.

최근 가장 자주 방문한 인터넷 사이트 5개를 꼽는다면?

22) Do you think alcohol is necessary for business or social relationship?

업무나 사회생활을 하는 데 술이 필요하다고 생각하는가?

23) What do you think about international or interracial marriage?

국제 결혼 또는 타 인종 간 결혼에 대한 당신의 생각은?

24) If you got a chance to choose gender, what gender would you choose?

성별을 선택할 수 있다면, 당신은 어느 쪽을 택하겠는가?

25) If you cook for the interviewer now, what would you like to cook?

지금 면접관을 위해 요리를 한다면, 어떤 요리를 하겠는가?

26) What are some ways that you can reduce pollution in this country?

공해를 줄이기 위해 이 나라에서 당신이 할 수 있는 일은 무엇인가?

27) Talk about the reason why the K-pop is getting so popular.

K-pop이 이렇게 인기가 많은 이유에 대해 이야기해 보자.

28) Do you have some ideas about making Korean language more popular internationally?

한국어를 국제적으로 더 유명하게 만들 아이디어가 있는가?

29) What do you think of studying English abroad? Talk about the advantages and disadvantages.

영어 공부를 위해 외국에 가는 것을 어떻게 생각하나? 그 장단점을 말해 보자.

30) What are the upside and the downside of living in Korea? Choose 3 things.

한국에서 사는 것의 유리한 점과 불리한 점은 무엇인가? 각각 3가지를 꼽아 보자.

Unit 3
에세이

외국 항공사 채용 절차에 에세이 작성이 포함되는 경우도 있습니다. 주의할 것은 이때의 에세이(essay)는 많은 학생들이 생각하는 '수필'이 아니라는 점입니다. 여러분이 써야 할 에세이는 서론, 본론, 결론을 갖춘 영어 논술문입니다.

에세이는 주제가 제시되고 약 1시간 동안 작성합니다. A4 용지 한 면의 2/3 정도 분량의 글을 써야 하며, 제한 시간 안에는 내용 수정이 가능합니다. 면접에서 구사하는 영어에서는 정확성(accuracy) 보다는 유창성(fluency)이 높게 평가되지만, 에세이에서는 문법의 정확성과 논리성을 보는 만큼, 평소 영문법 및 작문법을 연습해 두어 에세이에 대비해야 하겠습니다.

에세이 절차는 토론 또는 면접(그룹 또는 1:1)과 동시에 진행될 수 있습니다. 에세이를 작성하는 동안 호명을 받으면 토론이나 면접에 참여하는 것입니다. 이 경우 자신에게 해당되는 토론(또는 면접)을 마치고 다시 자리로 돌아가 에세이를 마저 완성하면 됩니다.

첫째, 에세이는 적절한 형식을 바탕으로 의견을 논리적으로 개진하는 글쓰기다.
둘째, 해당 의견을 뒷받침할 배경지식이나 경험(에피소드)을 들어 자신의 논리를 공고히한다.

에세이를 쓸 때는 상기한 두 가지를 필히 염두에 두어야 합니다. 따라서 에세이 형식에 대해 제대로 알고, 본인의 배경지식과 경험 등을 풍부하게 활용하는 요령을 익혀 둘 필요가 있습니다.

1. 효과적인 에세이 만들기

서론, 본론, 결론으로 단락을 나누는 작업은 매우 중요합니다. 특히 채용 과정에서 에세이를 평가하는 면접관은 단락 구분 여부를 보고 우선적으로 합격과 불합격을 가르기도 합니다.

단락을 갖춘 에세이는 한눈에도 정돈된 글이라는 인상을 주며, 작성자의 의도와 주제를 떠받치는 글의 방향을 파악하는 일을 수월하게 만듭니다. 단락 구분이 없는 글을 읽는 면접관은 그 내용 파악을 위해 필연적으로 글을 꼼꼼하게 읽을 수밖에 없는데, 이는 면접관으로 하여금 글 안의 작은 실수(문법이나 철자 같은)를 집어내기 용이한 환경을 만들어 주게 됩니다.

그러면 서론, 본론, 결론을 나누는 방법과 각 단락은 주제와 관련해 어떤 내용으로 전개돼야 하는지 알아보겠습니다.

1) 서론

서론이란 에세이의 도입부로서 **①에세이를 읽는 사람의 흥미를 이끌어 낼 수 있는 부분과 ②주제에 대해 어떤 생각을 가지고 있는지 드러내는 부분**으로 이루어집니다. 면접관의 관심을 유도할 만한 도입부를 만들되 주제와 관련된 내용으로 구성해 전체적인 통일성에 신경 씁니다.

2) 본론

에세이의 중심을 이루는 부분으로 가장 많은 분량을 차지합니다. 주제에 대한 본인의 의견을 구체화시키는 부분이며 쓰고자 하는 양에 따라 전체적인 에세이 길이가 조정될 수 있습니다. 그렇다고 의미 없는 양 부풀리기에 치중해서는 안 됩니다. 설득력 있는 내용으로 채워 에세이의 질을 높이는 게 중요합니다.

본론은 세 개 정도의 단락으로 구성하면 적당합니다. 주제에 대한 본인의 의견을 뒷받침할 근거(지식, 경험 등)를 들어 서술해 줍니다.

3) 결론

에세이의 마지막 부분이며 글을 마무리하는 역할을 합니다. 결론 역시 서론과 같이 두 부분으로 나누어 서술할 수 있습니다. **에세이 주제를 다시 한 번 되짚어 준 다음 자신의 최종 의견이나 대안을 제시하는 것으로 매듭을 짓습니다.**

2. 에세이 예시

Topic : "**What makes you qualified to be a member of the cabin crew for EK?**"
에미레이트 항공의 승무원이 되기 위한 당신의 자질은 무엇인가?

나합격의 에세이

서론

1) 면접관의 흥미와 관심을 끄는 내용

세계에는 많은 항공사가 있습니다. 그중 에미레이트 항공은 five-star 항공사로서 안전과 서비스 부문에서 좋은 평가를 받고 있습니다. 그 덕분에 많은 항공 승무원 지망자들이 에미레이트 항공에 취업하기를 원하며, 특히 한국 내 경쟁률은 매년 높아지고 있다고 알고 있습니다.

We have many airlines around us. Emirates airline which is known as five-star airline, is positively evaluated in safety and service. That makes many people want to work for Emirates airline and it's getting more competitive for job seekers for Emirates airline to get a job in Korea.

2) 주제에 대한 답을 간략히 서술

저는 사회성, 어학 실력, 서비스 분야 경험의 자질을 보다 더 갖췄다고 생각합니다.

I think I'm more qualified to have sociable personality, language skills, and experiences in the service field.

본론

1) 뛰어난 사교성

영국으로 떠난 어학연수에서 제가 사교적이라는 것을 깨달았습니다. 해변에서 비치발리볼을 하는 사람들을 보고 저도 함께 하자고 제안했습니다. 주말마다 그들과 함께 비치발리볼을 하며 운동도 하고 친구도 많이 사귀게 됐습니다. 등교 첫날에도 어색한 분위기를 풀어 보고자 한국 드라마에 대해 이야기하며 친구들의 관심을 유도하고 서로 편하게 대화를 나누는 환경을 만들었습니다. 체중이 5킬로그램이나 는 것, 검게 그을린 피부는 제가 얼마나 영국 생활을 즐겼는지 증명해 줍니다.

I realized I'm sociable when I went to UK for a language program. I suggested to play beach volleyball all together when I got to see them playing on the beach. I got friends with many other international friends and exercise myself on every weekend. At the first day of school, I tried to attract the attention of other classmates and make comfortable environment by talking about Korean dramas in order to break the ice. My physical differences such 5 kgs of weight gain and tanned skin could prove how much I enjoyed the UK life.

2) 어학 실력

저는 어학 실력을 향상시키려는 강한 실천 의지를 지녔습니다. 영어 공부를 위해 2년 전부터 주 5일 꾸준히 학원에 다녔습니다. 급한 일로 결석이 불가피한 상황에서는 그날 수업 내용을 이메일로 받아 반드시 과제를 했습니다. 그 결과 함께 시작한 다른 학생들보다 레벨이 한 단계 높습니다. 배운 내용을 활용하고 싶어 주말에는 어학연수 때 알게 된 외국인 친구와 화상 채팅을 합니다. 친구들보다 영어가 훨씬 빨리 는다는 말을 들을 때마다 뿌듯해집니다.

I'm fully determined to improve my language skills. I have been going to an academy for five days a week since two years ago. When I couldn't make it to the class, I asked to email me about the class on that day and completed the assignment. All those things have put me in a higher level than other students who had started to learn English at the same time. I do video chat with some friends of mine that I got to know from the UK life every weekend in order to practice what I have learned. Every time I was told that my English was more improved than my friends', I felt so proud of myself.

3) 서비스 분야 경험

커피숍에서 다양한 고객에게서 나온 여러 불만 사항을 해결한 경험이 있습니다. 한번은 제가 만든 커피가 만족스럽지 못하다며 돈을 돌려받고 싶다는 고객을 응대했습니다. 죄송한 마음에 정중히 사과드리고 손님이 원하는 대로 커피를 다시 만들어 드리겠다고 했습니다. 다행히 가게가 한산했던 터라 그 손님이 원하는 맛을 꼼꼼히 확인하며 입맛에 맞게 만들어 드릴 수 있었습니다. 그 당시 제가 커피를 만드는 데 능숙하지 못했기에 수차례 시도했고, 결국 손님이 바라던 맛의 커피를 만들어 내는 데 성공했습니다. 저는 이러한 서비스 경험에서 느낄 수 있는 보람을 알고 이를 얻고자 노력하는 지원자입니다.

I have some experiences that I had to deal with complaints that were made by various customers at the coffee place. I got to deal with a customer who was not happy with the coffee that I made so he wanted a full refund. I apologized to him and told him to make another coffee as he wanted. I tried to make a coffee as much detailed as he wanted because the coffee place was not that busy that day. I tried to make a coffee a number of times because I felt sorry for my unskillfulness and I eventually made the coffee as he wanted. I'm the applicant who knows how much pleasantly I can be rewarded and also tries to achieve it.

결론

저는 외국 경험을 통해 발휘할 수 있었던 저의 사교성과 어학 실력에 더해 서비스 경험이 있습니다. 이러한 저의 강점은 에미레이트 항공의 승무원이 되기에 충분한 자격이라 여겨지며, 이런 자격을 바탕으로 저는 귀사 발전에 기여할 직원이 될 수 있다고 확신합니다.

I have sociable personality which could be shown by living abroad, language skills as well as experiences in the service field. With these strong points of mine, I think I assuredly deserve to be a member of the cabin crew for Emirates airline and I'm 100% sure to be a member of the cabin crew who can assist your company to grow.

3. 에세이 답안 예시

Applicant Number:	Applicant Name:	Date

[Instruction]
- Carefully read the topic below.
- Write about the topic below for 40 minutes.
- Be aware that without conclusion will not be graded.

[Topic]
　　　What makes you qualified to be a member of the cabin crew for EK?

　　We have many airlines around us. Emirates airline which is known as five-star airline, is positively evaluated in safety and service. That makes many people want to work for Emirates airline and it's getting more competitive for job seekers for Emirates airline to get a job in Korea. I think I'm more qualified to have sociable personality, language skills, and experiences in the service field.

　　I realized I'm sociable when I went to UK for a language program. I suggested to play beach volleyball all together when I got to see them playing on the beach. I got friends with many other international friends and exercise myself on every weekend. At the first day of school, I tried to attract the attention of other classmates and make comfortable environment by talking about Korean dramas in order to break the ice. My physical differences such 5kgs of weight gain and tanned skin could prove how much I enjoyed the UK life.

　　I'm fully determined to improve my language skills. I have been going to an academy for five days a week since two years ago. When I couldn't make it to the class, I asked to email me about the class on that day and completed the assignment. All those things have put me in a higher level than other students who had started to learn English at the same time. I do video chat with some friends of mine that I got to know from the UK life every weekend in order to practice what I have learned. Every time I was told that my English was more improved than my friends', I felt so proud of myself.

I have some experiences that I had to deal with complaints that were made by various customers at the coffee place. I got to deal with a customer who was not happy with the coffee that I made so he wanted a full refund. I apologized to him and told him to make another coffee as he wanted. I tried to make a coffee as much detailed as he wanted because the coffee place was not that busy that day. I tried to make a coffee a number of times because I felt sorry for my unskillfulness and I eventually made the coffee as he wanted. I'm the applicant who knows how much pleasantly I can be rewarded and also tries to achieve it.

I have sociable personality which could be shown by living abroad, language skills as well as experiences in the service field. With these strong points of mine, I think I assuredly deserve to be a member of the cabin crew for Emirates airline and I'm 100% sure to be a member of the cabin crew who can assist your company to grow.

4. 앞서 출제된 에세이 주제들

1) Explain why you would or would not want to live in a large city.
   대도시에 살고 싶은 또는 살고 싶지 않은 이유를 실명하라.

2) How have cars been harmful to our society?
   자동차는 우리 사회에 얼마만큼 유해한가?

3) Should sex education be taught in public schools? Why or why not?
   학교에서 성교육이 이루어져야 하는가? 왜 그런가, 또는 왜 그렇지 않은가?

4) Write about your service experiences.
   서비스 경험에 대해 적어 보라.

5) Why do you want to be a flight attendant?
   승무원이 되고 싶은 이유는 무엇인가?

6) Do you think that you have the qualifications to be a good parent?
   당신은 좋은 부모가 될 자격을 갖추었다고 생각하는가?

7) Write about your strong point to be a flight attendant.
   승무원이 되는 데 있어 본인의 장점을 기술하라.

8) How do you expect a life in Doha?
   도하에서의 생활을 어떻게 예상하는가?

9) Write about the saddest moment in your life.

가장 슬펐던 경험에 대해 적어라.

10) Write the 3 reasons that you should be a flight attendant especially for our company.

특히 우리 항공사의 승무원이 돼야 하는 이유를 3가지 적어라.

11) When was your happiest moment in your life?

가장 행복했던 순간은 언제였나?

12) Write about your memorable trip in your life.

가장 기억에 남은 여행에 대해 쓰라.

13) What are the 3 essential elements to be a service provider?

서비스 제공자(서비스인)가 되기 위해 갖출 3가지 필수 요소는 무엇인가?

14) What is your goal in your life?

당신 삶의 목표는 무엇인가?

15) Do you believe that violence in television programs leads to violence in our society?

폭력적인 텔레비전 프로그램이 우리 사회에 폭력을 야기한다고 보는가?

16) What are the essential characteristics to be a good partner?

좋은 동료가 되는 가장 핵심이 되는 성격은 무엇일까?

17) What advice would you give to a freshman who is about to start a college soon?

1학년 신입생에게 어떤 조언을 해 주고 싶은가?

18) Which courses that you did not take in high school do you now wish to take?

고등학교 때 배우지 못한 것들 중 지금 미련이 남는 것은 무엇인가?

19) Should smoking in public places be illegal?

공공장소에서의 흡연은 불법인가?

20) Do you function best in the morning or evening?

당신은 아침형 인간인가 저녁형 인간인가?

21) Why did you choose this career, cabin crew?

왜 이 직업군을 선택하였나?

22) What do you hope to accomplish within the next ten years?

10년 안에 이루고 싶은 소망은 무엇인가?

23) If you could change anything in the world, what would it be and why?

당신이 이 세상에서 뭔가를 바꿀 수 있는 능력을 지녔다면, 무엇을 바꾸겠으며 그 이유는 무엇인가?

24) What would you consider as the most important/impressive occasion over the past ten years?

지난 10년간 당신에게 가장 중요한/인상적인 사건은 무엇이었나?

25) Write the advantages or disadvantages of nuclear power as a source of energy.

핵에너지 사용에 따른 장점 또는 단점을 적어 보라.

26) In which case would you end a friendship with someone?

당신은 어떤 상황에서 친구와의 우정에 금이 갈 수 있다고 보는가?

27) Why are many people afraid of growing old? Discuss.

왜 사람들 대부분이 늙는 것을 두려워하는가? 토론하라.

28) Write about any negative views of working in service field.

서비스 분야에서 일하는 것에 대한 부정적인 견해를 적어 보라.

29) If you could change one thing about your childhood, what would it be?

당신의 어린 시절에서 한 가지를 바꿀 수 있다면, 무엇을 바꾸겠는가?

30) Write 3 things that you know about our company.

우리 회사에 대해 당신이 아는 것 3가지를 적어 보라.

Unit 4

그림 묘사

그림 묘사(picture description)는 지원자의 영어 실력을 보다 객관적으로 파악하려는 목적으로 2015년도 에미레이트 채용 1차 면접에서 처음 시행되었습니다. 새롭게 도입된 절차인 만큼 많은 지원자들이 당황하고 어려워했습니다만, 면접관들은 대체로 변별력 있는 면접 방법이었다는 평가를 내렸습니다.

아직은 생소한 이 그림 묘사 면접이 어떤 식으로 진행되는지 알아보겠습니다.

1. 면접 절차

면접실에 입실한 지원자는 면접관이 준비한 봉투 가운데 하나를 뽑은 후 착석합니다. 해당 봉투에는 특정 그림이 인쇄된 종이가 들어 있습니다. 면접관은 대개 2명 내외, 지원자는 6명 내외로 진행되는데, 2016년도 산업인력공단에서 시행된 면접에서는 면접관 1명당 면접자 2명으로 면접이 이루어지기도 했습니다(면접 상황, 지원자 수, 면접 장소 등에 따라 변경될 수 있는 부분이 되겠습니다).

지원자는 봉투를 바로 열어 보면 안 됩니다. 면접관의 지시에 따라 호명된 지원자부터 차례대로 봉투를 열어 내용물을 볼 수 있습니다. 뒤 차례 지원자가 미리 봉투 안에 든 그림을 보고 답변을 구상하는 일이 없도록 형평성을 고려한 부분입니다. 호명된 지원자는 봉투를 열어 그림을 본 뒤 이어지는 면접관의 질문에 대답합니다. 질문 개수는 1~3개 내외입니다.

2. 면접 주안점 및 면접 요령

1) 영어 실력

1차 그룹 면접에서 기출문제 답변을 소위 '잘 외운' 합격자가 나올 가능성이 있다는 판단 끝에 도입된 것이 그림 묘사 면접인 만큼, 지원자의 영어 실력에 대한 평가가 최우선시됩니다. 영어 실력은 하루아침에 향상되기 어려우므로 평소 꾸준히 영어로 표현하는 연습을 해야 합니다.

면접에서는 다양한 지시 사항(direction)이 주어질 수 있습니다. 그 내용을 알아듣지 못해 실수를 범하는 경우 감점이 발생할 수 있다는 점도 명심해야겠습니다. "Please do not open the envelop until you are said to do so."(봉투를 열라고 할 때까지 봉투를 열어 보지 마십시오.)라는 지시를 듣지 못하고 미리 봉투를 열게 되면 면접관에게 "Please put the paper into the envelop and you can give it to me."(내용물을 봉투 안에 넣고 면접관에게 건네십시오.)라는 말을 듣게 되는데, 그 문장을 못 알아듣고 봉투와 그림을 따로 전달하는 등의 다양한 실수가 이 단계에서 나옵니다.

지원자는 자신의 영어 실력을 꾸준히 향상시켜야 함은 물론이요, 면접장에서 면접관이 하는 말을 잘 듣고 지시하는 바를 제대로 수행할 수 있도록 경청하는 자세를 갖추어야 합니다.

2) 배려심

주어진 그림을 자기만 줄곧 들여다보는 지원자가 있는 반면, 먼저 혼자 그림을 보는 시간을 잠시 가진 뒤 이내 다른 사람들(면접관과 다른 지원자)도 볼 수 있도록 종이를 돌려 보여 주는 지원자도 있습니다.

이 절차에서는 면접자가 뽑은 그림을 면접관이 보고 질문해야 하므로 그림 내용을 공유하는 자세는 반드시 필요합니다. 더불어 지원자의 타인에 대한 배려를 보여 주는 부분이기도 하기에 필수적인 태도라 간주할 수 있습니다. 실제 면접관에게 펜을 전달하는 경우 상대가 펜을 잡기 편하도록 방향을 돌려 건네거나, 이력서를 면접관에게 전달할 때 면접관이 읽는 방향으로 종이를 돌리는 등, 아주 사소한 것들이 면접관을 감동시킬 수 있습니다. 당연히 이는 면접관에게 면접자의 긍정적인 이미지를 전달하는 좋은 자료가 됩니다.

3) 센스 및 문제 대처 능력

지원자가 받게 될 그림의 성격이나 유형은 천차만별입니다. 사과만 하나 달랑 그려진 것일 수도, 수백 명이 운집해 있는 축제의 한 장면이 될 수도 있습니다. 따라서 주어진 그림에 따라 질문 난이도에 차이가 생길 수 있겠으나, 그림 묘사에는 정답이 없음을 알아야 합니다. 본인이 가진 센스와 문제 대처 능력을 가능한 한 최대로 발휘하는 겁니다. 그림에 대해 '사실'을 말해야 할 때는 사실을 설명하는 데 초점을 맞추고, 상상력을 기반으로 '묘사'를 해야 할 때는 최대한 다양한 표현을 사용하는 게 중요합니다.

4) 열정

주어진 질문과 지시 내용이 어렵게 여겨지는 경우, 아니면 제대로 알아듣지 못한 경우, 섣부른 추측으로 답변하기보다는 "Could you tell me again?"(다시 한 번 말씀해 주시겠습니까?) 또는 "I am afraid it is a bit difficult question to me so can I have another question?"(죄송합니다만 제게 다소 어려운 질문인 듯합니다. 혹시 다른 질문을 해 주실 수 있을까요?)라고 말함으로써 질문 내용을 다시 듣거나 다른 질문을 받는 것도 가능합니다. 이런 표현은 면접에 대한 지원자의 적극성과 열정을 반영하는 태도로 수용될 수 있습니다. 하지만 추가적으로 중요한 것은 그림에도 불구하고 지원자가 보여 주는 예의 바른 말투와 밝은 표정입니다. 굳은 얼굴로 차갑게 말하는 지원자는 당돌하다거나 버릇없다는 인상을 주기 십상입니다.

3. 예상 질문 및 답변 요령

그림 묘사에 사용하는 그림들 대부분은 잡지에서 발췌하는 것입니다. 제 경우 대중 잡지에서 그림 또는 사진을 오리거나 동화책 그림을 사용하기도 했습니다. 이 면접을 준비할 때는 잡지를 보며 지원자 스스로 예상 가능한 질문을 던지고 이에 대답하는 식으로 연습하도록 합니다. 그림의 제목과 용도, 추후 상황 예상, 이야기 만들기, 그림이 갖는 긍정·부정적인 이미지 피드백, 그림 속 주인공 성격 추측, 가능한 대화 상상하기 등 다양한 질문이 나올 수 있음을 이해하고 이에 대비해야 합니다.

아래 사진을 통해 사실을 묻는 질문과 상상력을 이용해 답변해야 하는 질문, 두 가지 유형에 대비해 봅니다.

1) 사실을 묻는 질문

① Tell me about this picture based on the fact what you are seeing.

이 사진이 보여 주는 사실에 근거해 사진에 대해 말해 보라.

파란 하늘에 구름이 떠 있고 그 사이를 날아가는 비행기가 보인다. 하늘과 도로를 잇는 경계에 푸른 잔디와 산이 펼쳐져 있다. 도로에는 하얀 승용차와 꼬마아이가 서 있다. 모자를 쓴 아이는 비행기를 가리켜 보인다. 아이의 그림자 오른쪽으로 다른 사람의 그림자가 비친다.

Up in the blue sky which has some clouds on, an airplane is flying away. Green grass and mountains are between the sky and the road. A white-colored car and a boy are standing up down the road. The boy with a cap is pointing up the airplane. Another shadow of someone right next to the boy's is reflecting.

Tip 그림이 보여 주는 사실 그대로를 말합니다. 사실을 열거할 때는 위나 아래를 기준점으로 삼고 시선을 한 방향으로 옮겨 가며 내용을 하나씩 채워 나가는 식으로 전개합니다. 그러면 그림에서 빠뜨리는 내용 없이 대답할 수 있습니다. 추측에 근거한 설명은 넣지 않습니다.

② What is the season in the picture?

이 사진의 계절은 언제인가?

봄이나 여름 같은 따뜻한 계절로 추측됩니다. 하늘이 맑고 아이가 반팔 티셔츠를 입고 있기 때문입니다.

I guess it's warm like spring or summer because the boy is wearing a short-sleeve and the sky is brightly sunny.

Tip 보이는 것을 통해 추측을 말하는 유형입니다. 답변 후 그렇게 생각한 이유를 반드시 덧붙여 단답형 답변이 되지 않도록 합시다.

③ We cannot see the boy's face in the picture. Can you guess his face expression?

사진에서 아이의 얼굴은 볼 수 없다. 아이의 표정을 추측해 본다면?

저는 어려서부터 비행기를 좋아해서 공항에 갈 때마다 들떴습니다. 그림 속 아이의 표정은 보이지 않지만 아주 신이 난, 잔뜩 상기된 모습일 듯합니다.

I have liked planes so that I got excited every time I got a chance to go to the airport. I don't see how the boy looks in the picture but I guess he would be excited.

Tip 역시 보이는 것을 통해 추측해 보도록 하는 질문입니다. 먼저 답변을 말하고 그 이유를 꼭 추가합니다. 예시 답변은 자신의 과거 경험에서 이유를 찾았습니다.

2) 상상력을 이용해 답변하는 질문

① Make a story with the picture.

사진을 보고 이야기를 만들어 보라.

사진에 찍힌 Jun이란 이 아이는 오늘 생일이다. 비행기를 매우 좋아하는 Jun은 생일에 비행기를 보러가기로 부모님과 약속했다. 현재 작은 섬에 사는 Jun은 비행기를 직접 본 적이 없고 TV로만 보아 왔다. 그런 까닭에 실제 비행기를 볼 수 있는 생일이 되기만을 손꼽아 기다려 왔다. 소년은 드디어 엄마와 함께 도시의 공항 활주로 근처에서 이륙하는 비행기를 보았다. 비행기를 가리키며 행복해진 소년은 비행기 조종사가 되겠다는 꿈을 갖는다.

It's a birthday of the boy called Jun in the picture. His parents made a promise to take Jun to see airplanes on his birthday because Jun likes them so much. Jun who is currently living in a small island has never seen an airplane in person, only through TV. Because of that, he has been waiting for his birthday to get a chance to watch airplanes in person. With his mother, he at last got to watch an airplane taking off near the runway in the downtown. He dreams to be a pilot pointing up the airplane with happiness.

Tip "Can I have some time to think about the story?" (이야기에 대해 조금 생각할 시간을 가져도 될까요?) 라고 동의를 구하고 생각할 시간을 얻어도 좋습니다. 사진을 바탕으로 이야기를 꾸미되 그 안에서만 소재를 찾으려 들면 상상력이 부족하다는 인상을 주게 되므로 이야기의 범위를 넓혀 줄 매개체를 더합니다. 위 답변은 '생일'이라는 소재를 추가해 이야기를 만들었습니다. 아이의 이름도 지어 줌으로써 더욱 이야기(story)다운 분위기를 살렸습니다.

② What is the title of your story?

이야기의 제목은 무엇인가?

'드리머(dreamer)'라고 붙이고 싶습니다. 비행기를 통해 꿈을 키우는 그림 속 소년을 표현하는 단어이자, 그림을 보자마자 제가 좋아하는 노래 〈Dreamer〉를 떠올렸기 때문입니다.

I would like to title 'dreamer'. It was because the song I like 〈Dreamer〉 came to my mind as soon as I looked at the picture, and it was a word describing the boy in the picture that grows a dream through an airplane.

Tip 내용과 연관되는 제목을 찾으면 됩니다.

③ Where is the airplane heading to?

저 비행기는 어디로 가고 있을까?

아마 두바이로 향하는 비행기가 아닐까 합니다. 저 비행기가 귀사 승무원이 되려는 제 꿈을 담고 있다고 생각하기 때문입니다.

I guess it's an airplane for Dubai because I think this plane carries the dream that I have had which is to be a member of the cabin crew for this company.

Tip 답변의 전체적인 흐름에 통일성을 부여하면 답변은 더욱 흥미롭게 들리며, 센스 있는 지원자라는 평가를 얻을 수 있습니다.

4. 예상 문제 가늠하기

1) What conversation is ongoing between two people in the picture?

사진 속 두 사람의 대화는 어떠할지 이야기해 보라.

2) Do you have any experience related to this picture?

이 그림이 보여 주는 상황과 유사한 경험을 한 적이 있나?

3) Guess the boy's personality and tell me the reason.

저 소년의 성격을 추측해 보고 그렇게 생각한 이유를 말하라.

4) What is going to happen next?

다음에 벌어질 상황에 대해 이야기해 보라.

1) What are they doing?

이들은 무엇을 하는 중인가?

2) What is the relationship among 4 people?

이들 네 사람은 서로 어떤 관계일까?

3) If any conflict happens, what would it be?

이들 사이에 갈등이 생긴다면 무엇 때문일까?

4) If you say any negative comments on this picture then what would it be?

그림에 대해 부정적인 의견을 말한다면 뭐라고 하겠는가?

1) If you use this picture for an advertisement, what advertisement would you use this picture for?

   이 사진을 광고에 써야 한다면, 당신은 어떤 광고에 사용하겠는가?

2) What are the pros and cons of the item in the picture?

   사진 속 사물의 장단점은 무엇인가?

3) If you can draw anything onto the picture then what do you want to draw?

   이 사진에 뭔가를 추가할 수 있다면 무엇을 그려 넣겠는가?

4) Let's say you must not open the lid of the cup in the picture. Guess the reason and tell me.

   사진 속 컵의 뚜껑을 절대 열면 안 되는 상황이라고 하자. 어떤 상황일지 상상하고 말해 보라.

1) Does the drawing in this picture remind any of your past experience or any memory?

사진 속 그림이 당신에게 과거의 어떤 경험이나 추억을 떠올리게 하나요?

2) If you can add anything onto this picture, what would you like to draw?

이 그림에 당신이 뭔가 더할 수 있다면 무엇을 그려 넣겠습니까?

3) What did you do last Christmas?

작년 크리스마스에 당신은 무엇을 했나요?

4) Recently art education for children is very popular in Korea. What is your opinion about it?

요즘 한국에서는 유아 미술 교육이 매우 인기가 있습니다. 이에 대해 당신의 의견을 들려준다면?

비밀노트 4
내 답변에 골라 쓰는 문장

비밀노트 4에서는 나합격, 최창공의 답변만으로는 부족한 부분을 보완하기 위해, 답변에 바로 적용 가능한 예시 문장들을 풍성하게 실었습니다. 또한 앞서 공부한 내용을 반복할 수 있도록 비밀노트 2의 영어 면접 질문과 합격 비법에 맞춰 예시 문장을 수록하였습니다.

Unit 1 자기소개

1. Can you tell me about yourself?

자기소개를 해 주세요.

경험식 답변

합격비법 1 첫 문장에서 자신의 장점/키워드를 드러낸다.

* 사람들은 저를 보면 기분이 좋아진다고들 합니다.
  Some people call me I make others happy.

* 저는 문제 해결 능력을 지닌 사람입니다.
  I am the person with problem solving skills.

* 저는 성실하고 친절한 사람입니다.
  I'm sincere and kind.

* 저는 남을 돕는 즐거움을 아는 사람입니다.
  I'm a person who knows the joy of helping others.

* 저는 세심하며 타인의 얘기에 귀 기울일 줄 압니다.
  I am attentive and a good listener.

* 저는 제가 사교적인 사람이라고 자신 있게 말할 수 있습니다.
  I can certainly say that I am an outgoing person.

* 저는 무엇이든 '아낌없이 주는 나무'와 같은 사람입니다.
  I'm a person like 'The Giving Tree'.

* 저는 "노력 없이는 결과도 없다"는 말이 저라는 사람을 대변한다고 생각합니다.
  I think "No pain, no gain" represents who I am.

* 제 별명은 에너자이저입니다. 무슨 일을 하건 열정이 넘치는 저를 제대로 보여 주는 별명이라고 생각합니다.
  My nickname has been an energizer. I think it properly represents me who is passionate on whatever I do.

* 단순히 제가 잘 웃는다는 점뿐만 아니라, 같은 상황이더라도 이를 훨씬 재미있고 생생하게 전달하는 재주를 지녔다고 합니다.

  Not only do I laugh very well, but I'm talented to talk more fun and vividly in the same situation.

* 도서관 사서로 일하며 학생들이 도서관 이용에 대해 문의하면 친절히 응대해 주었습니다. 또한 누구도 신경 쓰지 않던 도서관 구석에 놓인 폐기 도서까지 깔끔하게 정리해 두어, 상사로부터 친절함과 부지런함에 대해 동시에 칭찬을 받기도 했습니다.

  When I was working as a librarian, I kindly responded to students who asked me how to use the library. Additionally, because I neatly organized the disposal books in the corner of the library that no one was interested in, my boss made a compliment on both my diligence and kindness.

* 부끄러운 얘기지만, 사실 봉사 활동 첫날은 친구에게 등 떠밀려 간 것이었습니다. 하지만 이후 정기적으로 봉사 활동을 다니면서, 봉사란 봉사하는 대상보다는 봉사하는 사람에게 더 큰 보람을 느끼게 한다는 것을 알았습니다.

  To be honest, it was a shame to say that I didn't voluntarily participated in the first day of volunteering work. But as I went on a regular basis, I realized that service is more rewarding for those who serve than for others.

* 친구가 힘든 고민을 털어놓기를 주저할 때, 저는 그 친구가 마음의 준비가 될 때까지 기다려 줍니다. 그리고 그 얘기를 차분히 들어줍니다. 이러한 이유로 제 친구들 대부분이 저를 좋은 경청자라고 합니다.

  I usually wait for my friend to get ready to talk when he hesitated to talk about his concerns. And I listen to those stories slowly. For this reason, most of my friends call me a good listener.

* 길을 가다 마주치는 외국인들에게 인사를 건넬 때면 그들로부터 늘 다시 밝은 인사가 되돌아왔습니다.

  I get greetings back every time I say hello to foreigners on the street.

* 해당 업무(직급)에서 일을 성공적으로 수행해 인정을 받은 경험이 있습니다.

  I have an experience of being credited by fulfilling the task on the position.

* 동아리 활동을 하며 사람들을 만나는 과정에서 제 친화력이 발휘되었습니다.

  I could demonstrate how I would be friendly with people that I met by the club activities.

* 대학교 축제에서 저희 과가 기부를 위해 일일찻집을 열었을 때, 제 지인들이 와서 먹고 마셔 준 것이 매출의 반을 차지했습니다.

  My friends and people I know took almost the half of the sales when my department opened a cafe for a contribution.

* 그래서 예전 상사로부터 매우 좋은 피드백을 많이 받았습니다.

  So I had some very positive feedback by my boss from the previous work.

나열식 답변

합격비법 1 자신의 전공 또는 공부했던 분야에 대해 간략히 표현

* 저는 생물학을 전공하는 4학년 학생입니다.

  I am a senior majoring in Biology.

* 저는 전공으로 역사학을, 부전공으로 정치학을 공부 중인 4학년 학생입니다.

  I am a senior majoring in History with a minor in Political science.

* 저는 국문학과 일문학을 복수 전공 중인 4학년 학생입니다.

  I am a senior double-majoring in Korean literature and Japanese literature.

* 저는 한국대학교에서 중국어를 전공하고 있는 4학년 학생입니다.

  I am a senior majoring in Chinese literature at Hankook University.

* 저는 한국대학교에서 사회복지를 전공했습니다.

  I majored in Social welfare at Hankook University.

* 저는 간호학 전공으로 한국대학교를 졸업했습니다.

  I graduated from Hankook University as a Nursing science major.

* 저는 전공 공부를 통해 문제 해결 능력을 배웠습니다.

  I have learned problem-solving skills by studying my major.

* 저는 전공을 통해 논리를 보다 다듬을 수 있었습니다.

  I could be more logical by studying my major.

아르바이트 또는 경력 설명 (자신의 포지션, 담당했던 일, 배운 점 등)
+ (있다면) 외국 생활 경험 또는 어학연수 등 드러내고자 하는 경험

* 어려서부터 다양한 해외 경험의 기회를 가졌습니다.

  I have had various overseas experiences since young.

* 저의 이력서에서 보시듯 저는 다양한 아르바이트 경험이 있습니다.

  As you could see on my resume, I have various part-time job experiences.

* 저의 이력서에서 보시듯 저는 여러 직장 경험이 있습니다.

  As you could see on my resume, I have various work experiences.

* 공연장에서 안내 아르바이트를 하면서 친절하면서도 단호하게 고객을 응대하는 법을 배웠습니다.

  I have learned how to respond to customers in a kind and decisive manner while working as a receptionist at the theater.

* 과외 아르바이트를 하며 상대의 눈높이에 맞게 설명하는 법을 익혔습니다.

  I have learned how to explain to others trying to make students fully understand at the level of each student.

* 식당을 운영하는 부모님을 돕는 과정에서 서비스를 몸소 실천하는 부모님을 보며 서비스가 무엇인지 배웠습니다.

  I have been helping my parents who run the restaurant and seeing the parents who practice what services are.

* 연수 기간 초기에는 영어 실력이 부족해 호텔에서 청소를 담당했지만, 점차 영어 실력이 늘면서 호텔 레스토랑에서 서빙 업무도 하였습니다.

  At the beginning of the training period, I was in charge of cleaning at the hotel due to lack of English language skills, however, I started to work as a server as my English skill grew up.

* 호주 워킹홀리데이 시절, 포도 농장에서 포도를 수확하면서 일에 대한 집중력을 길렀고, 손을 재빠르게 사용하는 법도 익히게 됐습니다.

  While I was doing 'Working Holiday' in Australia, I learned to focus on what I have to do and use my hands quickly by working on harvesting grapes on the vineyard.

* 어학연수 시절 노인 요양원에서 세탁 업무를 한 적이 있습니다. 할당된 시간 안에 많은 양의 빨래를 해야 했기 때문에 잠시도 쉴 틈 없이 일한 적이 있습니다.

I have worked in a cleaner department at the senior center while I was doing a language program. Since I had to do a lot of laundry within the given time, I worked without a break.

* 교환학생으로 3개월간 뉴질랜드에서 체류하면서, 목장 동물들을 돌보는 일을 한 적이 있습니다. 엄청난 양의 건초를 옮기고 사육장을 청소하면서 세상에 쉬운 일은 없다는 사실을 다시금 깨달았습니다.

When, as an exchange student, I spent three months in New Zealand, I took care of animals at the ranch. I realized once again that there was no easy thing in the world by moving huge hay and cleaning the animal shelter.

* 유럽 배낭여행을 홀로 한 달간 다녀오니, 두렵게만 느껴졌던 외국 생활에 자신감이 생겼습니다.

I have been backpacking to Europe for a month and now I feel confident of staying overseas, which I felt scared of before.

* 레스토랑에서 설거지 일을 하면서 영어를 좀 더 잘 했더라면 홀 서빙 업무를 소화할 수 있었을 텐데 하는 아쉬움이 있었습니다. 그것이 제 영어 공부에 동기 부여가 되었습니다. 얼마 후, 저는 결국 홀 서빙을 맡을 정도의 영어 실력을 갖출 수 있었습니다.

While I was dishwashing at the restaurant, I thought I could have worked better at serving at the hall if my English had been better. That motivated me to study English. A bit later, I finally could get English skill of my own to serve at the hall.

공통(경험식 답변, 나열식 답변)

합격비법 3 승무원에 지원하는 이유 또는 지원자 본인과 승무원의 자질을 연결하여 마무리한다.

* 이런 저의 장점을 바탕으로 저는 귀사에서 탁월한 승무원이 될 것임을 자신합니다.

With these advantages of mine, I am certainly sure I could be the best flight attendant for your company.

* 다양한 경험을 통해 제가 승무원이라는 직업을 즐길 수 있으리란 확신이 생겼습니다.

I got confident that I can enjoy my job as a flight attendant through various experiences.

* 제가 해외 경험을 통해 얻은 자신감은 이 직업을 수행하는 데 큰 도움이 될 것입니다.

The confidence I gained from my overseas experience will be a great help in performing this job.

* 저는 승무원 업무의 힘든 부분조차도 저를 발전시킬 수 있는 점으로 바꿀 준비가 되어 있는 지원자입니다.

I am an applicant who is prepared to change the hard parts of being a flight attendant into a part which could develop myself.

* 새벽 영어 수업을 하루도 빠짐없이 매일 꾸준히 다니는 저의 부지런함과 열정으로 ○○항공사에 적합한 승무원이 될 수 있으리라 확신합니다.

With my diligence and enthusiasm for English classes early in the every morning, I am confident that I will be a perfect flight attendant for ○○ airlines.

* 저는 고객에게 내가 받고 싶은 질 높은 서비스를 제공하여 고객 만족을 이끌어 낼 수 있는 자질을 갖춘 승무원입니다.

I am a qualified flight attendant who can provide the high quality service that I want to receive from the customer, and can bring out the satisfaction for the customer.

2. What is your strong point?
장점을 말해 주세요.

합격비법 1 장점/키워드 드러내기

* 한번 한 약속은 반드시 지킬 줄 아는 책임감을 지녔습니다.

I have a sense of responsibility to keep a promise I made before.

* 유쾌한 대화를 이끌어 낼 수 있는 유머감각과 커뮤니케이션 스킬을 갖췄습니다.

I have a sense of humor and communication skills that can lead to pleasant conversations.

* 저는 학교생활, 아르바이트, 자기 관리 모두 철저히 하는 사람입니다.

I am a person who thoroughly manages school life, part-time work, and self-management.

* 꾸준히 해 온 운동으로 얻은 강인한 체력에서 나오는 강인한 정신을 가졌습니다.

I have a tough spirit from the strong physical strength gained by the exercise that I have been doing steadily.

* 누구에게나 쉽게 먼저 다가갈 수 있는 것이 저의 장점입니다.

One of the strong points of mine is to get close to anybody in an easy way.

* 바른 태도, 밝은 이미지, 긍정적인 성격은 저를 잘 표현해 주는 단어입니다.

The words that describe me well could be a fair attitude, bright image and positive personality.

* 그 어떤 복잡한 상황에서도 상대방을 설득할 자신이 있습니다.

I think I could convince others well in any kinds of circumstances.

* 저는 열린 사고를 하는 사람이며 정이 많습니다.
  I'm very open-minded and warm-hearted.

* 저는 일을 빨리 배우고 새로운 환경에 잘 융화됩니다.
  I am a fast learner and also I am very well-harmonized.

이에 설득력을 부여할 에피소드 소개

* 저는 단 하루도 학교를 빠진 적이 없으며, 각종 모임에도 지각을 한 일이 없습니다.
  I have never been absent from school for a single day, and have never been late for any kinds of meetings.

* 대학 시절 한 번도 놓치지 않고 장학금을 받았습니다.
  I've never missed scholarship in college.

* 산악회에 참여하면서 다양한 사람들을 만났습니다.
  I've met a variety of people at the hiking club.

* 저는 작은 것도 잘 기억하기 때문에 주변 친구들은 뭔가 기억해 낼 필요가 있을 때 제게 연락해 묻곤 합니다.
  My friends around me contact and ask me when they need to remember something because I am a person who tries to remember even small things.

* 저는 모임에서 서먹한 분위기를 부드럽게 해 모두가 잘 어울리도록 만듭니다.
  I break the ice at the meeting and make sure everyone gets along well.

* 한번 맡은 일은 끝까지 하는 성격이라는 매니저님의 칭찬을 받은 적이 있습니다.
  I've got some compliments by the manager for my personality that once I start on something, I get to complete it.

* 어려서부터 일과 시간표를 꼼꼼히 적어 온 습관 덕분에 저는 스케줄 관리를 잘합니다.
  Since I was young, I have organized my schedule pretty well thanks to my habit that is about writing daily schedules.

* 많은 봉사 활동을 했으며 해외 경험도 있습니다.
  I had many volunteering works and foreign experiences.

* 저는 교환학생 모임의 리더입니다.

  I'm a leader of the exchange students club.

* 저는 제 동료와 친구들에게 평판이 좋습니다.

  I am a person of good reputation from my co-workers and friends.

* 저는 새로운 사람들이나 환경을 접할 때마다 제가 해야 할 일과 그 일을 어떻게 해야 하는지 쉽게 파악합니다. 더불어 그들과 좋은 관계를 맺습니다.

  Whenever I meet new people or circumstances, I easily find what I am supposed to do, and how to do with it. Also I have good relationships with them.

* 저는 반려견과 3년을 함께 지내면서, 아무리 바쁘고 피곤해도 반려견과 산책하는 일을 하루도 거른 적이 없습니다.

  As I have spent three years with my pet dog, I never missed walking the pet dog no matter how busy or tired I was.

3. What is your weakness?
단점을 말해 주세요.

합격비법 1 단점을 말한다

* 무엇을 결정하기까지 시간이 좀 걸립니다.

  It takes long for me to make a decision.

* 일의 결과에 집착해 종종 그 과정을 즐기지 못할 때가 있습니다.

  I sometimes miss enjoying the process just because I'm obsessed with the outcomes.

* 저의 완벽주의 성향이 타인을 피곤하게 만들기도 합니다.

  I may make others get tired because of my personality that is to be a perfectionist.

* 급한 성격 때문에 간혹 일의 세부 사항을 놓칠 때가 있습니다.

  I sometimes miss details because of hot temper.

* 전체적인 그림을 보기보다는 사소한 면에 지나치게 집중하고는 합니다.

  Every now and then I am obsessed with minor details instead of looking at the big picture.

* 타인의 기분에 지나치게 신경 쓰는 것 아니냐는 지적을 받은 일이 있습니다.

    I have been pointed out that I care too much about the others' feelings.

* 최근 자기계발서를 읽으며, 저는 타인의 마음이 어떤지 너무 신경 쓰는 성격 탓에 저 스스로를 힘들게 하고 있음을 알았습니다.

    As I read self-study books recently, I realized that I was getting harder on my own because I was too careful about the state of mind of other people.

* 아르바이트할 때의 일인데, 더 급히 처리할 일이 있어도 조금이라도 삐뚤어져 있는 의자나 테이블을 보면 바로 잡지 않고는 못 배기는 제 성격 탓에 함께 일한 동료가 힘들어했던 적이 있습니다.

    I have an experience that my coworker was hard on my personality which I have to get a table or chair right when I see them slightly twisted even if I had more urgent things to do.

* 교수님께서 지적해 주셔서 저의 단점을 제대로 깨달았습니다.

    The professor's advice made me realize my weaknesses.

* 계속 같은 문제가 발생하면서 무엇이 문제인지 진지하게 고민해 보게 되었습니다.

    That the same problems keep occurring to me makes me seriously thinking of what the real problems are.

* 제가 책임져야 하는 상황은 되도록이면 피하려 한다는 것을 느꼈습니다.

    I realized that I try to avoid the circumstances that I have responsibility for.

* 무언가를 쉽게 간과했던 제 단점이 치명적이었음을 알게 되었습니다.

    I realized that my weakness that I could easily overlook something was lethal.

* 지속적으로 꼼꼼하지 못하다는 동일한 피드백을 받는 것은 문제가 있다고 생각했습니다.

    I thought it's problematic that I have received the same feedback that says I'm not precise enough.

* 저는 결정을 내린 뒤 벌어질 일에 대한 걱정을 줄이려 애쓰며, 가능한 한 신속하게 결정을 내리려고 노력하고 있습니다.

    I try to make decisions faster and try to minimize what comes next after the decision was made.

* 단점을 극복하기 위해 저보다 경험이 많은 지인의 조언을 구하며 노력하고 있습니다.

  I try to overcome my weakness taking advices from seniors who are with more experiences than me.

* 그런 단점을 극복하기 위해 하루 일과표를 만들어 생활합니다.

  I spend my daily life with schedules in order to overcome such shortcomings.

* 가끔 정중히 거절하는 법을 배워야 한다고 느꼈습니다.

  Sometimes I felt that I had to learn to refuse politely.

* 어떤 상황에서는 선의의 거짓말도 필요하다는 것을 느꼈습니다.

  In some situations, I felt that a white lie is also necessary.

* 제 이런 단점을 알고 있다는 데 위안하는 게 아니라 이를 개선하려고 노력해 왔습니다.

  I have been trying to improve myself not just comforting that I have been aware of my weakness.

* 저는 스스로를 개선하기 위해 다양한 상황을 경험하고자 노력합니다.

  I try to experience various circumstances in order to improve myself.

Unit 2 나에 대해 이야기하기

4. What is your hobby?
취미가 무엇입니까?

합격비법 1 취미 언급

* 저는 공통의 관심사를 갖는 사람들과 만나는 것을 좋아합니다.

  I like meeting people who have a common interest with me.

* 제 관심사인 요리를 다루는 온라인 커뮤니티를 운영하고 있습니다.

  I have been running an online community on my personal interest, cooking.

* 액세서리 만들기가 취미입니다.

  I have a hobby making accessories.

* 제가 기르는 강아지와 산책을 다니곤 합니다.

  I take a walk with my pet dog.

* 저는 주말마다 친구들과 야구 경기를 보러 갑니다.

  I go to baseball games with my friends every weekend.

* 저는 헬스클럽에서 운동을 하며 여가 시간을 보냅니다.

  I spend my spare time exercising at the gym.

합격비법 2 취미에 대한 부연

* 제가 원하는 정보도 얻고, 다양한 사람들을 만날 수 있어서 좋습니다.

  I can get the information I want and I can meet various people.

* 저는 '여행에서 남는 것은 사진뿐이다'라는 말을 믿었습니다. 하지만 여행을 마친 후 혼자 뭔가 할 수 있다는 자신감을 얻고 나니 여행에는 사진 이외의 선물이 있음을 알게 되었습니다.

  I believed that the only thing remaining after the trip was photos. But after I got the confidence that I could do it by myself after the trip, I realized that a trip could bring me a gift other than photos.

* 특히 생일과 같은 특별한 날, 제가 손수 만든 선물을 줄 수 있다는 것이 큰 기쁨입니다.

  It is a great pleasure for me to be able to give others handmade gifts, especially on special occasions such as birthdays.

* 운동을 하면 스트레스도 해소되고 건강에도 좋습니다.

  Exercise can relieve stress and is good for your health.

* 야구장에 가면 치어리더의 열띤 응원과 활력 넘치는 야구 선수들의 플레이를 보면서 제가 그 에너지를 받는 것 같아 기분이 좋아집니다. 저도 덩달아 에너지로 채워지는 기분입니다.

  When I go to the ballpark, I feel cheerful by watching energetic cheer leaders and active play of baseball players because I think I could get their energies. I think I'm full of energy, too.

5. How do you handle your stress?

스트레스를 어떻게 풉니까?

합격비법 1 스트레스를 잘 받지는 않는 편이나 만약 스트레스를 받으면

* 잘 웃는 제 얼굴처럼 다행히 저는 스트레스를 잘 받지 않지만

  As much as my smiley face, I fortunately don't get stressed out much but

* 안 좋은 일은 쉽게 잊는 성격이라 스트레스를 잘 받지 않지만

  Because I easily forget negative things, I don't get stressed out much but

* 긍정적인 면을 먼저 보려는 성격이라 스트레스를 잘 받지 않지만

  Because I try to see positive things first, I don't get stressed out much but

합격비법 2 (스트레스 해소 방법 설명) ~를 합니다

* 스트레스를 받으면 요가를 합니다. 요가를 하면 오로지 저 자신에게 집중할 수 있어 복잡한 것들이 정리가 됩니다.

  When I get stressed out, I do yoga. When I do yoga, I could clear complicated things on my head because I can concentrate only on myself.

* 스트레스에 놓인 상황을 부정하지 않고 인정하는 것도 중요하다고 생각합니다.

  I think it is important to acknowledge the situation that is under stress without denying it.

* 맛있는 것을 먹으며 기분 전환을 시도합니다.

  I try to change my mood by eating something delicious.

6. How do you keep yourself healthy?
건강관리는 어떻게 합니까?

합격비법 1   충분히 건강함을 어필

* 건강만큼은 자신 있다고 말씀드리고 싶습니다.

  I want to say that I am certainly sure of my health.

* 저는 하고 싶은 일이 많기에 건강관리에 최선을 다하고 있습니다. 건강 때문에 제 꿈을 포기하고 싶지 않기 때문입니다.

  Because I have so many things I want to do, I am doing my best to manage my health. It is because I would not let health give up my dreams.

* 저는 감기도 잘 걸리지 않을 정도로 건강합니다.

  I am healthy enough not to catch a cold.

합격비법 2   현재 건강한 증거와 건강 유지 비결 부연

* 저는 정기적으로 병원을 방문해 건강을 체크합니다.

  I go to the hospital to check up my health on a regular basis.

* 저는 요즘 화제가 되고 있는 'K-pop 댄스'를 배우고 있습니다. 몸을 움직이는 것도 좋지만 신나는 음악에 기분이 좋아져 더욱 건강해지는 것을 느낍니다.

  I'm learning 'K-pop dancing' which has been an issue nowadays. It is good to move your body, but I feel healthier because I feel good about exciting music.

* 신선한 재료로 요리를 하는 요리 강좌를 수강하고 있습니다. 배운 요리를 만들어 먹으며 건강을 유지합니다.

  I am taking 'Cooking Class' which uses fresh ingredients. I stay healthy by using the dishes that I have learned.

* 저는 건강에 좋은 유기농 음식을 먹습니다.

  I eat organic and healthy food.

* 저는 과식, 과음을 하지 않습니다.

  I don't drink heavily and don't overeat.

* 저는 매사를 긍정적으로 생각하고 즐기며 삽니다.

  I always try to think positively and try to enjoy my life.

* 저는 규칙적인 생활을 하며 잠을 충분히 잡니다.

  I try to live a well-organized life and to sleep enough.

7. Tell me about your family.
가족 소개를 해 보세요.

합격비법 1 가족 구성원의 수, 성향 언급

* 우리 가족은 조부모님, 부모님, 쌍둥이 언니 그리고 저 이렇게 6명입니다.

  My family is six: grandparents, parents, twin sister and me.

* 부모님, 저 사랑스런 우리 강아지도 식구에 넣어 4명이라고 말씀드리고 싶네요.

  I'd like to tell you that I have four members in family: parents, me and a lovely pet dog.

* 장난기 가득한 아버지, 음식 솜씨 좋은 어머니, 저를 롤 모델로 삼은 제 동생, 활발한 저 이렇게 4명입니다.

  There are four members in my family: my playful father, my mother who is good at cooking, my brother who thinks I'm his role model and me who is cheerful.

합격비법 2 가족의 성향, 분위기 부연

* 애정 표현에 능한 부모님 덕분에 저희 가족은 허그를 자주 합니다.

  My parents are very good at expressing affection, so my family is good at hugging each other.

* 어렸을 때는 언니와 자주 싸웠지만 지금 언니는 제 가장 친한 친구입니다.

  When I was a child, I often had a fight with my sister, but now she is my best friend.

* 어렸을 때는 누나 옷을 물려 입는 게 너무 싫었습니다. 하지만 지금 누나는 제 두 번째 어머니인 양 든든한 존재입니다.

  When I was a child, I hated wearing my sister's clothes. But now I rely on her and I feel like as if I have two mothers.

* 얼마 전 무뚝뚝한 아버지께서 "힘들지? 열심히 하면 넌 꼭 승무원이 될 수 있을 거야"라고 말씀해 주셔서 감동을 받았습니다. 평소 감정을 잘 표현하지 않는 아버지기에 더욱 기뻤습니다.

   Not long ago, I got touched by my father's saying, "Is it difficult? If you work hard, you can be a flight attendant." I am more delighted because he is a father who does not express his feelings well.

* 가족끼리 낚시 여행을 가곤 합니다. 함께 낚시하는 와중에 부모님이 옛날이야기를 해 주시는데, 그게 정말 재미있습니다.

   I go fishing trips with my family. It was really fun when my parents were talking about their stories fishing all together.

8. What is your life-time goal?
인생관에 대해 말해 보세요.

합격비법 1 인생관

* '부모님처럼 행복한 사람이 되자'가 제 좌우명입니다. 뭐든 최선을 다하고 매 순간을 즐기는 부모님을 닮고 싶습니다.

   My motto is 'Be a happy person like my parents'. I want to live like my parents who know how to do their best and enjoy every moment.

* 저는 '실패는 성공의 어머니'라는 말을 믿습니다. 실패에 좌절하지 않고, 그 속에서 얻은 교훈을 앞으로의 성공을 위한 밑거름으로 삼을 것입니다.

   I believe that 'failure is the mother of success'. I would not get frustrated by the failure rather than use the lesson from the failure as a foundation for the success to come in the future.

* '경험은 최고의 선생님'이라고 믿습니다.

   I believe that 'experience is the best teacher'.

* '도전에 대한 불가능은 노력하지 않는 자의 변명이다'라고 믿습니다.

   I believe that 'Impossibility to challenge is the excuse of those who do not try.'

합격비법 2 그 인생관을 선택한 계기, 인생관에 대한 생각 등을 부연

* 어떤 어려움 속에서도 스스로의 마음가짐이 가장 중요하다는 것을 깊이 깨달은 일이 있습니다. 이후 이 말은 제 좌우명이 되었습니다.

I meaningfully realized that how I think is the most important regardless of any difficulties. Since then, that has been my motto.

* 너무 바빠서 자격증까지 따기는 불가능하다고 생각했습니다. 하지만 열심히 노력해 자격증을 손에 넣은 지금, 무슨 일이든 제가 하기에 달렸다는 것을 깨달았습니다. 이후 '노력과 의지만 있다면 불가능한 일은 없다'는 것이 제 인생관이 되었습니다.

I thought I was so busy that I couldn't get certified. But now that I've worked hard and got my license, I realized that everything was up to me. The idea that 'there is nothing impossible if only with hard work and commitment' became my life-time perspective.

* 학교에서 진행된 멘토링 프로그램에서 한 교수님의 특강을 들은 적이 있습니다. 교수님은 하고 싶은 일에 도전하지 않으면 끝까지 후회로 남을 거라고 말씀하셨습니다.

I have taken a lecture from a professor in the mentoring program conducted at school. She said that if you do not challenge what you want to do, you will be regretted at the end.

9. Why do you want to become a flight attendant?

왜 승무원이 되고 싶습니까? (직무 지원 동기)

합격비법 1 적성과 잘 맞아 지원

* 제 장점을 가장 잘 발휘할 수 있는 직업이 승무원입니다.

  A flight attendant is the job that I can use my strengths in the most efficient way.

* 저는 이 일이 제가 가장 잘할 수 있고, 가장 즐길 수 있는 일이라 믿습니다.

  I believe that it is the job that I can do the best and enjoy the most

* 지인을 통해 알게 된 승무원이라는 직업은 제 직업관과 잘 맞습니다.

  A flight attendant job that I learned from my acquaintance is a job that fits my view of occupation.

* 다양한 사람을 만나고 다양한 문화와 환경을 접할 수 있는 특별한 직업이기 때문입니다

  It is because that flight attendant job is a special occupation where you can meet various people and experience various cultures and environments.

* 제 적성을 잘 아는 주위 분들의 추천을 통해 알게 된 직업입니다. 이 일에 대해 알면 알수록 더 흥미가 생겼고, 제 직업적 목표가 되었습니다.

  This is a job that I learned through recommendation of people who know my aptitude well. The more I learned about this job, the more I became interested and became my goal as a profession.

합격비법 2 승무원 직무가 적성과 잘 맞음을 보여 주는 에피소드 부연

* 공항 안내 데스크에서 근무한 적이 있습니다. 그 당시 공항 직원들이 제게 혹시 승무원직 지원 의향은 없느냐고 물었습니다. 제가 서비스직에 잘 맞는 것 같다며 승무원이라는 직업을 추천한 적이 있습니다.

  I have worked at the airport information desk. At that time, the airport staff asked me if I was willing to serve as a flight attendant. He recommended me to be a flight attendant because he thinks service field would fit me well.

* 다양한 대외 활동을 통해 알게 된 전직 승무원과 대화를 나눈 적이 있습니다. 주로 승무원 업무에 관한 대화였는데, 해당 업무가 제 적성과 잘 맞는다는 것을 깨달았습니다.

  I have talked with a lady that I got to know from various activities and also who used to be a flight attendant. I mainly talked about the crew work with her, and I realized that the tasks fit well with my aptitude.

* 영화관에서 근무할 때 정말 바빴습니다. 하지만 저는 배고프고 힘든 줄도 모를 만큼 일에 몰두했습니다.

  I was very busy when I was working in the movie theater. But I worked hard enough to forget I was hungry and hard.

* 제게는 무엇을 맡겨도 걱정이 안 된다는 동료의 말처럼, 저는 주인의식과 책임감을 지닌 사람으로, 승무원이 되는 데 필요한 강점을 갖추었다고 생각합니다.

  As my coworker says that she wouldn't be concerned if she got me any task, I think I have necessary strengths as a flight attendant who is with ownership and responsibility.

* 새로운 사람과 만나며 일할 때 저는 기분 좋은 긴장감을 느낍니다.

  When I work meeting a new person, I feel a good sense of tension.

* 승무원이란 직업은 제게 모호한 꿈이 아니며, 확실하고도 현실적인 도전입니다.

  The crew job is not a vague dream to me, and it is a convincing and realistic challenge.

10. Why do you apply for our company?
왜 우리 회사에 지원했나요?

합격비법 1 지원자와 회사의 연결 고리

* 귀사의 서비스 모토는 제가 아르바이트를 하며 배우고 갖게 된 저만의 서비스 모토에 상응하는 것입니다.

  Your service motto corresponds to my own service motto that I have learned through my part-time job.

* 최신 항공 뉴스를 통해 귀사는 밝은 미래를 가지고 있을 뿐만 아니라 매우 매력적인 일터라는 생각을 하게 되었습니다.

  From the newest aviation news, I learned that you have a bright future and that made me think it'd be a very attractive place to work.

* 직원들이 일하기 좋은 회사라는 평가를 받은 것으로 압니다.

I know that this company is rated as a good place for employees to work for.

* 사장님 인터뷰에서 직원을 아끼는 마음과 서비스에 대한 굳은 신념을 느낄 수 있었습니다.

From the interview with the president, I could feel affection for the employees and a firm belief in service.

* 현재 성장 중인 항공사이므로 더 밝은 미래가 기대됩니다.

I am looking forward to a brighter future since you are a growing airline.

* 귀사와 함께 성장할 수 있고, 그 일원이 되는 기회를 얻은 데 대해 정말로 기쁜 마음입니다.

I am very pleased to be able to grow with you and to have the opportunity to become a part of it.

합격비법 2 회사에 대한 구체적인 설명

* 몇 년 전, TV에서 항공사 승무원을 대상으로 한 직업 관련 프로그램을 시청한 일이 있습니다. 당시 귀사 승무원들의 현실적인 업무와 생활에 대해 알 수 있었습니다. 또 승무원들이 승객에게 서비스하는 프로페셔널한 모습에 저는 큰 감명을 받았습니다.

A few years ago, I watched a career-related program about airline crew on TV. At that time, I could learn about the working environment and the real life of your crew. I was also impressed by the fact that the crew served the passengers professionally.

* 제 지인이 귀사 승무원으로 재직 중입니다. 그로부터 귀사에 대해 들은 적이 있습니다.

The person I know is serving as a flight attendant at your company. I have heard from him about your company.

* 제 장점과 아르바이트 경험으로부터 얻은 능력이 귀사의 인재상에 부합한다고 생각합니다.

I believe that my strong point and skills from part-time experiences are right for your company.

* 타 항공사와 뚜렷하게 구별되는 귀사 기내 엔터테인먼트 서비스에 함께 하고 싶습니다.

I would like to share an in-flight entertainment service that is distinct from other airlines.

* 제가 듣는 수업에서 '항공사 고객 만족도'를 조사한 적이 있습니다. 귀사는 당시 저희 팀의 만족도 1위 항공사였습니다. 특히 귀사 승무원 친절도는 타 항공사와 견줄 때 현저히 높은 점수를 받았습니다.

I have investigated 'customer satisfaction' in my class. At that time, we rated your company as a number 1 airline. In particular, your crew-friendliness score was significantly higher when compared to other airlines.

* 저는 승무원이 되겠다고 마음먹은 이후, 입사하고 싶은 항공사를 알아본 적이 있습니다. 그중 귀사를 눈여겨보게 되었습니다. 제가 귀사를 이용하고 무척이나 만족했던 경험도 있고, 귀사 서비스 평가 및 발전 속도 등이 항공업계 내에서 높게 평가됐기 때문입니다.

After I decided to become a flight attendant, I searched the airlines I wanted to join. I have watched over your company among them. That's because I was very pleased with my own experience with your airline and also you're rated high in service evaluation and how fast you'd be under development in the airline industry.

11. What kind of flight attendant would you like to be?
어떤 승무원이 되고자 합니까?

합격비법 1 자신이 그리는 승무원의 모습 언급

* 저는 귀사 인재상에 부합하는 승무원이 되고자 합니다.

I want to be a flight attendant that meets the requirements of your company.

* 저는 무엇보다 배움과 실천을 중시하는 승무원이 되고 싶습니다.

Above all, I want to be a flight attendant who places importance on learning and practice.

* 저는 승객에게 필요한 것을 먼저 알고 준비할 수 있는 승무원이 되고자 합니다.

I want to be a flight attendant who could get anything needed for the passengers ready.

* 저는 함께 일하고 싶은 동료 1위로 동료들에게 인정받는 승무원이 되고 싶습니다.

I want to be a flight attendant who could be recognized by other colleagues as a top coworker that want to work with.

합격비법 2 그 모습에 대한 내용을 설명하며 마무리

* 매일 비행 일지를 쓰면서 스스로 반성하고 날마다 발전하는 승무원이 되고 싶습니다.

I would like to be a flight attendant who writes daily flight log, reflects on myself and develops day by day.

* 특히 어린아이와 노약자에게 더 큰 도움이 되는 승무원이 되고자 합니다.

I would like to be a flight attendant who could be more helpful especially for young children and the elderly.

* 제 노력으로 제가 일하는 항공사 이미지가 제고될 수 있기를 바랍니다.

I hope that the image of the airline I work for can be enhanced with my efforts.

12. How long would you like to work with us?

얼마나 오랫동안 우리 회사에서 일하고 싶은가요?

합격비법 1 장기근속 의지 표현

* 저는 이 회사에서 중요한 일을 책임질 수 있는 자리까지 가고 싶습니다. 이를 위해 승무원으로서 최소 10년 이상 비행하고 싶습니다.

I would like to take a position where I can take responsibility for significant matters in the company. To do so, I would like to fly over at least 10 years as a flight attendant.

* 제 첫 직장이자 마지막 직장으로 삼고 싶습니다.

I want to consider this company as my first and last place I could work for.

* 저는 흰머리가 나는 나이에도 제가 여전히 비행하기를 바랍니다. 자기 관리를 철저히 하며 오랜 기간 비행하고 싶습니다.

I hope that I could still be flying even when my hair turns gray. I want to fly for a long time by managing myself in a thorough way.

합격비법 2 부연하며 마무리

* 어린 시절 처음 비행기를 타던 그날부터 저는 승무원이 되기 위해 관련 학과를 알아보고 공부해 왔습니다. 그렇게 10여 년이라는 시간 동안 승무원이라는 목표를 세우고 이를 이루기 위해 노력했습니다. 이 직업을 위해 오랜 기간 노력한 만큼 최소 10년 이상은 비행해 제가 노력해 얻은 역량을 최대한 발휘하고 싶습니다.

Ever since the very first day when I was in a plane, I have been searching the major related, and studying as my major. I have been preparing myself to be a flight attendant almost for 10 years. I have been working for this job for a long time, so I want to make a flight at least 10 years and make full use of my efforts.

* 15년 비행 경력을 가진 항공과 교수님을 만난 적이 있습니다. 15년의 경력이 목소리며 자세, 미소에 모두 묻어 나오는 그분을 보며 정말 멋지다는 생각을 했습니다. 저도 그분처럼 오랜 기간 비행해 능숙하고 여유로운 모습으로 더욱더 성장하고 싶습니다.

I've met a professor with 15 years of flying experience from the department of airline cabin service management. I thought that it was wonderful to see that her 15-year career could be noticed in her voice, posture, and smile. I like to fly for a long time like her and grow up to become more proficient and relaxed.

13. What do you see yourself after 10 years?
10년 후 본인의 모습은 어떨까요?

합격비법 1 10년 후의 자신에 대해 언급

* 10여 년이 흐른 뒤 모든 직원들이 우리 항공사 승무원 하면 제 이름을 떠올릴 수 있도록 귀사의 대표 승무원이 되어 있을 것입니다.

In 10 years, I'll be a flight attendant that all other employees would think of as a representative of this company.

* 10년 후 새내기 승무원들의 롤 모델이 되고 싶습니다.

I want to be a role model for new flight attendants 10 years later from now.

* 10년 후 귀사에서 항공사 서비스를 평가할 수 있을 정도의 역량을 갖춘 승무원이 되고 싶습니다.

In 10 years I would like to be a flight attendant with enough competence for the internal evaluation.

합격비법 2 언급한 모습에 대해 상세히 설명하며 마무리

* 타인의 인정을 받는 것도 중요하지만, 저 스스로 서비스 전문가라는 자부심을 갖고 일하고 싶습니다.

I appreciate others, but I want to work with pride as a service professional.

* 오랜 비행 생활에도 늘 비행에 대한 설렘을 간직하겠습니다. 제가 비행해 다녀온 지역들을 표시한 지구본을 방에 두겠습니다. 그리고 새로운 곳을 비행할 때마다 지구본에 표시하면서 비행에 대한 설렘을 유지할 생각입니다.

I will always keep the excitement on flying even with long flight. I'll put a globe in my room that shows the areas I've been flying. I'll stay excited by marking on the globe every time I fly a new place.

* 그간의 경험으로 저만의 '세계 승객 응대 매뉴얼'을 만들어 제 경험을 나누는 승무원이 되어 있을 것입니다.

With my own experience, I will be a flight attendant who will share my experiences by creating my own 'World Passenger Response Manual'.

14. What do you know about this job?
승무원이라는 직업에 대해 무엇을 알고 있습니까?

합격비법 1 승무원 직무에 대해 알고 있는 내용 언급

* 승무원은 승객을 목적지까지 안전하고 편안하게 모셔다 드릴 책임이 있습니다.

Flight attendants are responsible for bringing passengers to their destination safely and comfortably.

* 불규칙한 업무 스케줄과 도착지 시차를 극복하기 위해 승무원에게는 강한 체력이 요구됩니다.

In order to overcome the irregular schedule work shift and the jet lagging, flight attendant is a job requiring strong physical condition.

* 승객의 다양한 불만 사항을 해결하기 위해 문제 해결 능력을 갖춰야 하는 직업입니다.

It is a job that must have problem-solving skills to deal with various passengers' complaints.

* 상냥한 미소와 편안한 이미지는 승객에게 만족스러운 서비스를 제공하기 위해 승무원이 필수적으로 갖출 자질입니다.

The friendly smile and comfortable image of flight attendants are essential qualities to provide satisfactory service to passengers.

* 승객의 안전을 위해서는 단호한 태도도 필요합니다.

A determined attitude is also required for the safety of passengers.

합격비법 2 해당 내용을 알게 된 계기 또는 이 직업이 지닌 현실적인 면을 이미 잘 파악하고 있다는 부가적인 설명으로 마무리

* 기내에서는 응대하기 힘든 승객이 많다는 것을 알고 있습니다. 비싼 가격의 티켓을 구입하고 탑승한 승객들로서는 서비스에 대한 기대치가 높기 때문입니다. 그래서 저는 백화점에서 아르바이트를 하면서 질 높은 서비스를 익혔습니다.

I know that there are many passengers on the plane that are hard to deal with. This is because passengers who purchase expensive tickets have higher expectations for service. So I learned high quality service while working at a department store.

* 건조한 기내 특성상, 더불어 승무원으로서 승객에게 어떻게 비춰지는가 하는 부분도 고려해야 하기에 피부 관리가 중요하다고 들었습니다.

I have been told that skin care is important because of the dry cabin environment and the image that is seen as a flight attendant to passengers is important.

* 승무원 자신의 컨디션이나 개인적인 상황보다 승객의 안전과 만족스런 서비스가 우선시돼야 할 때가 있다는 것을 알고 있습니다.

As a flight attendant, I know that there are times when the safety and satisfactory service for passengers should be given priority over their own conditions and personal circumstances.

* 동료와의 불화는 승객에게 불편함을 줄 뿐만 아니라 잘못된 의사소통으로 말미암아 기내 안전을 위협하는 요소가 될 수도 있습니다.

Disagreements with coworkers may not only cause discomfort to passengers, but they may also be a threat to safety on board due to miscommunication.

15. What do you think are the good parts in working as a flight attendant?

승무원으로 일할 때 좋은 점은 무엇이라고 생각합니까?

합격비법 1 승무원 직무에 있어 긍정적인 면 표현

* 취항지를 방문할 때마다 만나게 되는 다양한 인종의 승객을 통해 타 문화를 경험할 기회를 가질 수 있는 점이 저를 흥분시킵니다.

I am excited by the opportunity to experience different cultures through passengers with various racial backgrounds every time I visit the destinations.

* 이 직업은 다양한 사람들을 만날 기회가 있기 때문에, 보다 열린 사고를 할 수 있습니다.

Because this job has an opportunity to meet various people, I could be more open-minded.

* 승무원이라는 직업은 최상의 서비스직입니다. 업무를 통해 익힐 수 있는 서비스 훈련은 저를 서비스 분야에서 최고로 만들 밑거름이 되리라 자신합니다.

The job as a flight attendant is the best service-providing career. I am confident that the service training I can learn by working could provide me with the fundamentals that will make me the best in the service field.

* 꾸준한 자기계발 동기를 부여해 줄 수 있는 직업입니다.

  It is a job that can give me motivation to develop steadily.

* 불규칙한 스케줄은 간혹 더 많은 자기계발 시간을 주기도 합니다. 주말에 쉬는 대개의 직장인과 달리 주중에도 휴일이 주어지기도 하므로 그 시간을 유용하게 활용할 수 있습니다.

  Irregular schedules sometimes give me more time for self-development. Because day offs could be given in the middle of week days which is not likely as other ordinary work places, I could make good use of it.

합격비법 2 긍정적인 면을 나와 연결해 표현하며 마무리

* (다양한 사람들을 만날 수 있는 일인 만큼) 제가 승무원이 된다면, 제 밝은 성격이 일을 할 때는 팀원들의 기운을 북돋고, 승객들에게는 기분 좋은 서비스를 제공할 수 있어 좋을 것 같습니다.

  (As I could meet various people with this job,) if I become a flight attendant, my positive personality would be helpful to make other coworkers work energetically and to provide fine service to the passengers.

* 귀사의 우수한 교육을 통해 항상 발전하는 제 모습을 볼 수 있으리라는 점이 좋습니다.

  I like the part that I could see myself developing by your excellent training program.

* 저는 평소 팀워크를 중시하기 때문에 승무원 직무를 더욱 잘 이해할 수 있다고 생각합니다.

  Because I usually focus on teamwork, I think I could better understand the flight attendant job.

16. What do you think are the bad parts in working as a flight attendant?

승무원으로 일할 때 나쁜 점은 무엇인가요?

합격비법 1 승무원 직무에 있어 부정적인 면 언급

* 남들이 쉬는 휴가철에 승무원은 오히려 더 바쁜 일정을 소화해야 합니다.

  In the holiday season when others are on vacation, the flight attendants are supposed to work with more busy schedules.

* 제 컨디션이나 감정과 상관없이 승객에게 늘 미소 지으며 서비스를 해야 하는 점이 힘들 것 같습니다.

  Regardless of my conditions or feelings, it would be hard to smile always and to provide service to passengers.

* 체력적인 한계에 부딪힐 수 있는 직업이기도 합니다.

  It is also a job that can reach the limit physically.

* 기내라는 제한된 공간에서 그 어떤 상황이든 해결해야 하는 직업인 점입니다.

  It's a job that you have to deal with any situation in a limited space like cabin.

합격비법 2 나의 극복 방법 또는 이를 극복하게 하는 나만의 역량을 드러내며 마무리

* 평소 꾸준한 운동으로 이를 극복하고 있습니다.

  I overcome this with steady exercises.

* 아르바이트 경험을 통해 고객 불만에 대처하는 여러 방법을 익혔습니다.

  I learned how to deal with complaints through my part-time job experiences.

* 저는 다양한 팀 활동 경험이 있습니다. 이러한 팀워크 발휘 경험을 바탕으로 비행하면서 함께 할 팀원들과도 가장 능률적인 팀 파워를 발휘할 수 있으리라 생각합니다.

  I have various team work experiences. Based on these teamwork experiences, I think I will be able to demonstrate the most efficient team power with our team members while flying.

17. I cannot find any service job experiences in your resume. How do you assure that you can carry out this job well?

서비스 부문 경험이 없는데, 승무원 업무를 잘 수행할 수 있을지 알고 싶습니다.

합격비법 1 잘 수행할 수 있음을 강조

* 걱정하지 않으셔도 됩니다.

  I don't want you to worry about it.

* 자신 있습니다.

  I think I can do this.

* 서비스 업무 경험은 없지만, 제 다양한 경험으로 승무원 업무를 잘 수행할 수 있을 것이라 생각합니다.

  I do not have service experience, but I think my various experiences will be able to do the flight attendant job well.

비록 서비스 관련 경험은 없지만 + 대체할 만한 경험을 들어 (서비스직과 관련된) 역량을 강조하며 마무리

* 사무직에서 여러 동료들과 일하며 타인을 배려하는 자세를 익혔습니다.

  I learned how to care for others by working with my colleagues in the office work.

* 대학 시절 학생회 활동을 하면서 팀워크의 중요성을 배운 적이 있습니다. 비록 서비스직 경험은 없지만 학생회 활동으로 체득한 저의 리더십과 팔로워십을 승무원이 되어 충분히 발휘할 수 있다고 생각합니다.

  I have learned how important the teamwork is while I was doing the students' organization in college. Though I have no experiences in the service field, I think that my leadership and followership learned through the student organization activities can be fully utilized as a flight attendant.

* 건축 현장은 체력적으로 힘든 곳이었습니다. 그곳에서 벼려진 제 끈기와 지구력은 서비스직 경험 이상의 장점으로 발휘될 것입니다.

  The construction site was a physically difficult place for me. My patience and endurance that I have learned there will be useful just more than a career experience.

* 저는 과외를 통해 만난 20명이 넘는 학생들과 문제없이 잘 지냈습니다. 비록 서비스직 경험은 없지만 제가 책임을 갖고 가르친 학생들과 그 부모님들은 이런 책임감과 상담 능력을 높이 평가했습니다.

  I had no problems with over 20 students that I met through tutoring job. Though I had no service experience, the students I taught with responsibility and their parents appreciated my sense of responsibility and counseling.

* 딱히 서비스직이라 칭할 수는 없지만, 다른 업종에서의 제 경험 모두 서비스직과 연관돼 있다고 생각합니다. 저는 회계 업무를 담당하며 회사 입장과 직원 입장 모두를 고려하며 효율적으로 회사와 커뮤니케이션을 해야 하는 상황을 많이 겪었습니다. 사람들과의 접점에서 일하는 것은 모두 서비스직과 연관되어 있다고 봅니다.

  I don't think I could tell it was a service field, but all of my work experience is related to service work. I have been in charge of accounting and I have experienced a lot of situations where I need to communicate effectively with the company considering both the side of the company and the side of the employees. I think the job categories that work with other people are all related to service field.

18. Why should we hire you?
우리가 왜 당신을 뽑아야 할까요?

합격비법 1 본인의 장점 강조

* 저는 영어를 사용하는 서비스 아르바이트를 3년이나 한 경험을 갖춘 지원자입니다.

  I am an applicant with 3 years of experience in the service field which needs speaking English.

* 외국인과 일하며 그들과 다양한 경험을 한 지원자입니다.

  I am an applicant who has worked with foreigners and had various experiences with them.

* 다양한 사람들의 성향과 상황을 이해하고 수용할 줄 아는 지원자입니다.

  I am an applicant who tries to understand and accepts what other various people like and what circumstances they are in.

* 아동보호센터와 요양원, 의류 매장에서 일한 경험으로부터 저는 남녀노소 가릴 것 없이 그들을 이해하고자 애썼습니다. 저는 이러한 강점을 지닌 지원자입니다.

  From my experiences at the child care center, nursing home, and clothing store, I tried to understand regardless of ages and genders. I am an applicant with these strengths.

* 저는 가족을 대하듯 고객에게 정성스레 서비스할 줄 아는 지원자입니다.

  I am an applicant who knows how to serve a client like a family.

* 제가 고객에게 기분 좋은 서비스를 하면, 제게 그에 상응하는 보람이 따라온다는 것을 아는 지원자이기 때문입니다.

  I am an applicant who knows that I'll get rewarded if I give a pleasant service to the customer.

합격비법 2 장점과 관련된 에피소드와 승무원 자질을 연결

* 저는 오늘 면접을 위해 해외 연수 기간 동안 늘어난 체중 10kg을 두 달 만에 감량했습니다. 오로지 귀사에 입사하고 싶은 열정으로 두 달 동안 식이요법과 운동을 꾸준히 한 결과입니다. ○○항공의 승무원이 되고자 하는 제 열정은 그 누구보다 강하다고 자부합니다.

  I got 10 kilograms while I was in the overseas training program and have lost 10 kilograms in two months in order to participate in this interview today. It is the result from a steady diet and exercise for two months only with the passion I want to join your company. I am proud of my enthusiasm to become a flight attendant for ○○ airline.

* 승무원이 되겠다고 다짐한 이후 저는 모든 일에 열정적이 되었습니다. 학점 관리와 어학 공부를 열심히 했습니다. 저의 이러한 목표 의식은 귀사의 승무원이 되기에 충분한 자질이라 생각합니다.

Since I promised to be a flight attendant myself, I have become passionate on everything. I have tried to work on GPAs as well as study foreign languages. I strongly believe that my purpose-driven will would be enough to work for your company.

* 국제 학술 심포지엄 진행 보조로 일할 당시, 다양한 국적의 참가자들을 응대하기 위해 글로벌 매너를 배우고 이를 실천한 경험이 있습니다.

When I worked as an assistant in the international academic symposium, I learned and practiced global manners in order to respond to participants with various nationalities.

* 공항에서 실습하며 승객들에게서 발생하는 돌발 상황에 대처한 경험이 있습니다.

I have experiences of practical training at the airport and dealing with unexpected situations from passengers.

합격비법 3 마무리

* 귀사 승무원으로서 자긍심을 갖는 승무원이 되고 싶습니다.

I would like to be a flight attendant who is proud of being a member of your company as a flight attendant.

* 제게 귀사 승무원이 되는 것은 막연한 동경이나 꿈이 아닙니다. 제게 있어 승무원은 도전입니다.

To be a flight attendant is not a vague dream to me at all. It is a bit of a challenge for me.

* 승무원이 되어 제가 가진 장점을 면접관님께 반드시 증명하고 싶습니다. 선배님으로서 제 모습을 지켜봐 주시길 바랍니다.

I would like to prove to the interviewer that I have strong advantages as a flight attendant. Please I want you to watch me as a senior flight attendant.

19. Tell me your qualifications working as a flight attendant.
승무원 업무에 도움이 될 본인의 자질을 말해 보세요.

합격비법 1 본인의 장점 강조

* 저는 다름을 인정할 수 있는 사람입니다.

I am a person who is fine with the difference.

* 남다른 체력을 지닌 저는 '에너자이저'라는 별명이 있습니다.

  My physical strength which is different from others nicknamed me as 'energizer'.

* 저는 항상 단정한 헤어와 메이크업을 유지하고, 건강관리를 소홀히 하지 않으며, 어학 공부도 꾸준히 합니다. 이런 자기 관리 능력은 승무원이 되기 위한 필수 자질이라 생각합니다.

  I always stay neat in my hair and makeup, do not take health granted, and keep studying languages. I think this self-management ability is an essential qualification to become a flight attendant.

* 남을 먼저 생각하는 저의 배려심은 질 높은 서비스의 기본이라 생각합니다.

  I think that my consideration for others is the fundamental of high-quality service.

합격비법 2 장점과 관련된 에피소드와 승무원 자질을 연결하며 마무리

* 제가 국제회의에서 안내 아르바이트를 할 당시, 참가자 한 분이 휴대전화를 잃어버렸습니다. 저는 그분을 도와 휴대전화를 찾기 위해 노력했습니다. 제 일인 양 열심히 찾는 모습에 그분은 감동받았다며 고마워하셨습니다. 다행히 휴대전화도 찾아 그분의 기뻐하는 모습을 보니, 저 또한 보람을 느꼈습니다.

  When I was working part-time at the international conference, one of the participants lost his cell phone. I tried to help him find a cell phone. He told me he was so moved by how earnestly I was looking for it and he thanked me so much too. Fortunately the cell phone was found and he was so pleased with it. Looking at him happy made me feel so rewarded.

* 프랑스에서 문화를 체험하며, 한 달을 살아 보는 프로그램에 참여한 적이 있습니다. 처음 해 보는 경험이 낯설고 힘들 법했지만 제게는 마냥 재미있고 흥미로운 시간이었습니다. 저와 다른 사람들에 대해 배우고 이해하는 과정을 겪고 보니, 늘 새로운 경험을 하는 직업을 갖고 싶다는 생각이 들었습니다. 이러한 저의 도전 정신과 낯선 사람과 환경에 대한 적응력은 제가 가진 승무원으로서의 자질이라 판단됩니다.

  I have participated in a program that gave me a chance to live in France with experiencing the culture of France. My first experience was almost strange and tough but it was fun and interesting. As I went through the process of learning and understanding about others who are different from me, I wanted to have a job which could give me a new experience. I believe that my spirit of challenge and my adaptability to strangers and the environment are my qualities as a flight attendant.

* 제가 베이커리에서 일하던 당시, 두 여학생이 케이크를 고르며 하는 말을 우연히 듣게 되었습니다. 어머니 생신인데 선물 살 돈은 모자라 케이크만 살 수 있다며 엄마가 좋아할 케이크에 대해 이야기하며 한참을 고민했습니다. 소녀들 모습이 기특해 뭔가 도울 수 없을까 고민했고, 저는 베이커리에 있던 리본으로 꽃을 만들어 케이크 상자를 포장해 주었습니다. 두 학생은 깜짝 놀라며 정말 기뻐했습니다. 상대방을 기쁘게 하는 데서 저는 그 이상의 뿌듯함을 느낄 수 있었고, 그날은 제게 보람된 하루로 남았습니다. 이렇게 저는 나만의 서비스로 타인

을 기쁘게 해 줄 수 있는 사람입니다.

When I was working in the bakery, I heard two girls picking out a cake. It's one of the girls' mother's birthday but she didn't have enough money so she could only get a cake for her mother and they're were talking and hesitating a lot. They made me feel so good and I was thinking of how I could be a help for them. I made flowers by a ribbon at the bakery and wrapped around the cake box with them. The two girls were surprised and happy. That day will be remembered as such a rewarding day because I could feel myself proud by amazing other people. I am a person who can please others with my own service.

20. Have you worked as a team?

팀으로 일해 본 경험이 있습니까?

합격비법 1 팀으로 일해 본 경험

* 렌터카 회사에서 아르바이트할 때 혼자 하는 경리 업무를 맡다가 이후 팀으로 고객을 응대하는 일을 한 적이 있습니다.

When I worked at a car rental company, I was in charge of accounting alone and later worked as a team to meet customers.

* 보험회사 영업부에서 일한 적이 있습니다. 그 당시 여러 팀이 매출 경쟁을 해야 했습니다.

I have worked in the sales department at an insurance company. At that time, several teams had to compete for sales.

* 팀 일원은 아니었지만 제가 여러 팀을 꾸리고 이끄는 일을 한 적이 있습니다. 제가 일한 커피숍 규모가 커서 시간대별로 조를 짜고 각 팀을 관리했습니다.

I was not a member of the team, but I've organized and led the teams. The size of the coffee shop I worked at was large so I arranged teams as timeline and manage them.

합격비법 2 경험 내용을 상세히 설명하며 마무리

* 공항은 24시간 일해야 하는 곳이므로 미리 짜인 스케줄에 근거해 시간대별 팀으로 일했습니다. 낮 업무와 밤 업무 팀으로 나뉘어 팀이 바뀌어도 업무 내용이 잘 전달되도록 메모를 공유하는 일이 중요했습니다. 간혹 긴급 상황과 전달 사항이 많은 경우 이를 음성 메시지로 녹음해 전달하기도 했습니다.

Because the airport is a place to work 24 hours a day, I worked as a time-based team according to a pre-arranged schedule. It was important to share the memo with the team so that they were able to communicate their work even if the team was divided into day and night shifts. Sometimes, when there were a lot of urgent situations and many things to deliver, I recorded them by voice message and delivered them.

* 혼자보다 팀으로 일할 때 모두의 장점을 드러낼 기회를 가질 수 있어 우리는 더 나은 결과를 얻을 수 있었습니다.

  When we worked as a team rather than alone, we were able to get much better result because everyone could get a chance to reveal their strengths.

* 팀으로 일할 때 저는 팀원들 사기를 북돋워 주고자 분위기 메이커를 자청했습니다.

  When I was working as a team, I volunteered to be their mood maker to encourage team members.

* 팀으로 일하면서 먼저 서로에 대해 잘 아는 것이 중요하다는 것을 알았습니다.

  As a team, I first realized that it is important to know each other well.

* 팀으로 일하면 혼자 일할 때보다 지루하지 않고 힘든 일도 쉽게 할 수 있게 된다는 것을 느꼈습니다.

  When I worked as a team, I felt that I was not bored compared to when I was working alone, and that I was able to easily do the hard work.

21. You look a little bit weak. I wonder whether you work well.
다소 약해 보이는데, 본인이 비행을 잘할 수 있을지 의문입니다.

합격비법 1 종종 연약해 보인다는 말을 듣기도 했음을 언급

* 간혹 그런 이야기를 듣곤 합니다.
  Sometimes I hear such stories.

* 한때 약해 보인다는 이야기를 들었습니다만, 요즘은 날씬하다는 이야기를 듣고 있습니다.
  I once used to hear that I seemed weak, but I hear that I'm slim nowadays.

* 저는 약해 보인다는 이야기를 듣기 싫어 운동을 꾸준히 하고 있습니다.
  In order not to hear that I look weak, I have been exercising.

합격비법 2 이를 반증하는 체력에 관한 에피소드나 즐겨하는 운동, 노력 등을 강조하며 마무리

* 운동을 별로 좋아하지 않는데, 우연히 접한 에어로빅이 생각보다 힘들지 않고 재미있었습니다. 이후 꾸준히 에어로빅을 한 결과, 주위에서 건강해졌다고 말하는 것을 기분 좋게 듣는 상황입니다.

I do not like sports very much, but the aerobics I unexpectedly experienced was more fun than I thought. Since then I've been doing aerobics steadily, and I pleasantly hear that I got healthier.

* 체질적으로 마른 편이긴 하지만, 지구력이 강해 정기적으로 마라톤 행사에 참여하고 있습니다.

  Though I was born slim, I have strong endurance and regularly participate in marathon events.

* 수영과 헬스를 병행하며 체력을 기르고 있습니다.

  I try to stay healthy by swimming as well as weight training.

* 최근 필라테스에 관심이 생기기 시작했습니다. 특히 마른 사람에게 근력을 키워 주고 유연성을 길러 준다는 이야기를 들었습니다. 이제 운동을 시작한 지 석 달이 되는데, 제게 맞는 운동이라는 생각이 들어 꾸준히 해 보려합니다.

  Recently I started to get interested in Pilates. Particularly, I have been told that people who are slim could develop muscle strength and develop flexibility by doing Pilates. I have been practicing Pilates for 3 months now. And it seems the right exercise for me and I'll do it on a regular basis.

Unit 5 학교생활과 대외 활동

22. What kind of activities did you have in your college life?
대학 시절 경험에 대해 말해 보세요.

합격비법 1 학교생활에서 강조하고 싶은 내용 언급

* 학생회 활동을 하며 리더십을 익혔습니다.

  I learned leadership while I was working for a student council.

* 장학금을 받으면 고아원에 기부를 하고 싶었기 때문에 학점 관리에 신경 썼습니다.

  Since I wanted to make a contribution to the child care center when I received the scholarship, I paid attention to the GPA management.

* 등록금을 마련하기 위해 꾸준히 아르바이트를 했습니다.

  I have been working part-time to pay for tuition.

합격비법 2 해당 내용을 부연

* 중국인 교환학생의 멘토가 돼 주었습니다. 한국어가 서툰 친구들이 대부분이었기에 많은 학생들이 학교생활에 적응하기 힘들어했습니다. 서로 의사소통할 수 있도록 제가 한국어를 가르쳐 주기도 하고 저는 그들에게서 중국어를 배웠습니다. 주말에는 친구들에게 학교 인근 장소들을 소개해 주기도 했습니다.

  I was a mentor to Chinese exchange students. Because most of them were struggling with Korean language, they had difficulties in adjusting to school life. I tried to communicate with them by teaching Korean to them and learning Chinese from them. I got together with them on the weekends and also introduced them to some places to visit near school.

* 영어 사용 환경에 놓이고 싶어서 영어 말하기 모임에 들어갔습니다. 영어를 구사하면서 영어 능력을 향상시켰습니다. 더불어 새로운 회원이 들어오면 모임에 잘 적응할 수 있도록 도왔고, 영어 구사가 어려운 회원들에게 영어를 가르쳐 주기도 했습니다.

  Because I wanted to expose myself in an English-speaking environment, I joined an English speaking club. I got my English improved by trying to speak English. Besides, I helped newcomers to adjust to the club meeting when the club had newcomers, and I also taught English to the club members who had difficulty speaking English.

* 그 덕분에 저는 많은 학교 행사에 적극적으로 참여할 수 있게 되었습니다.
  It made me participate actively in many school events.

* 저는 유기견 보호소 청소를 돕고 개들과 함께 놀아 주곤 합니다.
  I helped clean the pet shelter and play with the dogs.

23. What did you put most emphasis on in your college life?
학교생활에서 가장 중점을 둔 부분은 무엇입니까?

합격비법 1 학교생활에서 중점을 둔 내용 언급

* 저는 중국어 공부에 중점을 두었습니다.
  I focused on studying Chinese.

* 저는 가능한 한 다양한 활동을 하려고 애썼습니다.
  I tried to do various activities as much as possible.

* 저는 다양한 아르바이트 경험을 통해 제 적성에 맞는 직업을 찾고자 노력했습니다.
  I have tried to find a job suitable for my own aptitude by doing various part-time experiences.

합격비법 2 부연하며 마무리

* 저는 학교에서 지원하는 단기 어학연수 프로그램에 참여할 수 있었습니다.
  I could participate in a short-term language training program supported by the school.

* 저는 550여 km를 직접 걸으며 우리나라의 아름다움을 느끼는 '국토 대장정'에 참가하여 신체적 한계를 느낀 적이 있습니다.
  I have felt the limitations of my physical difficulties by participating in the 'Great Trekking Cross Country', which could feel me the beauty of my country by walking over 550km on my own.

* 저는 다양한 간접 경험을 얻고자 책을 많이 읽었습니다.
  I have read plenty of books to get various indirect experiences.

24. Tell me about your major.

전공에 대해 말해 보세요.

합격비법 1 전공 언급

* 저는 승무원으로 취업하기 위해 항공서비스학을 전공했습니다.

  I majored in aviation services in order to work as a flight attendant.

* 저는 어린 시절 미술에 흥미를 느꼈던 터라 미술을 전공했습니다.

  Since I was intrigued by art in my childhood, I majored in art.

* 저는 비서학이라는 전공을 통해 꼼꼼함과 책임감을 배울 수 있었습니다.

  I could learn how to be accurate and responsible by studying the major, secretarial science.

합격비법 2 전공에 대해 부연(전공을 선택한 계기, 전공 내용, 배운 점 등)

* 기내 서비스, 기내 방송, 기내 안전 등의 항공 관련 업무를 배웠습니다.

  I learned about air related services such as in-flight service, in-flight broadcasting, and in-flight safety.

* 관광개발학을 전공하며, MICE (Meeting, Incentive tour, Convention, Event)와 항공업에 대한 관심을 키워 나갔습니다.

  I majored in tourism development and became interested in MICE and airline industry.

* 컴퓨터 공학을 전공이라 컴퓨터를 잘 다룹니다.

  I majored in computer engineering, so I deal with computers well.

25. Why did you receive not excellent GPAs?

학점이 왜 이렇게 좋지 않은가요?

합격비법 1 학점이 낮은 것에 대한 유감 표현

* 저는 학점에 많이 신경 쓰지 못한 점을 인정합니다.

  I admit that I did not pay much attention to my GPAs.

* 저는 학점이 낮은 데 대해 반성하고 있습니다.

  I regret that my GPAs are low.

* 솔직히 말씀드려 낮은 학점이 후회되지만, 제가 앞으로 맡을 일에 있어서는 후회하지 않으려 합니다.

  To be honest, I feel regrettable on the low GPAs of mine but I try not to regret my work that I'll be responsible for.

합격비법 2 **당시 상황 설명**

* 다양한 대외 활동에 능동적으로 참여하다 보니 학점을 신경 쓰지 못했습니다.

  I did not care about the GPAs because I had to participate actively in various activities.

* 저는 전공 공부에 보다 많은 시간을 할애했어야 합니다.

  I should have spent more time studying my major.

* 제가 전공 공부에 대해 어려움을 많이 느꼈기 때문입니다.

  It was because I felt a lot of difficulty with my major.

합격비법 3 **후회, 반성을 보여 주고 학점 대신 좋은 결과를 얻으려 애쓴 다른 분야를 언급하며 마무리**

* 저는 대학 입학 후 전공인 회계학보다 활동적인 서비스 아르바이트가 훨씬 제 적성에 맞는다는 것을 깨달았습니다.

  After I entered university, I realized that active service part-time job is more suitable for my aptitude than accounting, which is my major.

* 저는 좋지 않은 학점을 만회하고자 현재 남은 마지막 한 학기는 열심히 공부하고 있습니다.

  I am studying hard for the last semester that I have left in order to make up for my unfavorable grades.

* 저는 중국어 학점이 좋지 않았습니다. 대신 공인 중국어 시험을 준비하면서 저의 실제 중국어 실력을 보완하려 노력 중입니다.

  Grades on Chinese was not good. Instead, I am trying to make up for my Chinese proficiency while preparing for official Chinese language exam.

* 이유를 막론하고 저는 학생으로서 학점부터 신경 써야 한다는 것을 간과한 일을 후회하고 있습니다.

  I regret that I have forgotten that I had to pay attention to my GPAs as a student no matter what happened.

26. What did you do a year after graduation?

졸업 후 1년 동안 취업하지 않고 무엇을 했습니까?

합격비법 1 공백기 동안 한 일 언급

* 저는 졸업 후 1년간 어학연수를 다녀왔습니다.

  After graduation, I went to a language training program for a year.

* 저는 졸업 후 항공 업무 실습을 위해 공항에서 일했습니다.

  After graduation, I worked at the airport to practice aviation-related works.

* 저는 졸업 후 스스로의 한계를 극복해 보고자 홀로 6개월간 해외 배낭여행을 다녀왔습니다.

  After graduation, I went to overseas backpacking trip alone for six months to overcome the limitation of myself.

합격비법 2 그간 했던 일에 대해 부연하고, 배우고 깨달은 점을 더해 마무리

* 사회생활을 앞둔 시점이었기에 느슨해질 수 없었던 시간이었습니다.

  It was time that I could not relax myself because I had full-time job ahead of me.

* 저는 승무원으로 취업하기 위해 제가 가진 장점을 강화하고자 노력했습니다.

  I tried to inspire my strength to get a job as a flight attendant.

* 저는 워킹 홀리데이 경험을 통해 무엇이든 도전할 수 있는 용기를 배울 수 있었습니다.

  I could learn the courage to challenge anything by experiencing Working Holiday.

27. Tell me your extracurricular activities.

특별 활동 경험에 대해 말해 보십시오.

합격비법 1 대외 활동 경험 설명

* 저는 학교 홍보 대사에 뽑혀 다양한 대외 활동을 했습니다.

  I was selected as the Ambassador of Public Relations by the school and did various activities.

* 저는 독거노인을 방문해 도움을 드리는 봉사 활동을 했습니다.

  I visited the elderly seniors living alone and volunteered for help.

* 저는 컨벤션 센터에서 열린 '세계 물 포럼'에서 통역 자원 봉사를 했습니다.

I volunteered as an interpreter at the World Water Forum held at the Convention Center.

합격비법 2 부연하기(활동 동기, 본인의 역할 등)

* 저는 자원 봉사 사이트에 등록돼 있어 활동이 있을 때마다 연락을 받습니다.

I am registered on the volunteer site and they will contact me whenever they have an activity.

* 최근의 활동은 국제회의 '등록' 업무였습니다. 세계 여러 나라 참가자들이 지참한 등록증과 리스트를 비교해 신원 확인, 회의 준비물 전달, 좌석 배정, 숙소 안내 등을 했습니다.

The most recent volunteering work that I had was to register for the international conference. I was in charge of checking the identity of the participants from various countries around the world by comparison with registration card and list, delivering the preparation for the meeting, assigning the seats for the conference and providing accommodation.

* 주기적으로 친구들과 보육원을 방문합니다. 아이들과 함께 시간을 보내며 책도 읽어 주고, 빨래도 합니다. 봉사 활동은 봉사를 하는 당사자의 마음도 뿌듯하게 만드는 값진 경험입니다.

I visit the child care center with my friends on a regular basis. We spend time with children, read books together, and do laundry for them. Volunteering is a valuable experience that makes the volunteers feel rewarded.

Unit 6 해외 체류 경험과 언어 능력

28. Have you ever been abroad?

외국에 체류한 경험이 있습니까?

합격비법 1 있다면-기간, 장소 목적 언급
없다면-아쉽지만 없다고 대답

* 저는 봉사 활동으로 필리핀에 한 달간 체류했던 경험이 있습니다.

  I have stayed in Philippines for about a month for volunteering work.

* 저는 6개월간 캐나다에, 3개월간 미국에서 체류한 적이 있습니다.

  I have stayed in Canada for about six months, and in the US for about three months.

* 부모님과 함께 일주일간 베트남 여행을 다녀왔습니다. 제 첫 해외여행인 동시에 부모님 결혼기념일을 축하하기 위한 여행이었습니다.

  I went to Vietnam with my parents for a week. It was a trip to celebrate my parents' wedding anniversary at the same time as my first overseas trip.

* 아쉽지만 외국에 나가 본 경험이 없어 기회를 만들고 싶습니다.

  Unfortunately, I do not have experience of going abroad, so I would like to make an opportunity.

합격비법 2 있다면-그곳에서의 활동이나 느낀 점 언급
없다면-가보고 싶은 나라와 그 이유를 말함

* 1년 동안 중국에서 살면서 흥미로운 일도 많았지만 힘든 일도 또한 많다는 것을 배웠습니다.

  I lived in China for a year and had many exciting things, but as much as I had I also learned that there are many difficult things too.

* 해외 체류를 시작하고 얼마 되지 않았을 때는 제 곁에 힘든 이야기를 들어줄 가족도 친한 친구도 없다는 사실에 외롭고 힘들어졌습니다. 하지만 시간이 흐르며 영어가 늘고 친구도 사귀면서 의사소통 문제로 생기던 힘든 일들을 잘 극복하게 되면서 느낀 보람은 말할 수 없이 값진 것이었습니다.

  It was lonely and hard that I had no family members or close friends to listen to my hard stories next to me when I just started to stay abroad. However, as time goes by, my English was getting better and made new friends, I was able to overcome the difficulties caused by communication problems and that made me feel so good, also I just can't put a price on it.

* 나라마다 저마다 다른 특징을 갖지만, '결국 사람 사는 곳은 다 똑같다'는 생각을 하게 되었습니다.

  Each country has own specialties but I came to think that 'each place where people live would eventually be the same'.

* 마음을 열면 그 어느 나라 사람과도 소통할 수 있다는 것을 알게 됐습니다.

  I found that when I opened my heart, I could communicate with people from any country.

* 아쉽지만 아직 해외에 나가 본 적은 없습니다. 그래도 제가 꼭 가고 싶은 나라는 있습니다. 이를 대신 말씀드려도 되겠습니까? 저는 이탈리아에 다녀온 친구가 찍은 사진을 보며 정말 아름다운 도시 풍경에 넋이 나간 적이 있습니다. 그 후 이탈리아에 가 보고 싶다는 생각을 했습니다.

  Unfortunately, I have not been abroad yet. I still have a country I want to visit. May I speak to you instead? Watching pictures taken by my friend who visited Italy, and I was really impressed by the beautiful scenic views of the cities. After this, I thought that I really want to visit there some time.

29. Can you adapt yourself to foreign country though you don't have an overseas experience?

외국에 나가 본 경험이 없는데, 외국 생활을 하게 되면 잘 적응할 수 있으리라 생각합니까?

합격비법 1 잘 적응할 수 있음을 강조

* 네, 전 잘 적응할 자신이 있습니다.

  Yes, I have the confidence to adapt myself to foreign life well.

* 저는 새로운 환경에 적응하면서 기분 좋은 긴장감을 느낍니다.

  I feel a good sense of tension while adapting to the new environment.

* 저는 다양한 국적의 사람을 만날 수 있는 환경에서 일하고 즐기길 원합니다.

  I would like to enjoy working in an environment where I can meet people with various nationalities.

* 어느 나라에서건 잘 지낼 자신이 있습니다.

  I am confident that I can stay well in any country.

* 국제회의에서 만난 다양한 국적의 친구들을 '위챗'에서 만나 자주 대화를 나눕니다.

  I meet friends with various nationalities at 'Weechat' whom I met at international conferences and have conversations with them frequently.

* 먼저 웃고 먼저 배려하는 것이 제가 새로운 곳에 적응하는 방법입니다.

  First laughter and first consideration is how I adapt to a new place.

* 저는 다양한 나라의 전통 음식을 맛보는 것을 굉장히 좋아합니다. 사람들과 맛있는 것을 함께 먹으며 쉽게 다가가고 대화를 해 나갈 것입니다.

  I like to taste traditional food of various countries. I will eat delicious things together, and I also will come closer and try to talk.

* 저는 고향에서 멀리 떨어진 대학을 다니느라 기숙사 생활을 했습니다. 그리고 직접 학비를 벌기 위해 일을 해야 했습니다. 구직 센터에서 일을 구하는 것이 쉽지 않아 기숙사 주변 상점을 돌아다니며 직원을 필요로 하는지 직접 묻기도 했습니다. 그러다 한 식당 사장님이, 저의 적극성과 타지에서 적응하려는 의지를 높이 산다며, 직원이 당장 필요하지는 않지만 저와 일을 해 보고 싶다고 하셔서 채용된 적이 있습니다.

  I had to live in a dormitory in order to study in college which was far away from where I came from. And I had to work in order to pay for my tuition. It was not easy to get a job at the job center, so I went around stores by the dormitory and asked if they're hiring. One restaurant was not hiring at that time but I was hired because the boss of the restaurant wanted to work with me whose personality was positive and adaptive to a new environment.

* 국제 문화 토론 동호회에 가입한 적이 있습니다. 국적이 다른 기존 9명의 회원들은 이미 친해진 상태였던 반면 저만 혼자 어색했던 모임 첫날을 기억합니다. 하지만 이튿날 여러 나라 친구들과 궁금했던 세계 문화에 대해, 또 제가 알고 있던 문화에 대해 재미있게 거리낌 없이 이야기를 나눴습니다. 그런 저의 모습을 보고 그날 새로 들어온 회원이 저 또한 이미 오래전 가입한 회원인줄 알았다고 말한 적이 있습니다.

  I have joined the International Culture Debate Club. The nine existing members with other nationalities have already been acquainted whereas I felt so awkward at the first day of the meeting all alone. But the next day, I talked about the world culture that I wondered with friends of various nationalities, or the cultures that I knew. The new member of that day told me that she knew that I was an existing member who had joined a long time ago when she saw me.

* 저의 다양한 아르바이트 경험과 기숙사 생활 경험은 제가 어디서든 잘 적응할 수 있음을 증명해 줍니다.
  My diverse part-time and dormitory experiences prove that I can adapt well anywhere.

* 어떤 장소를 방문하기 전 저는 그 도시나 장소에 대한 정보를 찾아봅니다. 그런 다음 장소를 방문하면 그곳에 대해 이해하기가 훨씬 쉬워집니다. 외국 생활 역시 마찬가지로, 미리 준비하고 간다면 어느새 그곳에 적응해 있는 저를 발견하게 될 것입니다.
  I usually search for information about the city or place where I plan to visit. When I visit the place after searching for the information, it is much easier for me to understand. If I get fully prepared before go abroad, I will soon find myself adapting to it.

30. Have you ever been in a difficult situation while abroad?
외국에 있을 때 힘든 상황을 겪은 적이 있습니까?

합격비법 1 어려움을 겪은 상황 언급

* 저는 서툰 중국어 실력 때문에 많이 힘들었습니다.
  My clumsy Chinese made me hard.

* 영국의 겨울은 밤이 너무 길어서 바깥 활동을 하는 데 제약이 있었습니다.
  The night of England in winter was too long to do outdoor activities.

* 저는 중국의 기름진 음식 때문에 갑작스레 살이 많이 쪄 힘들었습니다.
  I ate greasy foods in China so that I suddenly became obese and that made me hard.

합격비법 2 이를 보완하려는 노력이나 배운 점 말하기

* 저는 영어를 더욱더 열심히 공부해 생활하는 데 차츰 불편을 겪지 않게 됐습니다.
  I studied English harder and harder, and I eventually feel no inconvenient in living.

* 저는 더 많은 친구들을 사귀고자 적극적으로 다가갔습니다.
  I was actively approaching to make more friends.

* 저는 외국 친구들에게 한국의 흥미로운 문화를 소개하면서 친해지려 노력했습니다.
  I tried to get acquainted with foreign friends by introducing Korea's interesting culture.

31. Have you ever worked with foreign coworkers?

외국인과 일해 본 경험이 있습니까?

합격비법 1 경험 유무를 말한다.

* 저는 무역 회사에서 단기간 비서로 근무하면서 프랑스 상사와 일한 경험이 있습니다.

  I have worked with a French boss while working as a short-term secretary at a trading company.

* 외국인 친구는 많지만, 아쉽게도 외국인과 일을 해 본 적은 없습니다.

  Unfortunately, I have many international friends, but I have never worked with them.

* 아쉽게도 저는 아직 외국인과 일한 경험은 없지만, 늘 외국인과 일해 보고 싶다는 생각을 합니다.

  Unfortunately, I have no experience of working with foreigners yet but I always think that I would like to work with them.

합격비법 2 있다면-경험 설명
없다면-안타깝게도 없지만 다양한 아르바이트 등에서 갈고 닦은 대인관계 기술로 외국인을 대하는 업무도 무리 없이 수행할 수 있음을 강조

* 저는 외국인 동료와 일하며 의사소통이 안 될 때 힘들었습니다.

  I felt hard when I was having difficulty communicating with my foreign coworkers.

* 저는 그 일에 대해 서로 이해한 내용이 같은지 늘 확인하면서 일을 진행했습니다.

  I kept working on by making sure that each other understood the same thing.

* 저는 우리나라에 사는 외국인 동료를 더 배려하고자 애썼습니다.

  I tried to give more consideration to foreign coworkers staying in my country.

* 저는 '한국인은 친절하다'는 말을 들을 때마다 기분이 좋아집니다. 그리고 계속해 그런 이야기를 들을 수 있도록 더 노력했습니다.

  I feel better every time I hear "Koreans are kind." And I tried to be able to listen to that more and more.

* 저는 외국인 동료들로부터 한국인에 대한 부정적인 평가를 들으면 속이 상했습니다.

  I was upset when I heard negative comments about Koreans from my foreign colleagues.

* 제가 함께 일하는 외국인 동료의 문화와 관습에 긍정적으로 접근한다면, 그들과 일하는 데 어려움이 없으리라 생각합니다.

  If I make a positive approach to the cultures and customs of my foreign colleagues I work with, I do not think it will be difficult to work with them.

* 하지만 저는 외국인 친구들이 많기 때문에 외국인 동료와도 문제없이 일할 수 있을 것으로 생각합니다.

  But I think that I can work with foreign colleagues without any problems because I have many foreign friends.

32. How well do you speak English?
본인의 영어 실력을 어떻게 평가합니까?

합격비법 1　의사소통에 문제가 없으며 영어 능력 향상을 위해 꾸준히 노력하고 있음을 언급

* 주변에서는 제 영어 실력에 대해 좋은 평가를 내리지만, 저는 아직 제 실력에 만족하지 않습니다.

  I have a good evaluation of my English skills around me, but I am not satisfied with my English skills yet.

* 저는 영어로 대화하는 데 전혀 어려움이 없습니다.

  I have no trouble communicating in English.

* 저는 영어 공부를 하면 할수록 더욱더 잘하고 싶다는 생각이 듭니다.

  The more I study English, the more I want to do better.

합격비법 2　구체적인 노력 방안 언급

* 저는 영어 공부를 꾸준히 하기 위해 정기적으로 학원에 다니고 있습니다.

  I regularly go to private institution to keep studying English.

* 저는 영어는 매일 쓰는 것이 중요하다고 생각하기에, 최소 하루 30분이라도 영어를 사용하려고 영어 학원에서 일하고 있습니다. 외국인 강사를 관리하고 학원과 강사 간 통역을 하는 일입니다.

  Since I think it is important to use English every day, I work in an English academy to speak English at least 30 minutes a day. I am responsible to organize foreign language instructors and interpret between the academy and instructors.

* 가르치는 것만큼 좋은 공부도 없다고 생각해 영어 개인 교습을 하고 있습니다.

  Because I think that teaching is as good as learning, I do private tutoring.

33. What do you do to improve your English ability?
영어 실력 향상을 위해 어떤 노력을 하고 있습니까?

합격비법 1　영어 실력을 높이기 위해 내가 하는 것

* 영어로 된 소설을 읽습니다. 소설을 번역하면서 어려운 구절은 외우려고 노력합니다.

  I read novels written in English. I try to memorize difficult passages while translating novels.

* 좋아하는 미국 드라마를 보며 영어를 공부합니다.

  I study English by watching my favorite American drama.

* 저는 외국인 친구들과 종종 '페이스 타임'을 갖습니다. 친구의 안부도 묻고 영어에 대한 감도 잃지 않도록 해 주는 시간입니다.

  I often have 'Face time' with foreign friends. I also ask how they are doing through 'Face time' and it keeps me from losing my sense of English.

합격비법 2　합격비법1에 대한 상세 설명 후 마무리

* 외국 영화 자막을 이용해 영어 공부를 하고 있습니다. 여기서 익힌 새로운 단어를 사용해 영어를 말할 때 희열과 더불어 영어에 대한 열정을 느낍니다.

  I study English with scripts of foreign movies. When I use the new words that I learned through this and speak English, I feel so passionate and enthusiastic about English.

* 영어 뉴스를 녹음해 이를 듣고 따라하는 연습을 하고 있습니다. 점점 영어 발음이 좋아진다는 평가를 들으면서 보람을 느껴 발음 공부에 더욱 집중하고 있습니다.

  I have been recording English news and repeating it. As I heard that my pronunciation is getting better, I feel so rewarded and try to more focus on studying pronunciation.

* 요즘은 영어 글쓰기도 중요하다는 생각을 하고 있습니다. 서점에서 영어 문법 관련 베스트셀러를 구입해 공부하는 중입니다.

  Nowadays, I think that writing English is also important. I'm the person who stops by a bookstore to buy every bestseller and study with it.

* 저는 특정 드라마를 수차례 봅니다. 처음에는 자막과 함께 보지만 점점 자막 없이도 미국 드라마를 볼 수 있게 됩니다.

I watch a certain drama several times. At first, I had to watch American dramas with subtitles on but later I no longer need subtitles.

34. Can you speak other languages apart from English?
영어 외에 할 수 있는 다른 외국어가 있습니까?

합격비법 1 가능하다면, 구사할 수 있는 언어와 가능 수준 강조
　　　　　불가능하다면-아쉽지만 그 밖에 말할 수 있는 언어는 없음을 언급

* 저는 학교에서 독일어 관련 수업을 수강 중입니다. 아직은 기초 단계지만, 흥미를 갖고 열심히 공부하고 있습니다. 조만간 기초 회화는 가능해지리라 봅니다.

I am taking a German-related course in school. I am at the basic level, but I am studying with interest. I think I can do basic-level conversation soon.

* 우연히 스페인어 노래 'La Señora Interesante'을 들었는데, 어린이 만화 주제가라 그런지 뮤직 비디오도 유쾌하고 가사도 단순해 흥미를 갖기 시작했습니다. 그렇게 시작한 스페인어 공부가 어느덧 2년이 다 되어 갑니다. 웬만한 의사소통은 가능한 수준의 실력입니다.

I happened to listen to the Spanish song 'La Señora Interesante', but because it was a cartoon theme for children, the music video was interesting and fun with simple lyrics so I started to get interested in. I have been studying Spanish for two years. My Spanish is almost at the level to communicate with others.

* 안타깝게도 영어 아닌 다른 외국어는 구사하지 못합니다.

Unfortunately, I do not speak any other languages other than English.

합격비법 2 해당 언어를 배우게 된 동기 및 공부 방법 등을 부연 후 마무리
　　　　　불가능하다면-하지만 기회가 된다면 배우고 싶은 언어를 말하고 마무리

* 저는 승무원으로 일하는 지인에게서 중국인 승객의 편의를 위해 중국어 공부를 시작했다는 이야기를 들었습니다. 저도 승무원이 되어 중국어를 활용할 수 있도록 공부 중입니다.

I have heard that the person I know and who works as a flight attendant started to learn Chinese for the convenience of Chinese passengers. I'm also studying Chinese so that I could use Chinese when I become a flight attendant.

* 저는 독일을 여행하면서 독일어의 강한 억양이 매력적이라는 생각을 했고, 이에 흥미를 갖게 됐습니다.

  As I traveled to Germany, I became interested in German because I thought strong German accent sounds attractive.

* 최근 일본 영화에 흥미를 느껴 일본어를 배우고 싶다는 열정이 생겼습니다.

  Recently, I have become interested in Japanese movies, so I become enthusiastic to learn Japanese.

* 저는 프랑스어에 흥미가 있습니다. 기회가 된다면, 프랑스어를 배우고 싶습니다.

  I am interested in French. If I have a chance, I would like to learn French.

35. Tell me about your work experiences.
일을 했던 경험에 대해 말해 보십시오.

합격비법 1 다양한 업무 경험 소개

* 저는 백화점에서 화장품 판매를 했습니다.
  I was selling cosmetics at a department stores.

* 저는 대학교에서 조교로 근무했습니다.
  I worked as an assistant at the university.

* 저는 스포츠 의류 매장에서 인턴으로 근무한 적이 있습니다.
  I have worked as an intern at a sports clothing store.

* 저는 아기 용품을 파는 곳에서 판매직으로 근무했습니다.
  I worked as a salesperson in the place where selling baby goods.

* 저는 마트에서 배달 업무를 한 적이 있습니다.
  I have been in the delivery business at the mart.

* 저는 도서관에서 사서로 일했습니다.
I worked as a librarian in the library.

합격비법 2 당시 내 역할과 임무를 간략히 소개

* 저는 고객의 취향을 잘 파악합니다. 고객의 인상, 연령대나 옷차림을 보면 고객의 취향을 어느 정도 알 수 있습니다. 고객이 좋아할 만한 상품을 추천해 드리곤 했는데 다들 제 추천 상품에 만족해했습니다.
  I figure out what customers like. I think I can figure out what they like by looking at his or her facial expressions, ages, or how they're dressed. I recommend products that customers might like and most of them was satisfied with my recommendations.

* 저는 휴대폰 수리 서비스 센터에서 고객 안내를 맡았습니다. 고객이 원하는 서비스를 파악하여 수리 담당 직원에게 안내하고, 대기 시간이 길어져 불평하는 고객을 응대했습니다.

  I was in charge of the reception at the cell phone customer service center. What I did was to find out what services the customers want to receive and pass it to the engineers and take care of the customers who complain about the longer waiting time than they expected.

* 임시직으로 근무할 때 초과 근무를 자처한 적이 있습니다. 제 업무와 관련된 일인 데다가 저 역시 야근을 해야만, 다른 직원들이 조금 더 일찍 퇴근할 수 있는 상황이었습니다. 또한 제가 그 일을 완벽하게 마무리하고 싶은 마음도 있었습니다.

  When I was working temporary, I voluntarily applied for the over-time shift. It was because the work was related with my task as well as other coworkers would be able to leave a little earlier as long as I had to work the night shift. And I wanted to complete the task perfectly.

* 저는 콜 센터에서 근무하느라 주로 전화로 업무를 처리했습니다. 전화 통화에서는 명확한 목소리가 중요합니다. 그래서 저는 전화기 앞에 거울을 비치해 두고 항상 표정을 체크하며 밝은 표정 속에 명확한 목소리가 담기도록 했습니다.

  I usually took care of the work via phone because I work at the call center. A clear voice is important when talking on the phone. That's why I kept a mirror in front of my phone so that I could always check my facial expression and try to put a bright facial expression in a clear voice.

* 매장은 언제나 깨끗해야 한다고 생각했기에 청소를 게을리하지 않았습니다.

  I thought the store should always be clean, so I did not neglect to clean it.

합격비법 3 일을 통해 배운 점과 내 역량 강조

* 제가 서비스직에 적성이 맞는다는 것을 알게 됐습니다.

  I learned that I am apt to be a service provider.

* 학생 때는 알지 못한 사회생활의 어려움을 깨달았고 일에 대한 책임감도 생겼습니다.

  I realized the difficulties of social life I had not known when I was a student, and I became more responsible for my work.

* 까다로운 선임에게 일을 배우며 스트레스를 많이 받았지만, 결국 그 선임에게서 일하는 요령을 배울 수 있었습니다.

  I was under a lot of stress while learning to work with a picky senior, but eventually I was able to learn the tips of the job from the senior.

* 저는 업무 전문성을 갖추기 위해서는 해당 분야 경험이 중요하다는 것을 알게 되었습니다.

  I learned that experiences in the field is important to be a professional.

* 저는 이 일을 통해 고객이 제기하는 모든 불만에는 그만한 이유가 있음을 알았습니다. 이에 저는 고객이 불평하는 이유를 찾는 일을 우선시해야 한다고 생각합니다.

  I have learned through this that there are reasons for all complaints from our customers. I think I should put a priority on trying to find out why customers are complaining.

36. Tell me about a difficult situation while working.
일하면서 힘들었던 경험에 대해 말해 보십시오.

합격비법 1 어려움을 느낀 사례 언급

* 손님이 제 능력 이상의 것을 요구할 때 힘들었습니다.

  I was hard when a customer needed more than I could.

* 회사의 규율을 어긴 동료가 자기 잘못을 눈감아 달라는 부탁을 했을 때가 힘들었습니다.

  I felt difficult when a coworker who violated a rule for the company asked me to give him a break on that.

* 저는 사무실에서 혼자 근무했는데, 업무에 대해 의논할 상대가 없어 힘이 들었습니다.

  I worked alone in the office, but it was difficult because I had no one to discuss my work.

* 제가 피아노를 가르친 학생이 콩쿠르에서 목표했던 대상을 받지 못해 힘들어할 때 저 역시 힘들었습니다.

  I felt hard when the student I taught the piano was hard because she didn't win the first prize which she was expecting in the competition.

합격비법 2 극복 및 해결한 방법 설명 후 마무리

* 힘든 상황을 잘 헤쳐 나올수록 그 후 보람이라는 선물을 받게 된다는 것을 알게 되었습니다.

  I realized that the better I am able to solve the difficult situation, the more I will receive the gift of reward.

* 제가 '진심은 통한다'는 생각으로 고객을 대하니, 결국 그 고객은 제 서비스에 만족하게 되었습니다.

  I treated the customer with the idea that 'genuine act will lead to satisfaction', and the customer was satisfied with my service.

* 보람된 과정을 경험하는 일은 제게 결과만큼 중요합니다.

  It is important for me to get a rewarding process as much as outcome.

* 매 순간 최선을 다해야 한다는 것을 깨달았습니다.

  I realized that I had to do my very best every single moment.

* 침착한 태도는 어려운 상황도 잘 극복하게 돕는 열쇠라는 것을 알게 되었습니다.

  I have come to realize that a calm attitude is the key to helping overcome difficult situations.

37. Have you ever met any customers difficult to handle?
까다로운 고객을 만난 적이 있습니까?

합격비법 1 까다로운 고객을 만난 상황

* 제가 일하는 커피숍에 이미 화난 상태로 들어와 커피를 주문하는 내내 제게 화를 내던 손님이 있었습니다. 그 손님이 왜 화가 났는지 모르는 상황에서 손님을 응대해야 하는 게 힘들었습니다.

  There was a customer who was upset with something and ordered a coffee in the coffee place where I worked. I had difficulty dealing with him under the circumstance that I had no idea of what he was upset with.

* 자신이 잃어버린 휴대전화를 찾아 달라며 제게 화를 내던 고객을 만난 적이 있습니다.

  I have met a customer who was angry at me, asking me to find his lost cell phone.

* 이미 착용했던 티셔츠를 가져와 환불을 요구하는 손님 때문에 어려움을 겪은 일이 있습니다.

  I have had a hard time because of a customer who asked for a full refund with the T-shirt which was worn.

합격비법 2 이에 대처한 방법

* 저는 모든 일을 혼자 해결하려 들지 않고 매니저와 상의해 해결했습니다.

  I did not try to solve everything by myself, but I solved it by consulting with the manager.

* 저는 우선 모든 상황을 차분하게 파악하려고 했습니다.

  Above all I tried to calmly figure out everything.

* 저는 손님의 흥분을 가라앉히기 위해 그분 말씀을 귀 기울여 들으며 호응을 보였습니다.

  I responded to the customer's saying while listening to him in order to calm him down.

38. Have you ever made any mistakes while working?
일하면서 실수했던 경험이 있습니까?

합격비법 1 실수 경험

* 바쁜 점심시간에 고객의 식사 주문을 잘못 받은 적이 있습니다.

  I have taken wrong order for a customer in a busy lunch hour.

* 다른 회사에 꼭 보내야 하는 서류를 누락시킨 일이 있습니다.

  I have missed the documents I had to send to another company.

* 실수로 손님이 구입한 상품 일부를 제가 포장하지 않아 손님이 매장에 두고 간 적이 있습니다.

  Because I accidentally didn't wrap some of the customer's purchase, he left it in the store.

합격비법 2 대처 방법 또는 배운 점

* 저는 다시는 그런 실수를 하지 않아야겠다고 절실히 깨닫고, 더욱 주의를 기울이게 되었습니다.

  I realized that I should never make such a mistake again, and I became more careful.

* 저는 메모를 활용하고 동료와의 크로스 체크를 통해 실수를 미연에 방지하고자 노력합니다.

  I try to prevent mistakes from my notes and cross-checking with my coworkers.

* '누구나 실수는 한다. 하지만 그 실수에 대처하고 같은 실수를 다시금 반복하지 않는 일이 중요하다'던 상사의 말을 유념하고자 합니다.

  I try to remember the boss' saying 'Anyone can make a mistake. However, it is important to deal with the mistake and not repeat the same mistake ever again.

39. Have you ever had a trouble with your coworkers?

동료와의 관계에서 문제를 겪은 적이 있습니까?

합격비법 1 (문제를 겪은 일이 없다면,) 이제껏 동료와 문제가 있었던 일이 없음을 강조
(문제를 겪은 일이 있다면,) 사례를 간략히 소개

* 운 좋게도 아직까지 동료와 문제가 생긴 적이 없습니다.

  Fortunately, I have never had a problem with my coworkers yet.

* 출근 시각을 자주 어기는 동료 때문에 팀 전체 업무에 차질이 생긴 적이 있습니다.

  Because of the coworker who often didn't stick to the office hours, the entire team project has been in a trouble.

* 상사의 지시 사항을 귀담아 듣지 않고 무조건 "네"라고 대답하는 동료가 있었습니다. 그 동료는 이후 지시 사항에 대해 매번 다른 동료에게 물어보며 도움을 구했습니다.

  There was a coworker who unconditionally replied "Yes" without carefully listening to the boss' instructions. The coworker asked the other coworkers about the instructions each time and asked for help.

합격비법 2 (문제를 겪은 일이 없다면) 합격비법1에 대한 부연 또는 앞으로도 그런 일은 없을 것이라 부연
(문제를 겪은 일이 있다면) 대처 방법 또는 배운 점 부연

* 앞으로도 동료와 문제가 생기지 않도록 노력할 것입니다.

  I will continue to try to avoid problems with my coworkers in the future to come.

* 저는 먼저 동료의 상황에 대해 묻고 동료의 이야기를 들어보려 했습니다.

  I first asked about my coworkers' situation and tried to listen to them.

* 저는 동료와 업무 시간 외 사적인 자리를 만들어 서로 편하게 그 문제에 대해 이야기를 나눈 적이 있습니다.

  I have made a private place out of the business hour with my coworkers and tried to talk about the problem.

* 저는 동료에게 서운한 마음을 짧은 만화로 그려 보여 주었습니다. 그 만화로 인해 서로 웃으며 대화를 시작했고, 결국 어색했던 사이가 부드러워졌습니다.

  I showed my coworker how I got hurt using a short cartoon. The cartoon made us laugh each other and start conversations, and eventually the awkward relationship we had got better.

40. When did you feel rewarded while working?

일하면서 보람을 느낀 순간은 언제였습니까?

합격비법 1 보람을 느낀 순간 언급

* 저는 한 고객이 식당을 나서기 전 "음식은 형편없지만 서비스는 최고네"라고 말하는 것을 듣고 보람을 느꼈습니다. 하지만 이에 그치지 않고 음식 맛에 대한 불만 사항을 매니저에게 전달했습니다.

  I felt rewarded as I heard that a customer said "Terrible food, great service". But I passed on to the manager about complaints on the taste of the food.

* 중국인 고객에게 배운 지 얼마 안 된 제 중국어 실력을 칭찬받았을 때 보람을 느꼈습니다.

  I felt rewarded when I was praised for my Chinese skills, which I just started to learn from Chinese customers.

* 상품에 만족하지 못한 고객이 추후 제가 제공한 서비스로 화가 풀렸을 때 보람을 느꼈습니다.

  I felt rewarded when the customer who was not satisfied with the product calmed down with the service I provided.

합격비법 2 그때 느낀 점 설명

* 저는 이러한 순간 때문에 서비스 부문에서 일을 해야겠다고 다짐했습니다.

  I made a promise to myself to work in the service field because of these moments.

* 그날의 피곤함이 한순간에 날아가는 기분이었습니다.

  It seems that the tiredness that I felt on the day goes away immediately.

* 제가 고객에게 질 높은 서비스를 제공하고 고객이 그 서비스에 만족하는 모습을 보며, 저 또한 이 일에 자부심을 느끼게 되었습니다.

  I have been proud of this work because I have been providing high-quality service to our customers and watching them satisfied with the service.

41. Have you ever had a moment of regrets while working?

일하면서 후회한 순간은 언제였습니까?

후회한 순간 언급

* 저는 업무 초반 일에 익숙하지 못해 고객에게 서툴고 정신없는 모습을 보여 드린 것이 후회됩니다.

    I regret that I was not used to work during the early days of my work and showed my customers a clumsy and distracted attitude.

* 저는 고객의 불만을 매니저에게 알리지 않고 혼자 해결하려 애쓴 적이 있습니다. 해결은커녕 도리어 문제만 크게 키우고 말았는데, 당시 저의 대처에 대해 후회합니다.

    I have been trying to solve my complaints on my own without notifying them to my manager. Because I have rather made problems bigger, I regret what I did at that time.

* 일과 공부를 동시에 하는 것은 정말로 어렵다는 현실적인 문제를 깨달았던 순간입니다.

    It was a moment when I realized that working and studying at the same time is hard in reality.

개선점, 배운 점으로 마무리

* 일을 즐기며 한다는 것은 정말 중요하다고 느꼈습니다.

    I realized that it is really important to enjoy working.

* 즐기면서 일할 수 있는 직업을 갖는 일은 정말로 중요하다는 것을 알았습니다.

    I realized that having a job to do while enjoying is really important.

* 적성과 맞지 않는 전공 관련 직업만 찾아 헤매지 말고, 좀 더 시야를 넓혀 보자는 생각을 하게 되었습니다.

    I thought that I shouldn't look for major-related jobs that are not good for my aptitude, instead, I need to look broad side.

* 저는 돈을 좇아 선택한 일은 오래 할 수 없다는 것을 배웠습니다.

    I learned that I can't take the job for money longer.

42. What did you learn from your work experiences?

일한 경험을 통해 배운 점은 무엇입니까?

배운 점 언급

* 저는 제 외국어 능력을 활용하는 일을 선호한다는 사실을 깨달았습니다.

  I realized that I prefer to use my foreign language skills.

* 제가 다양한 사람들과의 만남을 좋아한다는 것을 알게 됐습니다.

  I learned that I like to meet various people.

* 외국인과 일하며 제가 외국인에 대해 잘못된 선입견을 가지고 있다는 것을 알았습니다.

  I worked with foreigners and realized that I had the wrong prejudice against foreigners.

업무 경험 또는 에피소드 언급

* 레스토랑에서 배운 오믈렛을 부모님께 만들어 드렸더니 무척이나 대견해하셨습니다.

  I cooked Omelet that I learned at a restaurant for my parents and they were so proud of me.

* 출근하는 게 즐겁다 보니 늘 알람에 의존하던 제가 알람 없이 일어나기도 했습니다. 업무 시간보다 조금 일찍 출근해 미리 아침 회의 준비를 해 놓고 동료들이 좋아하는 음료를 준비해 두기도 했습니다.

  Because I had fun to go to work, I who can't wake up without alarm even woke up without alarm. I arrived earlier than the business hour, prepared for the morning meeting and prepared other coworkers' favorite drinks.

* 네일숍에서 일할 때 손님들이 네일 케어만이 아닌 소소한 대화를 나누고 싶어 한다는 것을 알았습니다. 손님의 이야기에 잘 공감해 주는 제 태도가 마음에 든다는 손님이 많았습니다.

  When I was working in a nail shop, I realized that the customers wanted to have a small conversation, not just getting nail care only. There were many customers who were satisfied with my attitude which was very emotionally supportive to the story of the customer.

* 옷가게에서 일할 때, 저는 단골손님들이 자주 구입하는 옷의 목록과 스타일을 정리했습니다. 단골손님이 오면 제가 그 손님이 선호하는 스타일의 옷을 추천하고는 했는데, 손님은 정말로 만족스러워했습니다.

  When I was working in a clothing store, I organized the list of what regular customers' usually buy and their styles. When a regular customer came, I recommended the style of the customer's favorite clothes, and the customer was very satisfied.

43. Why are you leaving your job?

일을 그만둔 이유는 무엇입니까?

합격비법 1 퇴사 이유를 간략히 설명

* 시간이 더 가기 전에 제가 더 잘할 수 있는 일에 도전해야겠다고 생각했기 때문에 일을 그만두었습니다.

  Because I thought I need to take up a challenge for what I can do better before the time goes by, I quit.

* 일하던 회사가 경제적인 어려움으로 문을 닫았고, 저는 자연스레 직장을 잃게 되었습니다.

  The company that I worked for had financial a crisis and went to bankruptcy and I obviously lost my job.

* 회사 규모가 축소되면서 제가 근무하던 부서가 없어졌기 때문입니다.

  As the size of the company shrinks down, the department I worked for is gone.

44. Why do you want to change your career into this field?

왜 직업 분야를 바꾸려고 합니까?

합격비법 1 이유 언급

* 제 적성에 잘 맞는 직업을 찾았기 때문입니다.

  It was because I have found the job that fits my aptitude.

* 직업에 대한 새로운 목표가 생겼기 때문입니다.

  It was because I have a new goal for my career.

* 제가 서비스 분야에 더 잘 맞는다는 사실을 여러 아르바이트 경험을 통해 깨달았기 때문입니다.

  It was because I realized I am better suited to the service field by previous part-time experiences.

합격비법 2 이유에 설득력을 부여할 내용 부연

* 간호사와 승무원은 공통점도 많지만 큰 차이점이 있습니다. 즐거운 여행에 대한 기대를 안고 떠나는 사람들과 일할 수 있다는 점이 승무원 업무가 간호사 업무와 가장 크게 다른 점입니다. 저는 이 점이 마음에 들어 분야를 바꾸려고 합니다.

  Nurses and cabin crew have many things in common but there is a big difference. The biggest difference between nurses and cabin crew is that cabin crew could work with people who are about to leave looking forward to an enjoyable trip. I like this part and I would like to change my career.

* 저는 과거 레스토랑에서 정말 즐겁게 아르바이트를 했습니다. 그때 서비스직이 제게 잘 맞는다고 생각했고, 승무원이 되기로 결심했습니다. 하지만 이후 주위의 권유로 지금의 일을 하게 됐습니다. 현재 하는 일은 안정적이긴 하지만 제게 맞지 않는 답답함을 늘 느꼈습니다. 이 일을 하면 할수록 더욱더 승무원이라는 직업에 대한 미련이 생겨 분야를 바꾸려고 합니다.

I really enjoyed my part-time job at a restaurant. At that time, I thought that the service job would suit me, so I decided to be a flight attendant. But after that, I started to take the current job because of recommendations from other people. This work is stable, but I have always felt a sense of frustration that does not fit me. The more I work, the more I am going to change my profession because I was obsessive with the career of cabin crew.

Unit 8 그 밖에 가능한 질문

45. What is your favorite food?
좋아하는 음식은 무엇입니까?

합격비법 1 좋아하는 음식 언급

* 저는 고기를 좋아합니다. 유명한 광양 불고기를 먹으러 무려 5시간을 운전해 간 적도 있습니다.

  I like meat. I have driven for five hours to eat the famous Gwangyang bulgogi.

* 저는 특히 디저트를 좋아합니다. 맛있는 디저트를 먹으러 세 번이나 자리를 옮긴 적이 있을 정도입니다. 그런 저를 아는 친구들은 제 생일이면 달콤한 쿠키나 케이크를 잔뜩 선물하고는 합니다.

  I especially like dessert. I have visited three different stores to eat a delicious dessert. My friends who know me gave me a lot of sweet cookies and cakes on my birthday.

* 저는 바리스타 자격증을 따면서 커피에 많은 관심이 생겼습니다. 제겐 한 잔의 커피도 맛있는 음식처럼 느껴집니다.

  I have been interested in coffee while taking the barista certificate. For me, a cup of coffee feels like delicious food.

* 저는 해산물을 좋아하는데 쫄깃한 문어가 많이 들어 있는 오코노미야끼는 제가 제일 좋아하는 음식 중 하나입니다.

  I like seafood, especially Okonomiyaki, which has a lot of chewy octopus, is one of my favorite foods.

* 저는 어학연수 시절 호스트 마더가 해주셨던 스파게티를 정말 좋아합니다. 그분은 토마토를 듬뿍 넣어 새콤달콤한 소스로 스파게티를 자주 해주셨는데, 지금은 더 이상 먹을 수 없어서 너무 안타깝습니다.

  I really like the spaghetti that my host mother cooked for me during my language training. She cooked spaghetti with sweet and sour sauce which had lots of tomatoes in, but I'm so sorry that I can't have it anymore.

46. Where would you recommend as a place to visit in Korea to your foreign friends?
한국을 방문하는 외국인 친구에게 어디를 추천해 주고 싶습니까?

* 외국인 친구에게 먼저 방문하고 싶은 곳을 물어보겠습니다.

  I will ask my foreign friend where he would like to visit first.

* 저는 동해의 아름다운 바다와 일출을 외국인 친구에게 보여 주고 싶습니다.

  I want to show the beautiful sea and sunrise of the East Sea to foreign friends.

* 친구와 함께 남산타워에 올라가 서울의 야경을 보여 주고 싶습니다. 서울의 야경은 정말로 멋집니다.

  I want to go up to Namsan Tower with him and show him the night view of Seoul. The night view of Seoul is so wonderful.

* 저는 외국인 친구에게 춘천에서 할 수 있는 다양한 수상 스포츠를 경험하게 하고 싶습니다.

  I would like to make foreign friends experience various water sports that can be played in Chuncheon.

* 거제도를 방문하면 유람선을 타고 남해의 해안선을 따라 관광을 하며, 맛있는 해산물을 즐길 수 있어서 이곳을 추천합니다.

  I'd like to recommend Geoje Island because when you visit Geoje Island, you can enjoy cruising along the coastline of the south coast and enjoy delicious seafoods.

* 한국의 수도인 서울은 방문 필수 코스라고 생각합니다. 복잡하고 화려한 도시지만 한국 특유의 분위기도 살아 있는 도시입니다.

  I think Seoul, the capital city of Korea, is a must-visit course. It is a complex and spectacular city, but it is also a live city with a unique atmosphere of Korea.

합격비법 2   마무리

* 제가 근무하는 회사의 베트남 지사에서 현지인 동료가 한국을 방문한 적이 있습니다. 저는 그와 함께 인사동에 가서 떡갈비도 먹고 거리 구경도 했습니다. 그는 인사동을 정말 마음에 들어 했습니다.

  My local coworker from the Vietnam branch of the company where I work has visited Korea before. I went to Insadong, ate Tteokgalbi(Korean short rib patties) and watched the street with him. He loved Insadong so much.

* 한강 다리 조명과 고층 빌딩의 불빛은 특히나 환상적입니다.

  In particular, the lights of the Han River Bridge and high buildings are fantastic.

* 맛있는 한국 음식을 소개하고 싶습니다.

  I would like to introduce great Korean food.

* 제 외국인 친구는 한국의 고궁에서 한복 입어 보기 체험을 한 후, 한국 여행의 남은 일정 동안 계속 한복을 입고 다니고 싶다 이야기할 만큼 그 체험을 좋아했습니다.

  My foreign friend who experienced to wear a Hanbok at the old palace in Korea liked it as much as she told me to want to wear her Hanbok for the rest of her trip to Korea.

47. Have you ever disappointed somebody?
누군가를 실망시킨 경험이 있습니까?

합격비법 1 (조심스러움을 담은 표현으로 시작해) 경험 언급

* 글쎄요. 잠시 생각할 시간을 가져도 되겠습니까?

  Well, may I have time to think for a moment, please?

* 회사 동료가 초콜릿을 선물한 일이 있습니다. 하지만 초콜릿 알레르기가 있던 제가 저도 모르게 내키지 않은 표정을 지어 동료는 실망하고 말았습니다.

  My coworker gave me chocolate. But I who was allergic to chocolate disappointed him with uncomfortable looks unconsciously.

* 일이 바빠 친한 친구의 생일 파티에 참석하지 못한 적이 있습니다. 친구는 당시 너무 실망했다고 했습니다.

  I have not been able to attend my close friend's birthday party. He said he was very disappointed at the time.

합격비법 2 부정적인 내용에 대한 단점 개선 의지 또는 그 상황을 통해 배운 점 부연

* 이후 저는 상대에게 드러나는 제 표정에 좀 더 신경 쓰게 되었습니다.

  Since then, I have been more cautious with my look that will be shown to other people.

* 저로서는 어쩔 수 없는 상황이었지만, 그 때문에 누군가는 실망할 수 있음을 알았습니다. 그래서 저는 그런 상황에 대해 주의를 기울여 설명하고, 상대의 마음을 잘 헤아리도록 노력하기로 했습니다.

  I realized that even if I could not help it, I could disappoint someone. So I try to explain the situation more carefully and try to understand how other people would feel.

* 상대방을 실망시킬 상황을 만들지 않는 것이 가장 좋겠지만, 그런 상황이 벌어지게 된다면 상대방의 마음을 잘 다독여주며 다시는 같은 상황이 일어나지 않도록 노력하겠습니다.

  It would be best not to make some circumstances which could disappoint other people, but if such a circumstance occurs, I will try to keep the other person calm and try to never get the same circumstance ever again.

48. What did you do last night?

어제 저녁에 무엇을 했습니까?

합격비법 1 저녁에 한 일 언급

* 저는 마음을 가다듬고 면접 상황에 대비해 보았습니다.

  I tried to stay calm and simulate an interview.

* 오늘 입은 이 복장을 다시 한 번 체크했습니다.

  I checked up the interview outfit once again I am wearing today.

* 면접장까지의 동선과 교통편을 확인했습니다.

  I confirmed transportation to the interview place and how I could get here.

* 면접관님께 보여 드릴 이력서를 재차 확인했습니다.

  I double-checked my resume which is to show the interviewer.

* 저는 면접 복장을 다림질하고, 부모님과 식사를 하며, 대화를 나누면서 면접에 대한 긴장을 풀었습니다.

  I ironed my interview outfit, and tried to relax myself while having a dinner and having some conversations about the interview with my parents.

49. What is your plan after this interview?

면접이 끝나면 무엇을 할 계획인가요?

합격비법 1 면접 후 일정 언급

* 가족과 저녁 식사 약속이 있습니다. 아버지가 면접에서 최선을 다한 저를 위해 저녁을 사 주기로 하셨습니다. 가족 모두가 저를 기다리고 있습니다.

I have a dinner plan with my family. My father said that he would buy a dinner for me who did the best at the interview. Everyone in my family is waiting for me.

* 저는 함께 면접을 준비한 친구들과 만나 오늘 면접에 대해 이야기할 것입니다.

I will meet my friends who prepared for the interview together and talk about the today's interview.

* 아무 생각 없이 푹 자고 싶습니다.

I want to sleep enough without thinking anything.

* 귀사의 승무원으로 일하고 있는 제 친구가 한국으로 비행을 왔습니다. 그 친구를 만나서 즐거운 대화를 나누려고 합니다.

My friend, who works as a flight attendant in your company, has flown to Korea. I would like to meet her and have a good conversation with her.

50. What do you want to say before you go?
끝으로 하고 싶은 말이 있습니까?

합격비법 1 감사 인사

* 이렇게 멋진 기회를 주셔서 감사합니다.

Thank you for giving me this wonderful opportunity.

* 긴장되기보다는 유쾌함이 느껴지는 시간이었습니다.

It was a time when I felt pleased rather than tensed.

합격비법 2 마지막으로 강조하고 싶은 본인의 의지, 열정을 피력하며 마무리

* 행동하는 승무원으로서 솔선수범하는 모습을 보여 드리겠습니다.

I will show you how to take the lead as an acting flight attendant.

* 제 역량을 귀사에서 발휘하고 싶습니다.

I want to demonstrate what I can do for your company.

* 면접관님을 꼭 다시 뵙고 싶습니다.

I would like to see you again.

미국 유학 당시 현지 초등학교 아이들을 가르친 일이 있습니다. 초등학교 2학년이었는데, 그중 한 아이가 언젠가 자기 엄마에게 저를 소개하던 순간이 지금도 인상 깊게 남아 있습니다.

"저분이 제 영어 선생님입니다."

한국어로 풀자면 딱 이 문장. 귀국 후 대학에서 강의하면서 저는 늘 학생들에게 묻고는 했습니다. 저 문장을 영어로 어떻게 만들겠느냐고요. 학생들의 대답은 한결같았습니다.

"She is my English teacher."

그때 그 꼬맹이 말이 이랬다면 '인상적'이라는 수식어는 어울리지 않을 겁니다. 아이는 저를 이렇게 소개했습니다.

"She's teaching me English."

물론 'She is my English teacher'가 틀렸다는 말은 아닙니다. 그러나 동사를 달리 사용한 점은 주목할 부분이 아닐 수 없습니다.

외국어로서 영어를 배운 한국인 대부분은 생각하는 바를 영어로 말할 때 일단 한국어 문장을 머릿속에 만들어 놓고 한국어 단어에 상응하는 영어 단어로 바꾸는 작업을 거칩니다. 둘은 구조적으로 완전히 다른 언어이기도 하거니와 한국어 모국어 화자는 결국 모국어의 틀 안에서 사고할 수밖에 없기 때문입니다. 이는 시비를 가릴 성질의 문제가 아닙니다. 하지만 얄궂게도 우리가 영어 말하기 내지는 영어로 뭔가를 표현해야 하는 온갖 상황에서 겪는 온갖 문제들은 이 때문에 발생합니다. 예를 하나 더 들어 볼까요. '이 옷(재킷)을 입으면 따뜻해'를 영어로 옮겨 보세요. 혹 'If I wear this jacket, I feel warm'이라고 하셨나요? 맞는 문장입니다. 그 의미가 충분히 전달되니까요. 이 말인즉 영어권 화자가 당신이 말하려는 바를 제대로 이해할 수 있다는 뜻입니다. 그럼에도 불구하고 '그래도' 영어식으로 자연스러운 것-어쨌거나 저는 영어 선생님이니까-을 들면 'This jacket keeps me warm'이 됩니다. 경제적이기까지 합니다. 문장 하나로 '얘기 끝'이니까요. 반복되는 얘기지만, 우리가 생각하는 방식 자체를 바꿀 수는 없습니다. 한국어 화자가 한국어 프레임 안에서 사고한다는 것은 숨 쉬듯 자연스러운 일입니다. 때문에 영어 의사소통 환경에서 주의가 요구되는 것입니다. 전달하고자 하는 바를 단어 대 단어로 옮기기보다 영어 원어민은 해당 표현을 어떻게 말하는지 그들의 표현 방식을 익혀야 합니다. 그것이 영어스러운 영어(English-English)를 구사하는 것이며, '영어를 잘하게' 되는 길입니다.

'영어 공부에는 왕도가 없다'는 오래된 경구를 끌어오지 않더라도 그 방법에는 별다른 게 없습니다. 실제 원어민이 쓰는 표현을 무조건 많이 접하는 것. 자신을 그런 환경에 가능한 한 많이, 오래 노출시키는 것. 구어 표현을 좀 더 익히고 싶은 사람은 영화나 드라마 등을 활용하면 좋을 테고, 문어 표현은 신문이나 책을 보면서 학습할 수 있겠지요. 과도한 압박감 속에서 욱여넣듯 공부할 게 아니라, 본인이 선호하는 방식, 필요하거나 부족한 부분을 고려해 최대한 많이 접하고, 무엇보다 그에 촉촉이 젖어 들어야 합니다. 환경에 젖어 들면 적으나마 '그들의 사고방식'이 보이기 시작하니까요.

이 책은 항공사 영어 면접을 준비하는 분들을 위해 쓰였습니다. 수차례 언급한 대로 면접을 준비하는 사람은 답변을 일단 한국어로 생각하게 될 테고, 이후 이를 영어로 옮기는 방식으로 학습하게 될 것이기에, 한국어 예상 답변을 제시한 뒤 이를 영어로 옮기는 식의 구성을 취했습니다. 두 언어의 본질적인 차이는 답변 간 완벽한 일대일 대응을 불가능하게 만드는 점, 이제는 잘 아실 겁니다. 그래도 학습자의 편의를 위해 가능한 한 일치도를 높이려 애썼음을 밝혀 둡니다. 더불어 활용하기 쉬운 표현은 '문형 연습'을 통해 학습자가 직접 문장을 만들어 보도록 했습니다. 이에 그치지 말고 자신만의 문형 예문을 만들어 더 연습해 보기를 권합니다. 그래야 표현을 내 것으로 만들 수 있습니다. 문형 연습 문장의 다른 활용법을 보여 주는 '같은 뜻 다른 표현'은 동일한 의미를 최대한 다양하게 전달하는 방법을 제시하므로 유용할 것입니다.

유념할 점은 유창한 영어가 곧 면접 합격으로 이어지지는 않는다는 사실입니다. 면접은 지원자의 전체적인 이미지, 친근한 성격은 물론 승무원적 역량을 전달하고 면접관을 설득하는 자리이기 때문입니다. '역량을 갖춘 나'를 제대로 파악하는 것이 먼저, 영어는 이를 전달하는 수단임을 명심하세요. 세상에 긴장되지 않는 면접이란 없을 겁니다. 먼저 그 길을 지나 온 사람으로서 그 긴장을 더는 데 조금이나마 도움이 되기를 바라는 마음으로 이 책을 썼습니다. 면접을 준비하는 모든 분들에게 행운이 깃들기를 기원합니다.

샌프란시스코의 여름 하늘 아래서

윤수진